高等继续教育财经类专业精品系列教材

U0656900

ZHENGZHI JINGJIXUE

政治经济学

张亦工 臧传琴 郝向华 主编

东北财经大学出版社 大连
Dongbei University of Finance & Economics Press

图书在版编目（CIP）数据

政治经济学 / 张亦工，臧传琴，郝向华主编 . —大连：东北财经大学出版社，2025.2. —（高等继续教育财经类专业精品系列教材）. —ISBN 978-7-5654-5479-0

Ⅰ.F0

中国国家版本馆CIP数据核字第20246S7X57号

东北财经大学出版社出版

（大连市黑石礁尖山街217号　邮政编码　116025）

网　　　址：http://www.dufep.cn

读者信箱：dufep@dufe.edu.cn

大连图腾彩色印刷有限公司印刷　　东北财经大学出版社发行

幅面尺寸：185mm×260mm　　　字数：312千字　　　印张：14.5

2025年2月第1版　　　　　　　　2025年2月第1次印刷

责任编辑：张晓鹏　赵　楠　　　　　　责任校对：郭海雷

　　　　　龚小晖　宋雪凌

封面设计：原　皓　　　　　　　　　　版式设计：原　皓

定价：29.00元

前　言

以习近平同志为核心的党中央坚定不移地实施科教兴国战略和人才强国战略，党的二十大报告对"办好人民满意的教育"做出部署，为我们在新时代、新征程中推动继续教育改革发展，提供了根本遵循。

为积极落实《教育部关于推进新时代普通高等学校学历继续教育改革的实施意见》，推动高等学历继续教育提质增效、内涵式发展，山东财经大学组织相关专家和一线教师，编写了这套高等继续教育财经类专业精品系列教材。

该系列教材的编写，依托学校雄厚的学科实力，紧密结合高等学历继续教育教学工作实际，突出优势，深入开展教学研究，不断凝练教育改革经验，及时进行内容更新，努力将教学成果固化到系列教材中，将具有学科前沿的新技术、新理论补充到教材中，将思政元素和创新元素融入教材中，较好地实现了教材系统性和科学性、创新性和实践性的有机结合。

该系列教材注重适应财经类专业教学改革和发展趋势，针对高等学历继续教育的特质，在内容上紧扣财经类专业课程设置和教学大纲，科学、系统地阐述财经类专业教学的基本内容，并以此为基础，建设完成了覆盖所有开设专业的线上课程，适用于经济、管理学科，尤其是经济学、会计学、金融学和工商管理等专业高等学历继续教育的教学，对指导和帮助学生获取专业基础知识和基本技能具有较强的针对性。该系列教材在提升高等学历继续教育财经类专业人才培养质量方面发挥着基础性作用，在使用范围和地域上，具有广泛的适应性。

《政治经济学》是高等继续教育财经类专业精品系列教材之一，也是山东财经大学教学研究与教学改革项目立项的"财经类高校继续教育网络化教学改革探索与实践"（批准号：jy201538）课题的研究成果之一。

本教材包括资本主义与社会主义两大部分内容。其中，资本主义部分主要包括剩余价值的生产、实现和分配；社会主义部分主要包括社会主义初级阶段理论、经济体制改革和社会主义市场经济体制、社会主义经济制度、政府宏观调控与对外开放等。在体系结构上，为了便于学生理解和掌握社会主义市场经济的相关理论，本教材对社会主义部分的相关内容在体系和结构上做了精心调整和编排；为了保证教材内容的先进性，帮助学生及时了解理论和实践发展的前沿内容，本教材加入了经济理论的最新发展成果，特别是习近平新时代中国特色社会主义经济思想的内容。总体来看，本教材的内容较为系统全面，又能够与时俱进地反映经济理论的最新研究成果以及党和政府的方针政策，能够较好地满足高等继续教育人才培养的需求。

本教材由山东财经大学张亦工教授、臧传琴教授、郝向华副教授拟定大纲并主编。其中，张亦工编写第一、二、三、十一、十二章，臧传琴编写第四、五、六、七、八、九章，郝向华编写第十、十三章，全书最后由张亦工教授总纂定稿。

该教材的出版得到了东北财经大学出版社的大力支持，在此我们深表谢意。尽管为了本教材的编写，编者们做了较大努力，力图使教材匹配成人教育的人才培养目标，但由于我们水平有限，书中难免存在疏漏，恳请各位同仁和读者批评指正。

编　者

2024年11月

目 录

第一章

导 言

■ 学习目标

知识目标：

1. 了解政治经济学的由来和发展。

2. 掌握政治经济学的研究对象。

3. 熟悉政治经济学的研究任务。

4. 了解政治经济学的研究方法和学习政治经济学的意义。

能力目标：

1. 区分马克思主义政治经济学与其他经济学。

2. 学会运用马克思主义经济学的方法分析和理解经济现象。

素养目标：

从政治经济学的角度帮助学生形成正确的马克思主义价值观和人生观。

政治经济学是马克思主义的三个组成部分之一，它在马克思主义理论体系中占有重要地位。本章主要阐述政治经济学的由来和发展，马克思主义政治经济学的研究对象和研究方法，以及它的性质、任务和意义。

第一节　政治经济学的由来和发展

政治经济学，广义上说，是研究社会生产、资本、流通、交换、分配和消费等经济活动、经济关系和经济规律的科学。

在古汉语中，"经济"一词有"经邦济世""经国济民"的意思。在西方文化中，最先使用"经济"（Economy）一词的是古希腊思想家色诺芬。在他那里，"Economy"一词是指"家庭管理"。19世纪下半叶，日本学者把西方著作中的Economy译作现代意义上的"经济"。后来，中国也采用这种译法。

14—15世纪，随着贸易特别是海外贸易的迅速发展，产生了重商主义思想。重商主义的研究视野集中在流通领域，研究商业和对外贸易，论证商品货币关系，对当时的资本主义原始积累起到了重要的作用。法国重商主义代表人物A.de.蒙克莱田（约

1575—1621 年）在 1615 年出版的《献给国王和王后的政治经济学概论》一书中率先使用"政治经济学"一词。他以"政治经济学"为书名，其意为研究整个国家和社会范围的经济问题。此后，法国、英国等许多经济学家都把自己的著作称作政治经济学。马克思和恩格斯也沿用这一名称，创立了无产阶级的政治经济学。

在马克思主义政治经济学创立之前，已经出现了重商主义和资产阶级古典政治经济学。其中，重商主义是最早对资本主义生产方式进行理论探索的经济学派。当时，由于商业和海外贸易的发展，商业支配着产业，流通支配着生产，商业资本在社会经济生活中起着重要的作用。重商主义者反对古代思想家和中世纪经院哲学家维护自然经济、反对货币财富的观点，把经济学研究的重心放在论证商品货币关系上，这是经济思想史上的一大进步。但是，由于重商主义把经济学的研究范围仅限于流通领域，因而它只能是"政治经济学的前史"。真正的政治经济学，是当理论研究从流通领域转向生产领域的时候才开始的。

政治经济学真正成为一门独立的科学是从资产阶级古典政治经济学开始的。古典政治经济学是指西欧资本主义处在反对封建专制残余势力时期和产业革命时期的资产阶级经济学说。资产阶级古典政治经济学最早是在法国出现的。法国的重农主义者虽然把农业看成生产"纯产品"（剩余价值）的唯一生产部门，理论观点带有一定的封建烙印，但他们开始把对政治经济学的研究从流通领域转向生产领域。重农主义体系是对资本主义生产的第一个系统的理解，在古典政治经济学的创立上起到了重大作用。在英国，资产阶级古典政治经济学是由威廉·配第（1623—1687 年）开始，亚当·斯密（1723—1790 年）集大成，大卫·李嘉图（1772—1823 年）最后完成的。古典政治经济学的主要贡献是把政治经济学的研究对象从流通领域转到生产领域，研究了资本主义生产的内在联系，提出了商品价值和社会财富都是由劳动创造的观点，初步奠定了劳动价值论的基础，在一定程度上研究了剩余价值这一资本主义生产的实质性问题。亚当·斯密在1776 年发表的《国民财富的性质和原因的研究》（简称《国富论》）中，提出了著名的"看不见的手"的理论。他认为，经济的运行完全依靠一只"看不见的手"来调节。《国富论》是第一部系统地论述资本主义生产方式、揭示了自由竞争市场经济运行的经济学著作。李嘉图在继承亚当·斯密学说的基础上，把古典政治经济学推到最高峰。他从反对封建专制制度、维护资产阶级利益、发展资本主义的根本立场出发，有意识地把工资和利润特别是把利润和地租的对立当作研究的出发点，开始接触到资本主义制度阶级利益的对立本质。他的理论达到了资产阶级界限内的高峰。但是资产阶级古典政治经济学把资本主义制度看作是合乎人的本质的、合乎自然的、绝对永恒的社会生产形式，因而存在着许多矛盾和混乱，既有科学的成分，又有庸俗的成分。当资产阶级占据了统治地位，无产阶级同资产阶级的矛盾日益鲜明、尖锐并带有威胁性的时候，资产阶级古典政治经济学就被资产阶级庸俗政治经济学所替代。与此同时，无产阶级作为一支独立的政治力量登上历史舞台，迫切要求有代表无产阶级利益的政治经济学。

马克思主义政治经济学产生于 19 世纪中叶。这不是偶然的，任何一种理论都是时代的产物。马克思主义政治经济学的产生反映了时代的客观要求，是在批判继承前人一切优秀成果的基础上创立起来的。马克思主义政治经济学的主要理论来源有两个：一是英国的古典政治经济学，二是空想社会主义。马克思主义政治经济学是来源于实践又接受实践检验的科学。马克思主义政治经济学以《资本论》的问世为标志，开创了人们自觉认识和利用客观经济规律以"破坏旧世界"和"建设新世界"的历史。恩格斯将《资本论》称为"工人阶级的圣经"。《资本论》一诞生，即显示出了它的强大生命力。其理论的科学性和实用性已被人类社会发展的历史实践所证明，并且还在继续证明着。

马克思主义政治经济学具有阶级性和科学性。政治经济学研究对象的特殊性质，使其具有强烈的阶级性。政治经济学的阶级性是指它代表一定阶级的利益并为一定的阶级服务。各个阶级有各个阶级的政治经济学。资产阶级有资产阶级的政治经济学，小资产阶级有小资产阶级的政治经济学，无产阶级也有无产阶级的政治经济学。马克思说："政治经济学所研究的材料的特殊性，把人们心中最激烈、最卑鄙、最恶劣的感情，把代表私人利益的复仇女神召唤到战场上来反对自由的科学研究。"政治经济学研究的对象是生产关系，生产关系实际上也就是人们的经济利益关系，各个阶级从本阶级的经济利益角度出发，针对社会经济现象和经济问题会得出不同的甚至相反的结论，表现出不同的观点和态度。所以，不同阶级必然有为本阶级利益服务的政治经济学。资产阶级政治经济学是代表资产阶级的利益，反映资产阶级的意志、愿望和要求，并为资产阶级利益服务的理论体系；而马克思主义政治经济学是完全代表无产阶级和广大劳动人民利益的经济学说，是适应19世纪中期无产阶级革命斗争的需要而产生的。

马克思主义政治经济学的科学性，在于它从实际出发，正确而深刻地揭示了社会经济活动的本质和规律，是为社会实践所证明的科学真理。马克思、恩格斯自觉地站在先进生产力的代表——无产阶级的立场上，形成了他们的科学世界观和方法论，从而具备了按照客观世界的本来面目揭示其本质和规律的主观条件。无产阶级是在社会化大生产中锻炼成长起来的，其阶级地位决定了它是大公无私的、最有远见、最具有革命彻底性的阶级。无产阶级作为先进生产力和生产方式的代表，其阶级利益的要求和担负的使命，一是和全世界劳动人民争取解放的利益相一致；二是和经济规律决定社会发展方向相一致。这两个一致性决定了无产阶级能够坚持以科学的态度去认识和反映社会经济发展的客观规律。越是站在无产阶级、人民大众的立场上，代表无产阶级和人民大众的利益，越能认识和揭示社会发展规律；而越是通过实践认识和掌握社会发展规律，就越是有利于实现无产阶级的历史使命，就越符合无产阶级和广大劳动人民的根本利益；违背客观经济规律，则必然损害无产阶级和人民群众的根本利益。因此，马克思主义政治经济学既是一门揭示社会经济发展规律的科学，又是一门代表无产阶级利益的科学，实现了科学性和阶级性的统一。

马克思主义政治经济学是与时俱进的不断发展的理论。马克思主义政治经济学是科学，而科学就在于它不仅来自实践，为实践所证明，并且要随实践的发展而发展。首先，马克思主义政治经济学是开放和发展的理论，这体现在：一是它提供的不是现成的教条，不是僵化、凝固不变的理论，也不是让人死记硬背的教义，而是观察分析经济现象的世界观、基本原理和方法，不是某些个别结论。二是马克思主义政治经济学没有也不可能穷尽政治经济学的一切真理，不可能提出解决一切问题的现成答案。其次，马克思主义政治经济学是不断发展的理论，还在于它是随着社会实践的发展而发展的。而社会实践是不断发展、变化的，因此马克思主义政治经济学要保持旺盛的生命力，必须根据社会经济实践的变化不断修正、补充、完善和发展自己的理论，保持理论的先进性。最后，马克思主义政治经济学是不断发展的理论，还在于它是在批判吸收各种经济研究的一切优秀成果，特别是资产阶级古典政治经济学和空想社会主义等经济理论的基础上创立起来的，是在同批判各种形形色色的资产阶级经济学说的斗争中发展起来的。同样，马克思主义政治经济学也必然在对各种经济理论学说、流派的批判、吸收中得以发展。继马克思和恩格斯之后，列宁、斯大林、毛泽东等无产阶级革命家进一步继承和发展了马克思主义政治经济学。

第二节　政治经济学的研究对象

政治经济学是马克思主义的重要组成部分之一。它与辩证唯物主义、历史唯物主义和科学社会主义一起，构成无产阶级政党制定路线、方针、政策的理论基础，也是各经济学分支理论的基础。列宁曾高度评价政治经济学在马克思主义中的地位。列宁指出："马克思主义的主要内容即马克思的经济学说。[1]马克思的经济学说就是马克思主义理论最深刻、最全面、最详细的证明和运用[2]。"

马克思主义政治经济学研究的对象是社会生产关系及其发展的规律性。

物质资料的生产是政治经济学研究的出发点。物质资料的生产，就是人们以一定的方式结合起来，按照预定的目的，运用劳动资料，加工劳动对象，使其能满足人们生产或生活需要的过程。它是人与自然之间的物质交换过程。物质资料的生产活动是人们最基本的实践活动，是人类社会生存和发展的基础。因此，政治经济学要以物质资料的生产作为研究的出发点。

物质资料的生产过程包括两个方面：生产力和生产关系。在物质资料生产过程中，人们必然要和自然界发生关系，人们改造自然、征服自然、进行物质资料生产的能力就是生产力。生产力的基本要素是劳动力和生产资料。

劳动力是生产力中人的要素，是指有一定生产经验、劳动技能和科学知识的劳动者。劳动力是生产力的首要因素，起着决定性作用。因为离开了劳动者的劳动，生产资料就是一堆死东西，特别是生产资料中的生产工具，总是由劳动者发明和运用的。人们之所以能改造自然、征服自然，关键就在于人们的劳动，因此，劳动者是首要的生产力。

生产资料包括劳动资料和劳动对象，是生产力中物的要素。劳动对象是指人们在劳动过程中对之加工的一切物质资料。劳动对象分为两类：一类是自然界原有的，如地下的矿藏、河川中的鱼类等；另一类是经过人们劳动加工后提供的，如织布用的纱、制造机器用的钢材等。随着科学技术的不断发展，劳动对象的质量不断提高，范围不断扩大。劳动对象的革新和充分而合理的利用，对生产力的提高具有重要作用。劳动资料也

---

①　列宁.列宁选集：第2卷[M].中共中央马克思恩格斯列宁斯大林著作编译局，编译.北京：人民出版社，1960：580页。
②　列宁.列宁选集：第2卷[M].中共中央马克思恩格斯列宁斯大林著作编译局，编译.北京：人民出版社，1960：588页。

叫劳动手段，是指劳动者用来影响和改造劳动对象的一切物质资料。例如，土地、生产建筑物、生产工具、道路等。劳动资料中重要的是生产工具，它是生产力发展水平最主要的标志。

生产力中人的要素和物的要素都同一定的科学技术紧密相联。马克思指出："生产力中也包括科学。"①邓小平进一步指出："科学技术是第一生产力"。②科学技术在被运用于生产之前，是一种知识形态的生产力、潜在形态的生产力。所谓科学技术是生产力，是指科学技术与生产力的两个要素相结合，会引起它们的变革，从而促进生产力的巨大发展。当代新的科技革命，是推动生产力发展的重要因素，因此，科学技术现代化是我国实现四个现代化的关键。

在物质资料生产过程中，人们除了同自然界发生关系外，彼此之间也必然要发生关系，因为人们在同自然界做斗争时，总是在一定的社会关系下进行的。人们在物质资料生产过程中所形成的关系就是生产关系。生产关系也叫经济关系，是指人们以一定的生产资料所有制为基础，在社会生产总过程中所形成的生产、分配、交换和消费关系。人们在直接生产过程中所形成的相互关系，是狭义的生产关系；包括生产、分配、交换和消费关系在内的生产关系，是广义的生产关系。政治经济学所研究的生产关系，是人们在社会生产总过程中所形成的生产、分配、交换、消费关系的总和。

生产、分配、交换、消费是构成社会生产总过程的四个环节。四个环节之间存在着密切的联系，其中，生产是起点，消费是终点，交换和分配是中介环节。生产决定分配、交换、消费；分配、交换、消费对生产又有反作用。

（1）生产和分配。生产是指人们在一定的社会关系下改造自然、征服自然，生产物质资料的过程。分配包括生产条件的分配和生产成果的分配。生产条件的分配是指劳动资料和劳动力的分配，它先于生产并包括在生产过程本身中。劳动资料的分配实质上就是劳动资料归谁所有的问题，是归某个剥削阶级所有，还是归劳动者公有，这种分配决定了生产的社会性质。劳动资料如果归资本家所有，由资本家进行分配，生产就是资本主义性质的；劳动资料如果归劳动者公共所有，由代表劳动者公共利益的机构和领导者进行分配，那么，生产就是社会主义性质的。因此，生产条件的分配先于生产、决定生产。生产成果的分配，也就是产品的分配，是由生产决定的。生产决定分配，首先是指生产决定分配的对象。分配的对象是生产的产品，因此，没有产品的生产，就没有分配。其次是指生产方式决定分配方式。所谓分配方式，就是指参与生产的社会成员按照什么样的原则进行分配，分配原则是由生产的性质所决定的。生产是什么性质，分配原则就是什么性质。分配对生产的反作用，主要表现为产品的分配合理，会调动劳动者的积极性，从而促进生产的发展；反之，又会阻碍生产的发展。

（2）生产和交换。交换包括在生产过程中人们的各种活动和能力的交换以及产品的交换。人们在生产过程中各种活动和能力的交换，属于生产的要素，包含在生产过程之中。产品的交换是连接生产和消费的中介环节，是在生产出产品之后进行的，因此，这

① 马克思，恩格斯.马克思恩格斯全集：第46卷（下）[M].中共中央马克思恩格斯列宁斯大林著作编译局，编译.北京：人民出版社，1980：211.
② 邓小平.邓小平文选：第3卷[M].北京：人民出版社，1993：274.

种交换是由生产决定的。生产决定交换，首先表现为产品的交换是由生产过程中的社会分工决定的。如果没有社会分工，参加生产的人们生产的产品相同，就没必要进行交换了。其次，生产的性质决定交换的性质。如果交换是在资本主义私有制的基础之上进行的，那么交换就是资本主义性质的；如果交换建立在社会主义公有制的基础之上，则它必然是社会主义性质的。最后，生产发展的程度决定着交换发展的程度。生产越是发展，生产的产品数量越多，交换的规模也就越大。生产越是发展，分工就越细，交换也越是发展，因此，生产过程中分工的深度和广度决定着交换的深度和广度。正如马克思所指出的："交换就其一切要素来说，或者是直接包含在生产过程之中，或者是由生产决定的。"[①]交换对生产的反作用主要体现在：交换是否畅通，对生产的发展起着促进或阻碍的作用。当交换顺畅时，市场不断扩大，需要用来交换的产品数量越来越多，必然促进生产的发展；当交换受到阻碍时，必然会减缓生产发展的速度。

（3）生产与消费。消费包括生产消费和个人消费。生产消费是生产过程中生产资料和劳动力的消耗过程，它包含在生产过程中，其结果是生产出新的物质产品。个人消费是指对生活资料的消费，它由生产决定，消费也反作用于生产。

总之，生产、分配、交换、消费相互联系、相互作用，构成一个统一体。它们之间的差别，是一个统一体内部的差别。

物质资料生产的两个方面，生产力和生产关系之间存在着内在的、必然的联系。生产力和生产关系的辩证统一，构成一定社会的生产方式。在生产力与生产关系的辩证关系中，生产力决定生产关系，有什么样的生产力，就要求有什么样的生产关系与之相适应；生产力的发展变化，决定着生产关系的发展和变革，生产关系反作用于生产力。这种反作用表现在：适应生产力发展的生产关系会促进生产力的发展；不适应生产力发展的生产关系会阻碍生产力的发展。落后于生产力的生产关系或者超越生产力发展要求的生产关系，都是不适应生产力发展要求的，迟早要被能够适应生产力发展要求的新的生产关系所代替。生产关系一定要适应生产力发展状况的规律，是人类社会发展普遍的客观规律，这个规律在一切社会形态中都存在并发生作用。它决定着人类社会从低级形态向高级形态的发展，决定着由一种旧的生产关系向一种新的生产关系的过渡，还决定着在同一社会形态中，由低级阶段向高级阶段的发展。因此，这一规律是无产阶级政党和社会主义国家制定路线、方针、政策的重要客观依据。

一定社会生产关系的总和，构成该社会的经济基础。建立在经济基础之上的政治、法制制度和社会意识形态，构成该社会的上层建筑。在经济基础和上层建筑的矛盾运动中，经济基础决定上层建筑，有什么样的经济基础，就要求有什么样的上层建筑与之相适应；经济基础变化了，就要求上层建筑或迟或早的变更。上层建筑也反作用于经济基础，突出地表现在上层建筑是为经济基础服务的。

生产力与生产关系的矛盾、经济基础和上层建筑的矛盾，是一切社会的基本矛盾，生产关系的发展变化是在社会基本矛盾的运动中展开的，因此，政治经济学研究社会生产关系，绝不能孤立地研究，必须联系生产力和上层建筑来研究（生产关系）。首先要

---

① 马克思，恩格斯.马克思恩格斯选集：第二卷[M].中共中央马克思恩格斯列宁斯大林著作编译局，编译.北京：人民出版社，1972：102.

联系生产力。因为生产力决定生产关系，所以，要研究生产关系发展变化的源泉，分析生产关系的变化对生产力的促进作用，就必须联系生产力来研究生产关系。其次要联系上层建筑。因为上层建筑对经济基础亦即生产关系有巨大的反作用。先进的上层建筑是摧毁旧的经济基础、促使新的经济基础形成和巩固、推动社会进步的强大力量。因此，政治经济学要揭示生产关系发展变化的规律性，还必须联系上层建筑来研究生产关系。

政治经济学研究生产关系的任务，是揭示生产关系运动的规律性，即经济规律。人们在生产、分配、交换和消费过程中的活动及其相互关系，表现为各种经济现象。各种经济现象之间都有其内在联系。经济现象和经济过程本质的、内在的、必然的联系，就是经济规律。

经济规律是在一定的经济条件的基础上产生的，同时随着一定的经济条件的消失而退出历史舞台。经济规律发挥作用是不以人的意志为转移的。因此，经济规律是客观存在的。人们既不能改造经济规律，取消经济规律，也不能创造经济规律。人们只能遵循经济规律，按照经济规律办事。人们的经济活动适应了经济规律的要求，就会取得成功；否则，就要受到经济规律的惩罚。但是，这绝不是说人们在经济规律面前就是无能为力的。人作为经济活动的主体，有主观能动性，通过充分调动自己的主观能动性，可以认识经济规律，并利用经济规律为自己服务。

经济规律大体上可以分为三种类型：第一，在一切社会形态中都发生作用的经济规律，如生产关系一定要适应生产力发展状况的规律。第二，在几个社会形态中都发挥作用的经济规律。如价值规律，只要商品经济存在，它就存在并发挥作用。第三，某一社会形态特有的经济规律，如剩余价值规律、按劳分配规律等。在一个社会形态中，总是会有各种经济规律并存并同时发挥作用。它们相互联系、相互影响、相互制约，从而形成一个有机的整体，这个整体，就是经济规律体系。在这个经济规律体系中，起主导作用的是基本经济规律。

第三节　政治经济学的研究方法

马克思主义的唯物辩证法，是适应一切社会科学的共有方法，不过，这一方法在运用于不同社会科学时，其具体体现不同。唯物辩证法在政治经济学上的具体运用，就是科学抽象法。马克思说："分析经济形式，既不能用显微镜，也不能用化学试剂。二者都必须用抽象力来代替。"①科学抽象法包括相互联系的两个方面：一是从现象到本质，从具体到抽象。这是研究问题的方法，也就是研究社会生产关系，必须从实际经济过程角度出发，占有大量的经济生活的实际材料，然后运用抽象思维的能力，去粗取精、去伪存真、由此及彼、由表及里，抽象出其内在的、本质的联系，揭示出规律性。二是由抽象到具体，从本质到现象。这是叙述问题的方法，也就是在把研究成果叙述出来时，又必须从最简单、最抽象的规律出发，一步一步上升到复杂的、具体的规律。

从简单到复杂，从抽象到具体，这无疑是逻辑的分析方法，而逻辑的分析方法同历

---

① 马克思.资本论：第一卷[M].中共中央马克思恩格斯列宁斯大林著作编译局，编译.北京：人民出版社，1975：8.

史的方法又是一致的。因为从一个简单的经济范畴转到一个比较复杂的经济范畴的逻辑分析顺序，同社会经济发展从低级到高级的历史进程是一致的。例如，马克思在《资本论》中就是运用了逻辑分析方法，先分析商品这个最简单的经济范畴，然后从简单到复杂，顺序分析商品必然转化为货币，货币又转化为资本，等等。而从历史上看，也是先有商品，然后才产生货币，到资本主义社会，货币才转化为资本。因此，恩格斯指出："逻辑的研究方式是唯一适用的方式。但是，实际上这种方式无非是历史的研究方式，不过摆脱了历史的形式以及起扰乱作用的偶然性而已。"[①]

马克思在政治经济学的研究中，除了运用科学抽象法、逻辑方法和历史方法以外，还运用了数学方法和统计方法、归纳法和演绎法、分析法和综合法等。总之，各种方法的运用，应视具体的研究需要而定，关键就在于怎样才有利于揭示社会生产关系的本质及其运动的规律性。

第四节　学习政治经济学的意义

马克思主义政治经济学在无产阶级夺取政权以前，为无产阶级反对资产阶级的革命斗争服务；在无产阶级夺取政权以后，则为无产阶级的社会主义革命和社会主义建设服务。因此，我们现在学习马克思主义政治经济学，具有重要的理论意义和实践意义。

（1）有利于我们认识社会生产关系的发展规律，树立共产主义的世界观。马克思主义政治经济学通过对社会生产关系的本质及其运动规律的分析，令人信服地揭示了人类社会由低级向高级发展的必然性和共产主义在全世界胜利的必然性。这有利于我们坚定共产主义信念、树立共产主义世界观，不为假象所迷惑，不为曲折而动摇，自觉地为实现共产主义而奋斗。

（2）有利于我们正确认识市场经济的发展规律。马克思主义政治经济学较详细地分析了不同类型市场经济的共性和个性，揭示了市场经济的内在规定性及其发展的一般规律性。这对我国加快社会主义市场经济体制建设的步伐具有重要的指导意义。

（3）有利于增强我们贯彻执行党的路线、方针、政策的自觉性。我们的政治经济学是理论经济学，是我们党制定路线、方针、政策的理论基础。因此，学习马克思主义政治经济学，有利于我们深刻领会党的路线、方针、政策的精神实质，增强我们贯彻、执行党的路线、方针、政策的自觉性。市场经济在资本主义制度下已经存在了两三百年，马克思对资本主义经济的分析，包含了许多关于市场经济的一般规律性的内容。同时，西方国家在长期致力于发展市场经济的过程中，对市场经济运行机制的认识比较深刻。在西方经济学理论中，包含有不少反映市场经济运行一般规律性的内容。因此，以马克思主义为指导，分析资本主义市场经济，有利于我们科学地借鉴西方发展市场经济的经验，更好地驾驭市场经济，保证社会主义市场经济健康发展。

（4）有利于我们深刻领会和执行党和国家发展对外经济关系的方针、政策。为了加快我国社会主义经济发展的步伐，我国必须实行对外开放，同世界各国发展经济关系，

① 马克思，恩格斯.马克思恩格斯选集：第二卷[M].中共中央马克思恩格斯列宁斯大林著作编译局，编译.北京：人民出版社，1972：122.

互通有无、取长补短。现在世界上大多数国家都实行市场经济，因此，学习政治经济学，深刻认识不同类型市场经济的本质、特点及规律性，对我们深刻领会并正确执行我们党和国家的对外开放政策，具有重要的理论意义和实践意义。

最后，理论经济学还是财经类各专业课的理论基础课，所以，政治经济学对财经院校各专业来说，显得尤为重要。政治经济学学好了，就可以为各门专业课的学习奠定良好的基础。

▓ 本章小结

（1）物质资料生产是政治经济学研究的出发点，物质资料生产包括两个方面：生产力和生产关系。生产力的构成要素包括劳动力、劳动资料和劳动对象。科学技术是第一生产力。生产关系是人们以一定的生产资料所有制为基础，在社会生产总过程中所形成的生产、分配、交换和消费关系。生产力和生产关系的辩证统一，构成一定社会的生产方式。

（2）政治经济学的研究对象是生产关系。

（3）生产力与生产关系的矛盾、经济基础和上层建筑的矛盾，是一切社会的基本矛盾，生产关系的发展变化是在社会基本矛盾的运动中展开的，因此，研究生产关系必须联系生产力和上层建筑。

（4）政治经济学研究生产关系的任务，是揭示生产关系运动的规律性，即经济规律。经济规律大体上可以分为三种类型。基本经济规律是在一个社会经济规律体系中起主导作用的规律。

（5）政治经济学研究的不是物，而是通过对物的分析，揭示在物的外壳掩盖之下的人与人之间的经济关系。在阶级社会，也就是阶级与阶级之间的关系。政治经济学是一门阶级性很强的科学。马克思主义政治经济学，既是一门揭示社会经济发展规律的科学，又是一门具有鲜明阶级性的科学，它实现了科学性和阶级性的统一。

▓ 复习思考题

1.政治经济学的研究对象是什么？生产关系包括哪些内容？

2.什么是经济规律？如何理解经济规律的客观性及人与经济规律的关系？经济规律有哪几种类型？

第二章

商品和货币

学习目标

知识目标：

1. 了解商品经济及其产生的条件。

2. 熟悉商品的二因素：使用价值和价值。

3. 掌握生产商品的劳动的二重性：具体劳动和抽象劳动。

4. 掌握简单商品经济的基本矛盾：私人劳动和社会劳动的矛盾。

5. 熟悉商品的价值量。

6. 了解商品价值形式的发展和货币的起源。

7. 掌握货币的本质和职能。

8. 熟悉价值规律的内容及其作用。

能力目标：

1. 能正确认识商品经济与市场经济的关系。

2. 能客观分析商品拜物教及其在现实生活中的表现。

素养目标：

培养学生运用价值规律和市场机制分析和解决现实问题的思维习惯和行为方式，培养学生正确的消费观和价值观；正确认识商品和货币在现实生活中的重要作用。

本章主要是通过对商品和货币的分析，揭示商品和货币所体现的经济关系，阐明马克思的劳动价值论和货币理论，为研究剩余价值理论、揭示资本主义生产关系的本质和资本主义社会经济运行规律，奠定理论基础。

第一节　商品

一、商品经济的产生

商品经济，是指以交换为目的的经济形式，是相对于自然经济、产品经济而言的。商品经济在原始社会末期开始萌芽，奴隶社会就已经形成，至今已有大约 7 000 年的历史。它是社会生产发展到一定阶段的必然产物。它的产生必须具备两个条件：一是社会分工；二是生产资料私有制。社会分工是商品经济存在的重要条件。在社会分工条件下，生产者要互相交换产品，才能满足各自的需要，这决定了相互交换的必要性；生产资料和产品属于不同的所有者私有，决定了这种交换必须遵循对等转让、互不吃亏的原则，即采取商品交换的形式。因而，私有制是商品经济产生的根本条件。

马克思主义政治经济学是从分析商品开始来研究资本主义生产关系的，从而建立起一个与资产阶级政治经济学根本不同的崭新的科学体系，这是马克思的一个伟大创举。

为什么要从分析商品入手来研究资本主义生产关系呢？这是因为：第一，商品是资本主义社会最常见、最普遍的现象。在资本主义社会，商品生产占据绝对统治地位，商品关系已渗透到社会生产的各个领域，整个社会的财富"表现为'庞大的商品堆积'"[①]。只有从商品这一资本主义社会最大量、最普遍的经济现象出发，经过分析研究，才能揭示其本质，找出完全科学的理论来。第二，商品是资本主义社会的经济细胞。资本主义生产方式这一复杂的经济机体，是由商品这种最简单的经济细胞组成的。在商品这个经济细胞中，包含了资本主义一切矛盾的萌芽，只有从这个最简单、最抽象的经济范畴入手，逐步上升到货币、资本、剩余价值、利润、利息、地租等比较复杂和具体的经济范畴，经过从简单到复杂、从抽象到具体的分析过程，才能揭示出资本主义生产关系全部内容及其矛盾。第三，简单商品生产是资本主义生产关系的起点。恩格斯曾经指出："历史从哪里开始，思想进程也应当从哪里开始。"[②]既然商品生产先于资本主义，是资本主义历史的起点，所以只有从分析商品开始，才能揭示资本主义生产关系的产生、发展和灭亡的规律。总之，从商品开始研究资本主义生产关系，既是逻辑方法的需要，也是历史方法的需要。

二、商品的二因素：使用价值和价值

商品是用来交换的劳动产品。任何商品都具有使用价值和价值两个因素或两种属性，商品是使用价值和价值的统一体。

商品首先是一个有用的物品，可以满足人们的某种需要。比如，粮食、衣服可以满足人们物质生活的需要；书刊、艺术品可以满足人们精神生活的需要；钢材、机器可以满足人们生产的需要；等等。商品这种能够满足人们某种需要的属性，即商品的有用性或者效用，就是它的使用价值。

每一种商品的自然属性都是多方面的，因而，它的使用价值也是多方面的。这些多方面的使用价值是在历史的发展过程中，随着科学技术的发展，陆续地被人们发现的。如煤炭，人们过去只知道它可以用作燃料，而现在可以从其中提取出不少化工产品，用来制作染料、药品、合成纤维等。

使用价值是商品的自然属性，也是一切劳动产品所共有的属性。任何社会，使用价值总是构成社会财富的物质内容。

① 马克思.资本论：第一卷[M].中共中央马克思恩格斯列宁斯大林著作编译局，编译.北京：人民出版社，1975：47.
② 马克思，恩格斯.马克思恩格斯选集：第二卷[M].中共中央马克思恩格斯列宁斯大林著作编译局，编译.北京：人民出版社，1972：122.

商品的使用价值和一般物品的使用价值从一般意义上讲是没有什么区别的。例如，木匠生产桌子，无论是自己用还是卖给别人用，都是当作家具使用。但商品的使用价值又有一些特点：其一，商品的使用价值不是对生产者有用，而是对购买者有用，也就是对社会有用；其二，商品这种社会意义上的使用价值必须是劳动产品的有用性，不是劳动产品的有用物，不成为商品的使用价值；其三，商品的使用价值必须通过交换实现，不通过交换而实现的使用价值不成为商品的使用价值。商品的使用价值是交换价值的物质承担者。

交换价值首先表现为一种使用价值同另一种使用价值相交换的量的关系或比例。如用1只绵羊换2把斧子，这2把斧子就是1只绵羊的交换价值。

斧子和绵羊是两种具有不同用途的商品，它们之间能按一定比例相交换，就意味着二者之间有着一种共同的东西。那么，这种共同的东西是什么呢？资产阶级庸俗经济学家认为，这种共同的东西就是商品的效用，即使用价值。在他们看来，商品的使用价值即效用越大，交换价值就越大；反之，使用价值越小，交换价值则越小，这种观点显然是错误的。因为，只有同质的东西才能够相互比较，而不同质的东西在量上是无法进行比较的。例如，粮食可以充饥，衣服可以御寒，它们的用途不同，因此，不能说哪种东西的使用价值更大一些。可见，不同商品能够互相交换，它们所具有的共同的东西不是使用价值。

那么，这种共同的东西究竟是什么呢？如果抛开绵羊和斧子的使用价值，我们就会发现它们有一种质上相同的东西，即都是人类劳动的产物，在生产它们的时候，都耗费了一定数量的人类劳动。正是这一点，决定了1只绵羊和2把斧子可以互相交换。在这里，"各种劳动不再有什么差别，全都化为相同的人类劳动，抽象人类劳动"。[①]这种凝结在商品中的无差别的一般人类劳动就是商品的价值。

可见，价值是无差别的一般人类劳动的凝结。各种不同的商品按比例相交换就是因为它们的价值相等，或者说它们之间各自凝结了相等的人类劳动。1只绵羊换2把斧子，就是因为在1只绵羊和2把斧子的生产上花费了一样多的劳动，具有同等的价值。价值是交换价值的基础，而交换价值则是价值的表现形式。各种商品按照一定的比例相交换，实际上是商品生产者相互之间劳动的交换，因此，商品的价值体现着人与人之间的社会关系，它是商品的社会属性。

商品是使用价值和价值的对立统一体，二者处在既相矛盾又相统一的关系中。说它们是统一的，是因为二者互相依赖，彼此不可分割，缺少了任何一方都不能构成商品。使用价值是价值的物质承担者，价值要以使用价值的存在为前提。一种物品如果没有使用价值，那就是废品，即使在它上面付出再多的劳动也不能形成价值；有些物品虽然有使用价值，如果不是劳动产品，也是没有价值的。上述两种情况都不能称其为商品。使用价值和价值又是互相矛盾的，这是因为商品对卖者和买者而言都不能既有使用价值，同时又有价值。对卖者来说，他生产商品的目的并不是为了使用价值，而是为了价值。因此，商品对他来说只是交换的物质手段。对买者来说，商品对于他只具有使用价值，而不能同时具有价值。任何人想占有使用价值就必须让渡价值，而要占有价值就必须放弃使用价值。商品使用价值和价值的这种对立是通过交换得以解决的。因此，交换是商品内在矛盾即使用价值和价值的矛盾得以解决的根本途径。

三、生产商品的劳动的二重性：具体劳动和抽象劳动

商品的二因素是由生产商品的劳动的二重性决定的，即由具体劳动和抽象劳动决定。

要生产满足人们需要的各种商品，就要进行不同种类的生产活动。这些生产活动是由劳动的目的、操作方法、劳动对象、劳动手段和劳动的结果决定的。例如，为了制作服装，工人要使用缝纫机，对布匹进行加工，通过缝纫所特有的操作方式，生产出各式各样的服装。这种为了特定的目的并在一定的具体形式下进行的劳动，就叫作具体劳动。具体劳动生产使用价值是同人类社会共存亡的，它是一个永恒的范畴。

商品的使用价值是多种多样的，生产使用价值的劳动也是千差万别的。这些千差万别不同形式的劳动，形成了社会分工。

各种具体形式的劳动，创造出不同的使用价值，从而使各种商品能互相区别。但是，各种商品却可以按一定的比例相交换，这说明，生产商品的劳动除了有具体形式不同的一面，还存在相同的一面。那就是，不管劳动的具体形式如何不同，它们都是人类劳动的支出，即都耗费了人的体力和脑力。马克思说："如果把生产活动的特定性质撇开，从而把劳动的有用性质撇开，劳动就剩下一点：它是人类劳动力的耗费。"[①]这种撇开劳动的具体形式的无差别的人类劳动，就是抽象劳动。抽象劳动形成价值，是商品价值的实体。它是人类劳动的一种特殊形式，体现着商品生产者互相交换劳动的社会关系。因此，抽象劳动是商品生产所特有的历史范畴。

马克思说："一切劳动，从一方面看，是人类劳动力在生理学意义上的耗费；作为相同的或抽象的人类劳动，它形成商品价值。一切劳动，从另一方面看，是人类劳动力在特殊的有一定目的的形式上的耗费；作为具体的有用劳动，它生产使用价值。"[②]可见，具体劳动和抽象劳动并不是在时间上和空间上彼此分开的两次劳动，而是同一劳动进程不可分割的两个方面。它们之间的区别是：具体劳动是劳动的形式，抽象劳动是劳动的内容；具体劳动回答的是怎样劳动、什么劳动的问题，抽象劳动回答的是劳动多少、劳动时间多长的问题。具体劳动创造商品的使用价值，它是劳动的自然属性；抽象劳动形成商品的价值，它是劳动的社会属性。

劳动二重性学说是由马克思首先批判地创立的。资产阶级古典经济学家虽然初步提出了劳动创造价值的原理，但他们不懂得劳动的二重性，因而无法说明究竟什么劳动形成价值。所以，资产阶级古典政治经济学的劳动价值论从根本上来说是不科学的。马克思劳动二重性学说的创立，使劳动价值论有了坚实的科学基础，成为"理解政治经济学

---

① 马克思.资本论：第一卷［M］.中共中央马克思恩格斯列宁斯大林著作编译局，编译.北京：人民出版社，1975：57.
② 马克思.资本论：第一卷［M］.中共中央马克思恩格斯列宁斯大林著作编译局，编译.北京：人民出版社，1975：60.

的枢纽"。①

四、简单商品经济的基本矛盾：私人劳动和社会劳动的矛盾

在以私有制为基础的简单商品经济中，一方面，由于存在生产资料私有制，商品生产者生产什么、生产多少及怎样生产都是个人的私事，劳动成果也归自己占有和支配，从这个意义上说，商品生产者的劳动是私人劳动。但另一方面，由于社会分工的存在，每个商品生产者生产的商品又都是为了满足他人需要，是为他人劳动，从这个意义上说，每个商品生产者的劳动又不是个人的事，而是社会总劳动的一个组成部分，又具有社会劳动的性质。这样，每个商品生产者的劳动，既是私人劳动，又是社会劳动，在直接形式上是私人劳动，但又具有社会劳动的性质。这就产生了私人劳动与社会劳动的矛盾。这个矛盾是以私有制为基础的简单商品经济的基本矛盾。

首先，私人劳动和社会劳动的矛盾是其他矛盾的根源，其他矛盾是这一矛盾的表现。由于存在私人劳动与社会劳动的矛盾，私人劳动要转化为社会劳动，唯一的途径就是通过市场上的商品交换。要进行商品交换，就要比较和计量交换双方的劳动量，各种具体形式的劳动无法进行比较，于是具体劳动要还原为质上无差别的抽象劳动。而具体劳动与抽象劳动的矛盾又决定着商品使用价值与价值的矛盾，于是产生了具体劳动与抽象劳动、使用价值与价值的矛盾。显然，具体劳动和抽象劳动、使用价值与价值的矛盾，不过是私人劳动与社会劳动矛盾的表现。

其次，这一矛盾决定着小商品生产者的命运和简单商品经济的发展趋势。既然私人劳动与社会劳动的矛盾是通过市场的商品交换来解决的，那么，商品生产者的私人劳动的社会性质能否为社会所承认，取决于他生产的商品在市场上能否卖出去，卖出去多少。如果商品全部卖出去了，说明他的私人劳动全部为社会所承认，他就可以赚钱、发财；如果他生产的商品只是卖出去一部分，或者根本卖不出去，说明他的私人劳动只是部分地为社会所承认，或者根本不为社会所承认，那么，他就要亏损甚至破产。可见，这一矛盾决定着小商品生产者的成败兴衰，引起小商品生产者的两极分化，从而也推动着简单商品生产向社会化商品生产的过渡。因此，我们说私人劳动与社会劳动的矛盾，是以私有制为基础的简单商品经济的基本矛盾。

五、商品的价值量

前面我们着重考察了商品价值的"质"，现在，我们再着重考察商品价值的"量"，即商品的价值量是如何决定的。

商品的价值量是由生产商品所耗费的劳动量来决定的。而劳动的自然尺度是劳动时间，所以，价值量的大小取决于劳动时间的长短。

但是，各个商品生产者的生产条件、劳动熟练程度不同，生产同样一种商品，所花费的个别劳动时间有较大差异，那么商品的价值量是否由这些不同的个别劳动时间决定呢？显然不是，决定商品价值量的不是个别劳动时间，而是社会必要劳动时间。

---

① 马克思.资本论：第一卷［M］.中共中央马克思恩格斯列宁斯大林著作编译局，编译.北京：人民出版社，1975：55.

马克思说："社会必要劳动时间是在现有的社会正常的生产条件下，在社会平均的劳动熟练程度和劳动强度下制造某种使用价值所需要的劳动时间"。[1]这就是说，商品的价值量既不是由最好的生产条件决定的，也不是由最坏的生产条件决定的；既不是由最熟练的劳动技能决定的，也不是由最差的劳动技能决定的；既不是由最高的劳动强度决定的，也不是由最低的劳动强度决定的，而是由在平均的生产条件、劳动技能和劳动强度下，生产一种商品所需要的平均劳动时间决定的。比如，生产1匹布，由于生产条件不同，有的人用8小时，有的人用10小时，有的人用12小时。如果大多数人用10小时的话，那么10小时就是生产1匹布的社会必要劳动时间，它决定1匹布的价值量。

社会必要劳动时间对商品生产者来说，具有极其重要的意义。每个商品生产者生产商品所耗费的个别劳动时间，能否符合社会必要劳动时间，直接关系到他有无竞争能力，能否在经营中获利。如果他的个别劳动时间等于社会必要劳动时间，他的劳动耗费就能够完全得到补偿。如果他的个别劳动时间大于社会必要劳动时间，他的劳动耗费就会有一部分得不到补偿。这样在竞争中，他就处于不利地位。如果他的个别劳动时间小于社会必要劳动时间，则他不但能够补偿全部劳动耗费，而且可以得到更多的盈利，在竞争中处于有利地位。因此，商品生产者总是想方设法降低个别劳动时间，增强自己的竞争能力。

商品的价值量是由劳动时间决定的，但劳动又有简单劳动和复杂劳动之分。简单劳动是指不必经过专门培养和训练就能胜任的劳动。复杂劳动则是需要经过专门训练，具有一定技术专长的劳动，它包含着比较复杂的技巧和对知识的运用。简单劳动和复杂劳动在同一时间里所创造的价值量是不对等的，所以"比较复杂的劳动只是自乘的或不如说多倍的简单劳动"。[2]

但是，尽管一个商品可能是最复杂劳动的产品，但由于复杂劳动是用简单劳动来量度的，因而作为价值，它可以与简单劳动的产品相比较，少量的复杂劳动可以换算为多量的简单劳动。这种换算是在生产者背后由社会过程决定的，即在千百次交换中自发地形成的。

商品的价值量是由生产商品的社会必要劳动时间决定的。但是，社会必要劳动时间并不是固定不变的，它随着生产部门劳动生产力的变化而变化。

劳动生产力指的是具体劳动生产使用价值的能力。它的高低，可用单位劳动时间内生产的产品数量或用单位产品中所耗费的劳动时间来衡量。"劳动生产力是由多个因素决定的，其中包括：工人的平均熟练程度、科学的发展水平和它在工艺上应用的程度、生产过程的社会结合、生产资料的规模和效能以及自然条件。"[3]在不同的生产部门，上述各个因素对劳动生产力的影响是不同的。如在农业和采掘业中，劳动生产力受自然条件这一因素的影响较大；而对加工业来说，自然条件对劳动生产力的影响就比较小。

劳动生产力的变化必然引起生产商品的社会必要劳动时间的变化，从而引起商品价

---

① 马克思.资本论：第一卷［M］.中共中央马克思恩格斯列宁斯大林著作编译局，编译.北京：人民出版社，1975：52.
② 马克思.资本论：第一卷［M］.中共中央马克思恩格斯列宁斯大林著作编译局，编译.北京：人民出版社，1975：58.
③ 马克思.资本论：第一卷［M］.中共中央马克思恩格斯列宁斯大林著作编译局，编译.北京：人民出版社，1975：53.

值量的变化。劳动生产力越高，同一劳动在同一时间内生产的使用价值量越多，单位产品包含的劳动量便越少，单位产品的价值量便越小；反之，劳动生产力越低，同一劳动在同一时间内生产的使用价值量就越少，单位产品所包含的劳动量就越多，单位产品的价值量便越大。但是，不论劳动生产力怎样变化，同一劳动在同一时间内创造的价值总量总是不变的。可见，"商品的价值量与体现在商品中的劳动的量成正比，与这一劳动的生产力成反比"。①

第二节　货币

一、价值形式的发展

商品和货币是两个互相联系的经济范畴，货币的根源在于商品本身。最初的商品交换是物与物的直接交换，并没有货币作为交换的媒介。后来，随着商品交换的发展，从商品世界中分离出一种固定的充当一般等价物的商品，这种商品就是货币。因此，研究货币的起源，必须从分析价值形式入手。

商品既然有使用价值和价值两个因素，那么它也就有两种表现形式，即商品使用价值的表现形式和商品价值的表现形式。商品使用价值的表现形式是指商品的自然形式。如商品的形状、式样、大小、颜色等，它可以被直观地感觉到。商品价值的表现形式是商品的社会属性，它从单个商品本身上是看不出来的。一种商品的价值只有通过与另一种商品相交换，即与别的商品发生关系时，才被体现出来。价值形式就是商品价值的表现形式，也就是交换价值。

价值形式的发展，经历了一个漫长的历史过程，大体经历了四个阶段：

（一）简单的或偶然的价值形式

简单的或偶然的价值形式，是指在商品交换中，一种商品的价值偶然地表现在另一种商品上的价值形式。

价值形式的发展是同商品交换的发展相适应的。在原始社会末期，当时生产力水平极低，生产的目的还不是为了交换，只是在偶然的情况下将少量的剩余产品相互交换。这种交换带有偶然性质，只是一种商品的价值偶然地、简单地表现在另一种商品上。例如，1只绵羊和2把斧子相交换，那么，1只绵羊的价值就表现在2把斧子上，用公式表示为：

1只绵羊=2把斧子

在这个公式中，绵羊和斧子处于不同的地位，起着不同的作用。绵羊的价值通过斧子表现出来，即1只绵羊值2把斧子，在这里绵羊起着主动作用，而斧子则成为绵羊价值的表现材料，起着被动的作用。绵羊的价值不是由它本身直接表现出来，而是借助斧子相对地表现出来，它的价值表现为相对价值，或者说处于相对价值形式；斧子只是充当绵羊价值的表现材料，证明绵羊有同自己相等的价值，因此，它就成了等价物，或者

---

① 马克思.资本论：第一卷［M］.中共中央马克思恩格斯列宁斯大林著作编译局，编译.北京：人民出版社，19/5：53 54.

说处在等价形式上。

相对价值形式和等价形式作为简单价值形式的两极，二者既互相依赖、互为条件，又互相排斥、互相对立。所谓互相依赖、互为条件，是指绵羊倘若离开斧子就不能表现自己的价值；斧子若离开绵羊，也不会成为价值的表现材料。绵羊只有借助斧子才能处在相对价值形式上，斧子也只有借助绵羊才能处在等价形式上。所谓互相排斥、互相对立，是指在同一价值表现中，同一商品不能既处在相对价值形式又处在等价形式上。1只绵羊=1只绵羊，不反映任何价值关系，只说明1只绵羊就是1只绵羊，而不能体现1只绵羊的价值是多少。一种商品究竟是处于相对价值形式还是处于等价形式，完全取决于它当时在价值表现中所处的地位。

简单价值形式只是价值形式的一种胚胎，在这里，商品的价值表现得还是很不完全、很不充分的，处在等价形式上的商品只是个别等价物，只是针对一种商品才是等价物。价值作为无差别的人类劳动凝结的性质还没有充分表现出来。随着交换的发展，价值形式就由简单的价值形式逐步过渡到了扩大的价值形式。

（二）总和的或扩大的价值形式

总和的或扩大的价值形式是指在交换经常发生的情况下，一种商品的价值经常地表现在一系列商品上的价值形式。

随着社会生产力的发展，在第一次社会大分工以后，商品交换发展成为一种经常的现象，进行交换的商品种类逐渐增多。这时，一种商品不只是偶然地和另一种商品相交换，而是经常地和许多商品相交换，从而一种商品的价值表现在其他一系列商品上，这样就出现了扩大的价值形式，用公式表示为：

$$1只绵羊\begin{cases} =2把斧子 \\ =1件上衣 \\ =80斤大米 \\ =1克黄金 \\ =\cdots\cdots \end{cases}$$

在扩大的价值形式中，一种商品的价值已经不是偶然地表现在另一种商品上，而是经常地表现在一系列的其他商品上。在这里，处在等价形式上的每一种商品都是一个特殊的等价物，每一种商品都成为反映绵羊价值的镜子，绵羊的价值作为无差别的人类劳动的凝结才第一次得到真正的体现，价值的表现也更加准确、更加充分。

扩大的价值形式同简单价值形式相比，虽然是一种比较完善的价值形式，但它仍然存在着缺点。在这种价值形式下，每一种商品的相对价值形式都有一个无穷无尽的价值表现系列，每一种商品的自然形式都是一个特殊的等价形式，而且各种商品的价值表现都不一样。这说明，整个商品世界还没有一个共同的和统一的价值表现，还没有一个社会公认的等价物充当商品交换的媒介。所以，这种价值形式仍然是不完全、不充分的。这种价值形式的缺点给实际的商品交换带来了困难，如绵羊所有者需要粮食，而粮食所有者需要上衣等，这样交换往往不能实现，即使能够成交也要费许多周折。经过多次交换，绵羊的价值才能实现。这种交换的困难，说明物物直接交换已不能适应商品交换发展的需要。因此，这种价值形式必然要向更完善的价值形式过渡。

（三）一般价值形式

一般价值形式是指一切商品的价值都通过某一种商品来表现的价值形式。

随着商品交换的进一步发展，逐渐出现了某种商品在交换中居主要地位，成为所有商品的一般等价物，其他各种商品都习惯性地与这种商品相交换，一切商品的价值都通过这种商品来表现，这就是一般价值形式。用公式表示为：

$$
\left.
\begin{array}{l}
2把斧子 = \\
1件上衣 = \\
80斤大米 = \\
1克黄金 = \\
\cdots\cdots =
\end{array}
\right\} 1只绵羊
$$

在一般价值形式中，商品价值的表现是简单的，因为都表现在唯一的商品上；这种表现又是统一的，因为都表现在同一种商品上。总之，"它们的价值形式是简单的和共同的，因而是一般的"。①

从扩大价值形式过渡到一般价值形式，价值的表现发生了本质上的变化。一般价值形式的出现使两个商品直接交换变为通过媒介物相交换，这第三个商品为大家所公认，成为表现价值的材料。各种不同商品可以通过这种商品按一定的比例相交换，商品的价值作为一种社会属性才得到真正的体现。一般价值形式仍存在缺点，一般等价物还没有固定在某种商品上，往往是在一个时期、一个地区由甲种商品来充当，而在另一个时期、另一个地区由乙种商品来充当，这就给交换带来了困难并限制了交换的范围。因此，一般价值形式就向更高级的价值形式——货币价值形式过渡。

（四）货币价值形式

货币价值形式就是指金银固定地独占了一般等价物的地位，商品的价值都通过金银来表现的价值形式。

随着第二次社会大分工的出现，手工业从农业中分离出来，社会上出现了专门为交换而进行的生产，商品交换也突破了地方界限。这就需要有一种可以和一切商品相交换的固定的等价物。当一般等价物的职能被固定在某一种特殊商品上时，这种特殊商品就成为货币，从而一般价值形式就发展成为货币价值形式。用公式表示为：

$$
\left.
\begin{array}{l}
2把斧子 = \\
1件上衣 = \\
80斤大米 = \\
1只绵羊 = \\
\cdots\cdots =
\end{array}
\right\} 1克黄金
$$

从一般价值形式过渡到货币价值形式，并没有发生本质的变化，不同的是一般等价物已固定地由贵金属黄金或白银来充当。金银充当货币材料是由金属的自然属性，如质地均匀、便于分割、体积小、价值大、便于携带、不易腐烂等决定的。所以，马克思指出："金银天然不是货币，但货币天然是金银。"②

---

① 马克思.资本论：第一卷 ［M］.中共中央马克思恩格斯列宁斯大林著作编译局，编译.北京：人民出版社，1975：81.
② 马克思.资本论：第一卷 ［M］.中共中央马克思恩格斯列宁斯大林著作编译局，编译.北京：人民出版社，1975：107.

货币价值形式是最发达的价值形式。货币的产生，使整个商品世界分成了两极：一极是商品，只作为使用价值出现；另一极是货币，代表一切商品价值。这样，商品的内在矛盾，即使用价值和价值的矛盾，便从简单价值形式时商品与商品的外部对立，发展为商品与货币的外部对立了，从而使商品交换必须通过货币才能实现。货币的出现促进了商品生产和商品交换的发展，但不会消除商品的内在矛盾；相反，在货币出现以后，有可能造成买卖在时间和空间上的脱节，使商品的内在矛盾更加尖锐。可见，价值形式的发展过程也就是商品内在矛盾不断发展和深化的过程，货币是商品生产和商品交换的必然结果，是商品内在矛盾的必然产物。

货币的本质是固定地充当一般等价物，它体现了商品经济条件下，商品生产者之间的社会经济关系。

二、货币的职能

货币的本质具体地体现在货币的职能上。在发达的商品经济中，货币具有价值尺度、流通手段、贮藏手段、支付手段和世界货币五种职能。

（一）价值尺度

货币的价值尺度职能是指货币具有衡量和表现一切商品价值量大小的职能，价值尺度是货币的基本职能之一。货币之所以能够用来衡量一切商品的价值，执行价值尺度的职能，是因为货币本身也是商品，也是人类劳动的产品，也具有价值，因而能以自身所具有的价值作为尺度来衡量其他商品所包含的价值。

货币作为衡量商品价值大小的尺度，执行价值尺度的职能，不需要真实的货币，只需要想象的、观念上的货币就可以了。

货币执行价值尺度职能，是把商品的价值表现为一定的货币量，这就是商品的价格。因此，价值是价格的基础，而价格则是价值的货币表现形式。不同的商品具有不同的价值，为了便于衡量商品价值的大小，货币就必须有一定的计量单位，并分成若干等份。这种货币单位及其等份就是价格标准。如中国的1元分为10角，1角分为10分。货币的价格标准不是货币的一个独立职能，价格标准是对货币能够准确地执行价值尺度职能的一种技术性规定，它是由货币的价值尺度职能派生出来的。

（二）流通手段

货币流通手段的职能，就是指货币充当商品交换媒介。以货币为媒介的商品交换过程就是商品流通。作为流通手段的货币，只能是现实的货币，而不能是观念的或想象的货币。

货币作为流通手段后，原来的物物交换就发展为商品流通。在货币产生以前，商品的交换是直接的物物交换，即商品-商品（W-W）。这时，买和卖在时间上和空间上都是统一的，因而不会出现买卖脱节现象。在货币产生后的商品流通中，商品的交换变成商品-货币-商品（W-G-W），交换过程分成了卖和买两个相互对立、相互补充的阶段。这时，买和卖在时间上与空间上彼此分开了，有些人可能只卖不买，这就会造成另一些人因为没有别人的买就不能卖，从而造成买卖脱节。可见，货币充当流通手段，已经包含了危机的可能性。不过，在简单商品经济条件下，危机的可能性不会变为现实。

（三）贮藏手段

货币贮藏手段的职能，就是指货币退出流通领域被人们当作社会财富的一般代表而贮藏起来。随着商品流通的发展，人们逐渐产生了贮藏货币的欲望；同时，一定量的货币贮藏也是商品生产者维持正常生产的必要条件。货币作为贮藏手段，必须是金属铸币或者是可以作为铸币材料的金银本身。

货币作为贮藏手段，有自发调节商品流通中货币需要量的作用。由于决定商品流通中货币量的因素经常变动，因而，流通中的货币量要求能不断增减。在金属货币流通的条件下，这一要求靠货币的贮藏手段来实现。当流通中所需要的货币量减少时，多余的货币便退出流通领域成为贮藏货币；反之，当流通中的货币量不足时，一部分贮藏货币又会进入流通领域执行流通手段的职能。因此，货币贮藏的蓄水池对流通中的货币来说，既是排水渠，又是引水渠，使流通中的货币量总是处在饱和的状态，不会发生通货膨胀。

（四）支付手段

随着商品经济的发展，商品交换中出现了赊购、赊销现象。例如，农民在春耕时需要农具，但手头又无现金，他只好到生产农具的手工业者那里赊购，待秋收后再归还货款。这样，在商品的赊购、赊销中出现了债权债务关系。赊销者成为债权人，赊购者成为债务人。债务人在一定时期后要清偿债务。当债务人用货币清偿债务时，商品的让渡行为早已完成。这时的货币已不再充当流通手段，而是执行一种新的职能，即支付手段的职能。货币支付手段的职能，就是指货币用来清偿债务及后来用于支付利息、工资、租金等的职能。

货币执行支付手段的职能时，商品的让渡和价值的实现，在时间上和空间上分开了。当商品让渡时，货币只是作为观念上的购买手段，将商品由卖者手中转移到买者手中，买者不需要付出现实的货币；当约定的支付期到来，货币进入流通领域时，商品却早已退出流通领域。这是货币执行支付手段时的一个突出特点。

货币作为支付手段的职能，使商品经济的矛盾进一步加剧了。随着支付关系的发展，商品生产者之间形成了债权债务关系的锁链，即甲欠乙的钱，乙欠丙的钱，丙欠丁的钱……到期支付时，一旦有一位商品生产者不能如期清偿债务，就有可能导致连锁反应，使整个支付锁链遭到破坏。这样，货币作为支付手段，进一步加剧了危机的可能性，不过，在简单商品经济条件下，这种可能性同样不会变成现实。

（五）世界货币

世界货币的职能，就是指货币越出国界，在国际市场上充当一般等价物的职能。其具体表现在：作为购买手段，购买他国的商品；作为支付手段，清偿国际收支差额；作为社会财富的一般代表由一国转移到另一国。

货币作为世界货币，必须脱下各国的外衣，而以金银的自然形式出现。

货币的五种职能密切联系，共同体现货币作为一般等价物的本质。其中，价值尺度和流通手段是货币的基本职能。这两种职能的统一，货币才可以起一般等价物的作用。正因为货币是一般等价物，人们才产生贮藏它的欲望，从而贮藏货币。而支付手段又是在前二种职能的基础上产生和发展起来的。在货币上述四种职能的基础上，进而出现世界货币的职能。货币五种职能的排列顺序不是任意的，它体现了逻辑和历史的统一。

三、货币流通规律

在商品流通中，货币不断地由买者手中转移到卖者手中，不断地和商品换位，货币的这种运动就是货币流通。马克思说："货币不断地离开起点，就是货币从一个商品所有者手里转到另一个商品所有者手里，或者说，就是货币流通。"[①]货币流通是由商品流通引起货币运动的过程，它是为商品流通服务的。那么，一个国家在一定时期内究竟需要多少货币呢？这由货币流通规律决定。货币流通规律就是决定商品流通中货币需要量的规律。决定一定时期商品流通中货币需要量的因素主要有：待流通的商品量、商品的价格水平、同名货币单位的流通速度。待售商品量与价格水平的乘积是待流通的商品价格总额。商品流通中的货币需要量与待流通的商品价格总额成正比，而与同名货币单位的流通次数成反比。用公式表示为：

一定时期流通中所需要的货币量=待流通的商品价格总额/同名货币单位的流通次数

货币支付手段产生后，大量商品采用赊购、赊销的办法进行流通，有些债务可以相互抵销，流通中所需要的货币量就会相应地发生变化。这时，商品流通中的货币量可用下式计算：

$$一定时期流通中所需货币量=\frac{待流通的商品价格总额-赊销商品价格总额+到期支付总额-相互抵销的支付总额}{同名货币单位的平均周转次数}$$

纸币代替金属货币充当流通手段时，又出现了纸币流通规律。纸币既然是金属货币的代表，纸币流通规律自然以金属货币流通规律为基础。纸币流通规律是"纸币的发行只限于它所象征地代表的金（或银）的流通数量"[②]，亦即金属货币流通量决定纸币需要量的规律。无论纸币发行多少，它只能代表流通中所需要的金属货币量。如果纸币发行量超过了流通中所需要的金属货币量，纸币就要贬值，物价就要上涨，这种现象叫通货膨胀。

通货膨胀对社会经济生活的影响是比较复杂的。通货膨胀会使直接依靠固定工资收入的劳动者的收入减少，而使生产经营企业的利润增加；恶性通货膨胀会动摇公众对纸币的信心，从而抛出纸币抢购商品，影响社会秩序的安定。从通货膨胀与经济增长的关系来看，较轻的通货膨胀或短期内通货膨胀未被预期并存在潜在的生产要素的条件下，对经济增长会有促进作用。但长期内通货膨胀不可能不被人们预期，若长期内通货膨胀严重，社会又不可能有无限的潜在的生产要素可供货币启动，那么，通货膨胀对经济增长不但不会促进，反而会产生危害。因此，为保证社会经济正常运行，必须抑制恶性通货膨胀，保持物价总水平的基本稳定。

[①] 马克思.资本论：第一卷 [M]. 中共中央马克思恩格斯列宁斯大林著作编译局，编译.北京：人民出版社，1975：134.
[②] 马克思.资本论：第一卷 [M]. 中共中央马克思恩格斯列宁斯大林著作编译局，编译.北京：人民出版社，1975：147.

第三节　价值规律

一、价值规律是商品经济的基本规律

（一）价值规律的内容和要求

价值规律是商品经济的基本规律，凡是有商品生产和商品交换的地方，价值规律就必然发生作用。

在以生产资料私有制为基础的商品经济中，社会生产和流通处于竞争和无政府状态，根本不可能有计划地进行。但社会生产各个部门之间看起来还是有一定秩序的。其原因在于商品生产者的背后有某一种东西在起作用，各种经济现象都要受它的制约，生产者背后的这个东西就是价值规律，它自发地调节着商品生产。

价值规律的基本内容和要求是：商品的价值由生产这种商品的社会必要劳动时间决定；商品的价格以价值为基础；实行等价交换。

（二）价值规律的实现形式

价值是商品的社会属性，价值量的大小是由社会必要劳动时间决定的。而在商品经济中，人们只有通过商品和商品的交换才能发生社会接触，因而，决定价值量的社会必要劳动时间也只有通过社会过程，即通过商品交换才能确定。当货币出现以后，一切商品的价值都要通过货币，借助价格的形式才能实现。

价格作为商品价值的货币表现，它不仅反映商品价值，以商品价值为基础，并随着商品价值的变动而变动，而且反映商品的供求关系。因为在以私有制为基础的商品经济中，社会生产和社会需求之间，即商品的供给和需求之间是经常不一致的，这就必然引起商品生产者之间的竞争，使商品的价格发生波动，时高时低。供过于求时，价格低于价值；供不应求时，价格高于价值。而只有在供求相一致时，价格和价值才趋向于一致，而这种一致也只是偶然的情况，大量的现象是供求不一致。这样，随着供求关系的不断变化，商品的价格时而高于价值，时而低于价值，但从一个较长的时间或整个社会来看，价格高于价值的部分和价格低于价值的部分可以相互抵消。这说明，归根到底，价格还是以价值为基础。可见，价格围绕价值波动的现象不仅不是对价值规律的否定，反而是价值规律发挥作用的表现形式，并且是唯一可能的表现形式。正如恩格斯指出的："商品价格对商品价值的不断背离是一个必要的条件，只有在这个条件下并由于这个条件，商品价值才能存在。只有通过竞争的波动，从而通过商品价格的波动，商品生产的价值规律才能够得到贯彻，社会必要劳动时间决定商品价值这一点才能成为现实"。[①]

二、价值规律在简单商品经济中的作用

在以私有制为基础的商品经济条件下，价值规律有如下作用：

---

① 马克思，恩格斯.马克思恩格斯全集：第二十一卷［M］.中共中央马克思恩格斯列宁斯大林著作编译局，编译.北京：人民出版社，1965：215.

第一，自发地调节生产资料和劳动力在社会生产各部门之间的分配，即调节资源的配置。

在存在社会分工的条件下，不同生产部门必须保持一定的比例关系，合理分配生产资料和劳动力，使整个社会的生产能够协调顺利地进行。但是，在生产资料私有制的社会里，每个生产者都是私人劳动者，生产什么，生产多少，都由自己决定。因此，生产是无计划盲目进行的，商品生产者对社会需要什么、需要多少，事先是不知道的。只有当他们生产出来的商品拿到市场上去进行交换的时候，他们才知道社会的需要。因此，商品生产者只能依靠市场上商品价格的变动来调节自己的生产，通过价值规律自发地调节生产资料和劳动力在各个部门之间的分配。但是，由于价值规律这种自发的调节作用是通过不断地破坏生产力而盲目地实现的，因此，它往往会造成社会劳动的巨大浪费。

第二，自发地刺激商品生产者改进技术。

商品是按照社会必要劳动时间决定的价值量进行交换的。商品生产者如果改进了生产技术，改善了经营管理，提高了劳动生产率，他生产商品的个别劳动时间就会低于社会必要劳动时间，从而可获得较多盈利；相反，商品生产者生产商品的个别劳动时间如果大于社会必要劳动时间，他就不能盈利甚至亏本。因而商品生产者为了追求更多的经济利益和在竞争中取胜，便力求采用先进技术，改进生产方法，改善经营管理，提高劳动生产率，从而促进社会生产力的发展。但是，在私有制的商品经济条件下，商品生产者为了保持自己在竞争中的优势，总要对先进的生产技术和经营方法保守秘密，而这又不利于生产力的发展。

第三，促进商品生产者两极分化。

由于各个商品生产者的生产条件不同，因而，生产同一种商品所耗费的劳动时间也不同。这样，生产条件好的商品生产者在竞争中就处于有利地位，生产条件差的商品生产者在竞争中就处于不利地位，这就必然造成两极分化。一部分商品生产者越来越富，成为资本家，而另一部分生产者则越来越穷甚至破产，成为雇佣劳动者。在封建社会末期，小生产两极分化是产生资本主义的经济基础，因此，在一定历史条件下，价值规律的这一作用会导致资本主义生产关系的产生。

■ 本章小结

（1）商品经济是直接以市场交换为目的的经济形式，它包括商品生产和商品交换。它的产生必须具备两个条件：一是社会分工；二是生产资料私有制。私有制是商品经济产生的根本条件。

（2）商品具有使用价值和价值两个因素，体现一定的社会生产关系。使用价值是商品的自然属性，构成社会财富的物质内容，体现人与自然的关系，是交换价值的物质承担者。价值是凝结在商品中的无差别的一般人类劳动，是商品的社会属性，体现着商品生产者互相交换劳动的社会关系。价值是交换价值的基础或内容，交换价值是价值的表现形式。

（3）商品是使用价值和价值的对立统一体。交换是商品内在矛盾即使用价值和价值的矛盾得以解决的根本途径。

（4）商品的两因素是由生产商品的劳动的二重性决定的，即由具体劳动和抽象劳动所决定。具体劳动和抽象劳动并不是在时间和空间上彼此分开的两次劳动，而是同一劳动进程不可分割的两个方面。马克思劳动二重性学说的创立，使劳动价值论有了坚实的科学基础，成为理解政治经济学的枢纽。

（5）私人劳动和社会劳动的矛盾，是以私有制为基础的简单商品经济的基本矛盾，是商品各种内在矛盾的根源，它决定着私有制商品经济的产生和发展的全过程，决定着商品生产者的命运。

（6）商品的价值量是由生产商品的社会必要劳动时间决定的。社会必要劳动时间是在现有的社会正常的生产条件下，在社会平均的劳动熟练程度和劳动强度下制造某种使用价值所需要的劳动时间。商品的价值由生产这种商品的社会必要劳动时间决定；商品的价格以价值为基础；实行等价交换，这就是价值规律。

（7）价值形式的发展是同商品交换的发展相适应的，它经历了四个发展阶段，即简单的或偶然的价值形式、总和的或扩大的价值形式、一般价值形式和货币价值形式。

（7）货币是固定地充当一般等价物作用的商品，体现着商品经济中人与人之间的社会关系。在发达的商品经济中，货币具有价值尺度、流通手段、贮藏手段、支付手段和世界货币五种职能。

复习思考题

1. 简要说明商品二因素、劳动二重性及其相互关系。
2. 价值和交换价值是什么关系？
3. 商品的价值量是如何决定的？
4. 货币有哪些职能？
5. 简要说明价值规律的内容、实现形式以及在简单商品经济中的作用。

第三章

资本的生产过程

学习目标

知识目标：

1.了解剩余价值的生产过程。

2.把握剩余价值生产的两种基本方法。

3.了解资本主义工资的本质、基本形式和变化趋势。

4.熟悉资本主义再生产与资本积累。

5.掌握资本有机构成的提高和相对人口过剩。

6.了解资本积累的历史作用。

能力目标：

1.能够正确认识资本主义生产与其他社会形态下生产的异同。

2.能够从资本有机构成的角度客观认识资本主义的相对人口过剩以及各国的失业问题。

素养目标：

帮助学生形成马克思主义价值观，正确看待资本主义社会向社会主义社会过渡的必然性。

前一章论述了马克思主义的劳动价值论，本章将在此基础上通过对资本主义生产过程的分析，阐明马克思主义的剩余价值理论，揭示资本主义剥削的实质和无产阶级与资产阶级对立的经济根源。

第一节　货币转化为资本

一、货币向资本转化

商品交换的结果是产生货币，但货币本身并不就是资本，而是资本的最初表现形式，只有在特殊的运动中才转化为资本。在资本主义的现实生活中，任何一个资本家，首先必须掌握足够的货币，用以购买生产资料和雇佣工人，才能开始资本主义的生产经营。作为货币的货币和作为资本的货币，有着本质的区别。

作为商品流通媒介的货币，其流通形式是：商品-货币-商品，公式表示为：W-G-W，即商品生产者先出卖自己的商品，取得货币，然后再用货币去购买别的商品。作为资本的货币，其流通形式是：货币-商品-货币，用公式表示为：G-W-G，即资本家先用货币购买商品，然后再把商品卖出去，重新取得货币。

两种流通形式有一定的共同点：它们都是买和卖两个阶段的统一；在每个阶段都是商品和货币的对立；每一个流通过程都有三个当事人，即买者、卖者和又买又卖者。但两种流通形式也有明显区别：①买卖两个阶段的顺序相反。商品流通是先卖后买；资本流通是先买后卖。②流通的起点和终点不同。前者的起点和终点都是商品，后者的起点和终点则是货币。③流通中的媒介物不同。前者以货币为媒介，后者以商品为媒介。两种流通形式的背后隐藏着本质区别：

第一，流通的目的不同。在商品流通中，商品所有者是先卖后买，是为买而卖。他出卖自己的商品，是为了买回他所需要的另一种商品。例如，农民把自产的粮食卖掉，换回货币，是为了购买农用生产资料或生活用品等。因此，商品流通的目的是获得商品的使用价值。而在资本流通中，资本家为卖而买，先买后卖。他用货币购买商品，是为了把商品再卖出去，以收回货币。因此，资本流通的目的，不是为了使用价值，而是为了重新取得货币，是为了价值。

第二，流通的内容不同。商品流通是两种不同使用价值进行的交换，价值量未发生变化；而资本流通是同质的货币相交换，既然是同质的货币，那么，资本家付出100元购买商品，再把商品卖出去回收100元，显然是毫无意义的。因此，资本流通的内容在于收回更多的货币，实现预付货币的价值增值。资本家投入100元，是为了收回110元甚至更多。可见，资本流通的完整公式应是G-W-G′，其中 G′=G+ΔG，即原预付货币额加上一个增值额。这个增值额（ΔG）就是剩余价值（m）。当货币给资本家带来剩余价值时，货币就转化成了资本，成为资本的存在形式。

第三，流通的限度不同。简单商品流通的目的是取得使用价值，此目的达到，流通过程也就结束了。因此，简单商品流通是有限度的。资本流通的目的是取得更多的交换价值，是为了价值增值。而资本只有在不断的运动中，才能增加自身的价值；若停止了运动，就失去了增值的能力，资本也就不成其为资本了。因此，资本的运动是无止境的。资本家就是这种运动有意识的承担者和执行者。

资本流通公式 G-W-G′，概括了各个特殊资本（产业资本、商业资本、生息资本）运动形式的共同特征，反映了资本在运动中增值的共同本质。所以，G-W-G′就是资本的总公式，或者叫资本的一般公式。资本的总公式表明，货币在流通中带来了剩余价值，实现了价值增值。从形式上看，与价值规律是相矛盾的。依据价值规律，商品交换按照等价原则进行，在流通中，不论是货币转化为商品，还是商品转化为货币，都是价值形式的变化，不会引起价值增值。

在流通领域，商品交换或买卖无非是两种情况：一种是等价交换；另一种是非等价交换。等价交换条件下，如果用价值100元的货币买进价值100元的商品，再把价值100元的商品卖出去，也只能换回价值100元的货币，是不会产生剩余价值的。而在不等价交换条件下，假定一个资本家把100元的商品加价10%卖出去，当他作为买者时，别人也可以把100元的商品加价10%卖给他，结果盈亏相抵，他手中的货币并不会增值。退一步说，即使有的资本家特别狡猾，始终能贱买贵卖，也不能说明剩余价值是在流通中产生的。因为就资本家总体来说，这不过是现有价值的再分配，他的所得，正是其他资本家的所失，社会现有的价值量丝毫没有增加。

剩余价值不能在流通中产生，那么，离开流通能否产生剩余价值呢？也不能。离开流通过程，意味着商品生产者互不接触，他们就只能同自己生产的商品打交道，而不可能同其他商品生产者发生关系。商品生产者用自己的劳动去创造价值，他投入多少劳动，就只能形成多少价值，而不能使价值增值。另外，资本家的货币在流通领域之外就会成为贮藏货币，而贮藏货币是不会增值的。

总之，剩余价值不能在流通中产生，但也不能离开流通而产生。正如马克思所说："资本不能从流通中产生，又不能不从流通中产生。它必须既在流通中又不在流通中产生。"[1]

这是我们解决资本总公式矛盾的条件。按照这个条件我们分析剩余价值的产生。

资本总公式G-W-G′既然是货币和商品的运动，那么，剩余价值产生的秘密就只能隐藏在两极的货币或中间的商品上。

首先，剩余价值的产生不可能发生在G-W阶段的货币上。因为，在资本总公式的第一阶段（G-W），货币作为购买手段和支付手段，它只是实现商品的价值，是一个既定的量，不可能发生价值增值。其次，也不可能发生在W-G阶段。这里商品的价值是已定的，也不会因商品的出卖而发生价值增值。最后，价值增值必然是发生在G-W阶段的商品上。也就是说，货币所有者要获得剩余价值，就必须在流通中购买到一种特殊商品，这种商品具有一种特殊的使用价值，它的实际使用能够创造出价值，而且能创造出比它自身价值更大的价值。这种特殊商品就是劳动力。因此，劳动力成为商品是解决资本总公式矛盾的关键，也是货币转化为资本的前提。

二、劳动力成为商品

劳动力就是人的劳动能力，即存在于人体中的体力和脑力的总和。它是任何社会生产都不可缺少的基本要素。但只有在资本主义条件下，劳动力才成为商品。

劳动力要成为商品，必须具备两个条件：第一，劳动者必须有人身自由。他必须有权支配自己的劳动力；否则，劳动力就不可能成为商品。第二，劳动者除了自己的劳动力以外，丧失了一切生产资料和生活资料，必须靠出卖劳动力为生。劳动力成为商品的条件，是在封建社会后期小商品生产者日益分化，特别是在资本原始积累过程中形成的。

劳动力成为商品就和一般商品一样，也具有价值和使用价值。

劳动力商品的价值，也是由生产和再生产劳动力所耗费的社会必要劳动时间决定的。由于劳动力存在于人的身体之中，它的生产和再生产，也就是人的身体的生产和再

---

[1]　马克思.资本论：第一卷［M］.中共中央马克思恩格斯列宁斯大林著作编译局，编译.北京：人民出版社，1975：188.

生产，这就需要一定的生活资料，因此，生产劳动力所需要的劳动时间，可以转化为生产这些生活资料所需要的劳动时间，或者说，劳动力价值就等于再生产劳动力所必需的生活资料的价值。它包括三部分：①维持劳动者自身生存所必需的生活资料的价值；②劳动者养育子女所必需的生活资料的价值；③劳动者接受教育和训练所支付的费用。概括起来，"劳动力的价值是由生产、发展、维持和延续劳动力所必需的生活资料的价值来决定的"。

劳动力的价值决定还有一个重要的特点，就是它包含历史、道德的因素。也就是说，由于各国的自然条件、历史发展和文化水平、生活习惯等的不同，雇佣劳动者对必要生活资料的需要在不同国家或在同一国家的不同时期会有差别。不过，就某个国家的一定时期来说，决定劳动力商品价值的社会必要生活资料的范围和数量，还是可以确定的。

劳动力商品的使用价值也具有重要的特点。普通商品在消费或使用时，随着使用价值的消失，价值也消失或转移到新产品中去。劳动力商品却不是这样，它具有独特的使用价值。劳动力商品的消费过程就是劳动，它不仅能够创造价值，而且能创造出比自身价值更大的价值。劳动力商品这种特殊的使用价值对货币转化为资本具有决定性的意义。货币所有者必须购买到这种特殊商品，才能获得剩余价值。

在市场上，货币所有者购买劳动力是为资本主义生产做准备，货币转化为资本还仅仅具有可能性。只有在资本主义生产过程中，剩余价值才被生产出来，货币才现实地转化为资本。

第二节　资本主义生产的实质

一、剩余价值的生产过程

（一）资本主义劳动过程的特点

在资本主义自由市场经济条件下，资本家购买了生产资料和劳动力后，便迫使工人在他的指挥下进行劳动，开始了资本主义的生产过程。

资本主义的生产过程，如果抛开它特定的社会形式，也是劳动者运用生产工具对劳动对象进行加工生产物质财富的过程。从这一方面来说，资本主义的劳动过程和其他社会的劳动过程是相同的。

但是，在资本主义自由市场经济条件下，生产资料归资本家所有，劳动者被剥夺了生产资料，劳动者和生产资料处于分离状态，二者只有通过雇佣关系才能结合在一起。资本主义的劳动过程就是资本家消费劳动力的过程。因此，资本主义的劳动过程具有两个明显的特点：

第一，劳动者的劳动属于资本家。工人已把劳动力出卖给资本家，劳动力的使用权已不再属于工人自己，而是属于资本家了，工人在资本家的监督下，为资本家劳动。

第二，劳动产品归资本家所有。资本主义的劳动过程，就是归资本家所有的生产要素的结合过程。因此，作为这个过程的结果的劳动产品是归资本家所有，而劳动者不能占有自己生产的产品。

资本主义劳动过程的结果是生产某种使用价值。但资本主义的生产过程，不仅要生产使用价值，而且要生产价值；不仅要生产价值，而且要生产剩余价值。因此，资本主义生产过程是劳动过程和价值增值过程的统一。价值增值过程是资本主义生产过程的本质特征。

（二）价值形成和价值增值过程

资本主义的价值增值过程就是剩余价值的生产过程。剩余价值是商品价值的一个组成部分，分析剩余价值的生产过程，首先应弄清楚商品价值是怎样形成的。因此，我们先来考察价值形成过程。

价值形成过程是生产资料价值转移和活劳动创造新价值的过程。我们以资本主义国家的某皮鞋厂为例来说明这个问题。假定资本家要生产 1 双皮鞋需要耗费皮革、线绳以及工具等，价值共 10 元；劳动力价值是每天 3 元；每天劳动 6 小时，创造价值 3 元；每 6 小时生产 1 双皮鞋。这样，在生产过程中，资本家垫支在生产资料上的价值 10 元，通过工人制作皮鞋的具体劳动，把它转移到皮鞋之中。资本家购买劳动力日价值的 3 元，是支付给劳动者用于其购买生活资料进行个人消费的，与生产过程无关，其价值不会转移。但工人在 6 小时劳动过程中，他的抽象劳动会创造新价值，会再生产出劳动力自身的价值 3 元。这样，皮鞋的价值等于转移的生产资料价值 10 元与 6 小时劳动创造的新价值 3 元之和，共 13 元，而资本家的资本耗费也是 13 元（10 元的生产资料和 3 元的劳动力），二者正好相等。这种生产的结果是预付资本价值没有增值，没有生产出剩余价值，这只是价值形成过程。如果资本主义生产过程到此为止，资本家价值增值的目的就没有达到，资本家就不干了，因而一定要把价值形成过程转化为价值增值过程。

价值形成过程转变为价值增值过程，关键在于劳动力这个特殊商品的使用上。资本家付给劳动力一天的价值，就获得了劳动力一天的使用权。虽然工人劳动 6 小时创造的价值就足以补偿劳动力的价值，但资本家绝不会让工人一天只劳动 6 小时，资本家为了充分利用其对劳动力的使用权，必定要把工人一天劳动的时间延长，比如说延长到 12 小时，这样，生产过程的结果就完全不同了。

现在我们假定工人的劳动时间是 12 小时，劳动时间延长了，耗费的生产资料也增加 1 倍，需要价值 20 元的生产资料耗费；工人 12 小时劳动创造的新价值是 6 元，生产出皮鞋两双，两双皮鞋的价值是 26 元，资本家把皮鞋按价值出售后，除补偿购买生产资料垫支的资本 20 元及补偿购买劳动力预付的资本 3 元外，还取得了 3 元的剩余价值。可见，剩余价值是由雇佣工人创造的被资本家无偿占有的超过劳动力价值以上的价值。价值形成过程转变为价值增值过程，预付货币资本带来了剩余价值。

比较一下价值形成过程和价值增值过程我们就会发现，价值增值过程不过是超过了一定点而延长了的价值形成过程。当雇佣工人的劳动时间持续到仅创造劳动力自身价值的时候，生产过程就是单纯的价值形成过程；当雇佣工人的劳动时间延长到补偿劳动力价值所需要的时间以上时，价值形成过程就转变为价值增值过程。

通过对资本主义生产过程的考察，可以看出剩余价值的真正来源。在资本主义生产过程中，工人的劳动时间实际上分为两部分，即必要劳动时间和剩余劳动时间。必要劳动时间用于再生产劳动力的价值，以补偿资本家为购买劳动力所垫支的资本；剩余劳动时间即超过必要劳动时间以上的部分，用来为资本家生产剩余价值。必要劳动时间支出的劳动，叫必要劳动；剩余劳动时间内支出的劳动，叫剩余劳动。剩余价值的来源就是雇佣工人的剩余劳动。

资本主义生产过程具有二重性，即劳动过程和价值增值过程的统一。资本主义生产过程的二重性，是由生产商品的劳动的二重性决定的。由于商品生产的性质不同，生产过程的二重性内容也有本质上的不同。对资本主义自由市场经济的生产过程来说，劳动过程是手段，价值增值过程是目的。资本家虽然也关心使用价值的生产，但那是为了获得剩余价值，因为使用价值是剩余价值乃至商品全部价值的物质载体。

二、不变资本与可变资本

在资本主义的生产过程中，资本表现为各种具体形式，如资本家拥有的厂房、机器、原材料、商品和货币，等等。资本虽然有不同的物质内容，表现为不同的形式，但根据它们在剩余价值生产中所起的不同作用，概括起来可分为两部分：不变资本和可变资本。

不变资本是指资本家用来购买生产资料的那部分资本。之所以把这部分资本叫不变资本，是因为这部分资本在生产过程中只是把自己的价值一次或分次转移到新产品中去，不会发生价值量的变动。例如，原材料的使用价值在劳动过程中一次性被消耗，它的价值借助于具体劳动一次性转移到新产品中去；而机器、厂房等劳动资料的使用价值是逐渐丧失的，它们的价值是分次转移的。若一台机器可使用10年，它的价值每年只有1/10转移到新产品中去。总之，不管生产资料怎样转移它的价值，反正转移到新产品中去的价值只以它原有的价值量为限，不会发生价值增值。因此，在剩余价值生产过程中，购买生产资料的这部分资本只是变换了它的物质存在形式，即从一种使用价值形式转变为另一种使用价值形式，而并不改变自身的价值量，因而称为不变资本。可变资本是指资本家用来购买劳动力的那部分资本。这部分资本不存在价值转移问题，因为这部分资本作为劳动力价值，以工资形式支付给工人，被工人用于个人消费了，其价值没有转移到新产品中去。但是，用于购买劳动力的这部分资本，在生产过程中被发挥作用的劳动力所代替，劳动力的使用即劳动过程会创造出新的价值，这部分新价值不仅包括劳动力自身价值，而且包括剩余价值。由于购买劳动力的这部分资本在生产过程中改变了原有的价值量，发生了价值增值，因此将其称为可变资本。

依据资本不同部分在剩余价值生产过程中的不同作用，把资本区分为不变资本和可变资本，具有重要意义：第一，进一步揭露了剩余价值的源泉和资本主义剥削的实质。通过区分不变资本和可变资本，说明剩余价值不是全部资本产生的，而是可变资本产生的。可变资本之所以会发生价值量的变化，是由于生产过程中劳动力作为可变资本的存在形式发生作用，创造的价值超过劳动力价值。因此，工人的剩余劳动是剩余价值的唯一源泉。第二，揭示了资本家对工人的剥削程度。剩余价值是可变资本带来的，考察资本家对工人的剥削程度时，不应拿剩余价值同全部预付资本相比，而只能同可变资本相比。因此，把资本区分为不变资本和可变资本，为正确考察资本家对雇佣工人的剥削程度提供了科学依据。第三，这一区分对研究资本有机构成、资本积累的规律、剩余价值的分配和资本主义社会基本矛盾的运动过程，都具有重要意义。

三、剩余价值率和剩余价值量

从剩余价值的生产过程可以知道，资本主义生产过程生产出来的产品的价值，由不变资本价值、可变资本价值和剩余价值三部分构成。用 c 代表不变资本，用 v 代表可变资本，用 m 代表剩余价值，产品价值就是 c+v+m。其中，剩余价值只是可变资本的价值发生变化和增值的结果。

既然剩余价值只是由可变资本带来的，因此，要表明资本家对工人的剥削程度，就应该用剩余价值和可变资本相比。剩余价值与可变资本的比率叫剩余价值率，用 m′代表，可用公式表示为：

剩余价值率（m′）=剩余价值（m）/可变资本（v）

由于剩余价值率准确地表现出资本家对工人的剥削程度，所以剩余价值率也叫剥削率。

由于可变资本价值是由必要劳动再生产出来的，剩余价值是由剩余劳动创造出来的，所以剩余价值率也可以用工人剩余劳动或剩余劳动时间同必要劳动或必要劳动时间的比率来表示：

剩余价值率（m′）=剩余劳动时间/必要劳动时间=剩余劳动/必要劳动

剩余价值率的上述两个表达公式，表示的内容是一致的。剩余价值与可变资本之比，是以物化劳动的形式表示剥削程度的，它表明在雇佣工人创造的价值中，资本家和工人各占多少份额；剩余劳动与必要劳动之比，是以活劳动的形式表示剥削程度的，它表明雇佣工人在一个工作日里有多少时间用来补偿劳动力的价值，有多少时间为资本家生产剩余价值。

在现实经济生活中，剩余价值率具体是多少，在不同的资本主义国家及其发展的不同时期，是各不相同的。例如，美国物质生产部门中的剩余价值率，1935 年为 200%，1950 年为 241.2%，1960 年为 247.6%，1970 年为 255%，1977 年进一步提高到 280.9%。再如，日本工业中的剩余价值率，1970 年为 170%，1975 年上升到 205%，其中丰田汽车公司 1987 年的剩余价值率上升到 226.4%。这些数据表明，随着资本主义的发展，剩余价值率即资本家对工人的剥削程度是不断提高的。

剩余价值率是一种相对量，表示资本家对雇佣工人的剥削程度。剩余价值量则是一个绝对量，表示资本家在一定时期内剥削他雇用的全部工人所创造的剩余价值的数量。剩余价值量的大小取决于两个因素：一是剩余价值率的高低；二是可变资本总量的多少。如果资本家雇用工人的总数或说可变资本量是一定的，剩余价值率越高，他获得的剩余价值量越大；如剩余价值率是一定的，则可变资本总量越大，雇用的工人总数越多，他获得的剩余价值也越多。以 M 表示剩余价值量，V 表示预付可变资本总量，剩余价值量的计算公式为：

M=m/v·V=m′·V

从公式中可以看出，资本家增加剩余价值量的途径有两条：一是增加可变资本总量，雇用更多的工人；二是提高剩余价值率，提高剥削程度。

四、增加剩余价值生产的方法

（一）绝对剩余价值的生产

资本家提高对工人剥削程度的具体方法是多种多样的，归纳起来，有两种基本方法：绝对剩余价值的生产和相对剩余价值的生产。

在资本主义制度下，工人的工作日由必要劳动时间和剩余劳动时间构成。假定工作日为12小时，必要劳动时间为6小时，剩余劳动时间6小时，剩余价值率就是100%。如果资本家把工作日延长到15小时，而必要劳动时间不变，那么剩余劳动时间就增加到9小时，剩余价值也就提高到150%。由此可见，在必要劳动时间不变的条件下，劳动日越长，剩余价值率就越高。这种由于工作日的绝对延长而产生的剩余价值，叫绝对剩余价值。而用绝对延长工作日增加剩余价值生产的方法，叫绝对剩余价值的生产。

为了获得更多的剩余价值，资本家总是尽量延长工作日。虽然工作日是一个可变量，但它有最低和最高界限。工作日的最低界限是它不能等于必要劳动时间，否则，资本家就得不到剩余价值，资本主义就失去了存在的基础。工作日的最高界限取决于两个因素：第一是生理界限。工人在一天24小时内总得有吃饭、休息和睡眠的时间，这是人们生理上所必需的；否则，工人的劳动力得不到恢复，就不能为资本家劳动了。第二是社会道德的界限。在一天内，工人还要有一定的时间来看报、娱乐、照顾子女及参加社会活动等，这种需要的范围是由一个国家的经济和文化发展状况所决定的。因为这两个界限有很大的伸缩性，所以在资本主义的现实生活中，有各种各样的长度不等的工作日。

在资本主义发展的初期，资产阶级的经济力量还不够强大，于是便通过国家立法手段，强制延长工人工作日。第一次产业革命后，大机器生产排挤小生产，失业人口大量增加，这时，资产阶级单纯依靠饥饿的"法律"，就能把工作日延长到最大的限度。当时资本主义各国的许多生产部门，工作日曾经达到14小时、16小时甚至18小时以上。工人阶级为了维护自己的生存权利，缩短工作日，同资产阶级进行了顽强的斗争。从19世纪初开始，英国工人经过半个世纪的斗争，迫使政府先后颁布了一些工厂法，把工作日限制在12小时、10小时之内。1866年，美国工人阶级第一次提出8小时工作日的要求。1866年5月1日，美国芝加哥等地的工人为争取8小时工作制举行了罢工，这就是"五一"国际劳动节的由来。经过工人阶级的不断斗争，到第一次世界大战后，一些国家先后实行了8小时工作制。

现在，在发达的资本主义国家，大都实行5日工作周，工人每周劳动40小时左右，工作日较以前大大缩短。这主要是工人阶级日益壮大和坚持斗争的结果。同时，也是现代科学技术的迅速发展和广泛应用所带来的变化。虽然工作日缩短了，但是工人的工作日仍包括必要劳动时间和剩余劳动时间两部分，雇佣工人仍然只能在为资本家提供剩余价值的条件下，才能获得劳动的权利。而且，由于劳动生产率的提高，工作日中必要劳动时间所占比例下降了，剩余劳动时间所占比例提高了，因而资本对雇佣劳动的剥削不是减轻了而是加重了。发达资本主义国家虽然早有8小时工作日的法规，但由于通货膨胀，工资水平相对低下，许多工人常常被迫加班加点，或兼做两种工作，劳动时间并不像法律规定的那么短。

（二）相对剩余价值的生产

用延长工作日的方法榨取剩余价值，总是有限度的，而且无产阶级争取缩短工作日的斗争，也会对工作日的延长起限制作用。因此，在工作日长度已定的情况下，资本家就要采取缩短必要劳动时间的方法，来相对地延长剩余劳动时间。

假定一个工作日长度为12小时，必要劳动时间为6小时，剩余劳动时间为6小时，剩余价值率为100%。如果把必要劳动时间从6小时缩短为4小时，剩余劳动时间则相对延长为8小时，剩余价值率也就提高到200%。因此，在劳动日长度不变的条件下，必要劳动时间缩短，剩余劳动时间就延长，剩余价值率就提高。这种由于必要劳动时间缩短、剩余劳动时间相对延长而产生的剩余价值，叫相对剩余价值。而用相对延长剩余劳动时间增加剩余价值生产的方法，叫相对剩余价值的生产。

要使必要劳动时间缩短，就要降低劳动力价值。而劳动力的价值是由工人所需要的生活资料的价值决定的，因此关键在于降低生活资料的价值。这就必须提高整个社会生活资料生产部门和与之有关的生产资料生产部门的劳动生产率，使生活资料中物化的社会必要劳动时间减少。一旦这些部门的劳动生产率提高了，生活资料的价值就会降低，劳动力价值也随之降低，必要劳动时间就会缩短，剩余劳动时间就会相对延长，相对剩余价值就会生产出来。

相对剩余价值的生产是以整个社会生产率的提高为条件的。而全社会劳动生产率的提高，是从个别资本家和企业开始，然后波及整个社会各企业而实现的。个别资本家热衷于改进技术，提高劳动生产率，是为了使自己商品的个别价值低于社会价值，以获得比别的资本家更多的剩余价值。资本家由于商品个别价值低于社会价值而获得的剩余价值，叫超额剩余价值。超额剩余价值也是由工人创造的，是由生产力特别高的劳动创造的。如果资本家付给工人每天的工资不变，那么工人在较短的时间内就可以创造出劳动力自身的价值，由此必要劳动时间可以缩短，剩余劳动时间可以相对地延长。因此，超额剩余价值也是以劳动生产率的提高为基础的，也可以看作一种相对剩余价值。

个别资本家获得超额剩余价值是暂时的。因为追逐超额剩余价值的内在贪欲和竞争的外部压力，驱使其他企业也竞相采用新技术，结果必然是劳动生产率普遍提高，并使商品的社会价值下降，从而使原先个别价值低的企业不能再继续获取超额剩余价值。然而，这时又会有使用更先进技术的企业出现。正是在资本家竞相追逐超额剩余价值的过程中，使生产生活资料的部门以及为它们提供生产资料的部门的劳动生产率普遍提高，从而使生活资料的价值下降。其结果是整个资产阶级都获得了相对剩余价值。由此可见，相对剩余价值的生产，是在各个资本家追逐超额剩余价值的过程中实现的。

绝对剩余价值生产和相对剩余价值生产，是资本家提高剥削程度、增加剩余价值生产的两种主要方法。绝对剩余价值生产是资本主义剥削的一般基础，并且是相对剩余价值生产的起点；相对剩余价值生产有时又成为促进绝对剩余价值生产的手段。无论是绝对剩余价值生产还是相对剩余价值生产，都延长了工人的剩余劳动时间，增加了资本家的剩余价值量。从一定意义上说，绝对剩余价值也是相对剩余价值。因为它也是以劳动生产率的一定发展、必要劳动时间仅仅为工作日的一部分为前提的；而相对剩余价值也可以是绝对剩余价值，因为它也是以工作日绝对延长到工人的必要劳动时间以上为条件的。但是，如果我们看看资本家是怎样提高剩余价值率的，这两种方法之间的差别也就非常明显了。在劳动力价值不变从而必要劳动时间不变的情况下，要增加剩余价值生产，就必须绝对延长工作日，进行绝对剩余价值生产；在工作日长度已定的情况下，要提高剩余价值率就必须提高劳动生产率，以缩短必要劳动时间，进行相对剩余价值生产。

两种增加剩余价值生产的方法，在资本主义发展的不同阶段起着不同的作用。资本主义自由市场经济在其形成和发展过程中经历了简单协作、工场手工业和机器大工业三个阶段。在资本主义简单协作和工场手工业时期，生产是以手工技术为基础的，技术进步比较缓慢，劳动生产率比较低下，所以那时主要靠延长劳动时间来提高剩余价值率。随着技术的进步，特别是在第一次产业革命以后，由于机器大工业代替了手工操作，劳动生产率迅速提高，因而相对剩余价值的生产成为增加剩余价值生产的重要方法。当然，提高剥削程度、增加剩余价值生产的两种主要方法并不是截然分开的。资本家只要能获取更多的剩余价值，用哪一种方法都可以。在资本主义的生产实践中，这两种方法是结合在一起的。

五、自由市场经济的基本经济规律

资本主义自由市场经济的实质是剩余价值生产，剩余价值规律是资本主义自由市场经济的基本经济规律。剩余价值规律包括两个方面的基本内容：一方面，资本主义的生产目的是最大限度地获取剩余价值；另一方面，实现资本主义生产目的的手段是加深对雇佣劳动者的剥削。这一规律体现了资本主义生产的实质，资本主义生产的直接目的和决定性动机就是榨取尽可能多的剩余价值。这一规律决定着资本主义生产的一切主要方面和一切主要过程，决定着资本主义的兴衰和存亡。

首先，剩余价值规律决定着资本主义生产的实质。资本主义生产的目的，不是满足社会需要，而是追求剩余价值。这主要是由资本主义生产资料私有制决定的一种客观必然性。在资本主义制度下，生产资料归资本家占有，劳动者除劳动力以外一无所有，生产资料和劳动者处于分离的状态。在生产过程中，生产资料和劳动力都是以资本的要素形式存在的，而资本的使命是进行价值增值。因此，生产必然要服从追求剩余价值这一目的，资本家一切活动的目的和动机，都是为了榨取尽可能多的剩余价值，这就是资本主义生产的实质。

其次，剩余价值决定着资本主义生产发展的一切主要方面和主要过程。资本主义社会生产的各个环节，包括生产、流通、分配和消费，都服从于追逐剩余价值这一目的，受剩余价值规律支配。资本主义的生产是为了创造剩余价值，生产的种类和数量取决于剩余价值的多少，生产上采取的一切措施，都是为了生产绝对剩余价值和相对剩余价值。资本主义流通过程是为生产剩余价值做准备和实现剩余价值生产。资本主义分配实质上是瓜分剩余价值。在资本主义社会，雇佣工人的个人消费从属于剩余价值生产，是为资本家再生产可供剥削的劳动力；资本家的个人消费也受到剩余价值生产的制约。

最后，剩余价值规律决定着资本主义生产方式产生、发展和必然灭亡的全部过程。它推动着资本主义社会生产力的迅速发展，在追求剩余价值的目的驱使下，资本家扩大生产规模，改进生产技术，提高劳动生产率，使资产阶级在其统治以后不到100年的时间内，创造出了比以往一切时代全部生产力还要大的生产力。但与此同时，资本家对雇佣工人的剥削不断加强，限制着市场需求的扩大，因而生产和消费处于对抗性的矛盾中。当矛盾发展到激烈的程度时，必然爆发经济危机，极大地破坏生产力，从而表明资本主义制度的历史局限性。社会化大生产，曾经是战胜小生产的物质力量，是资本主义制度取代过去的旧经济制度的物质基础。它在这个社会制度下得到高度发展，又成为促使这个社会制度灭亡的客观条件。因此，剩余价值规律决定着资本主义生产的高涨和危机、成功和失败的全部过程。

总之，剩余价值规律表明了资本主义自由市场经济生产的实质，决定着资本主义生产的一切主要方面和主要过程，决定着资本主义的产生、发展和灭亡，在资本主义经济规律体系中居支配地位。因此，剩余价值规律是资本主义自由市场经济的基本经济规律。

揭示资本主义自由市场经济生产的实质的剩余价值学说是马克思的伟大发现，这一发现带来了政治经济学的革命。在马克思之前，资产阶级经济学家从来没有说明过剩余价值的本质和源泉。马克思在劳动价值论的基础上，详尽地阐明了剩余价值的形成过程，创立了剩余价值理论，揭示了资本主义生产的本质，阐明了无产阶级与资产阶级对立的经济根源，为无产阶级的斗争提供了强大的思想理论武器。恩格斯对马克思科学地阐释剩余价值来源的问题给予了很高的评价，他指出："这个问题的解决是马克思著作的划时代的功绩。它使社会主义者早先像资产阶级经济学者一样在深沉的黑暗中摸索的经济领域，得到了明亮的阳光的照耀。科学的社会主义就是从此开始，以此为中心发展起来的。"[①]剩余价值学说是整个马克思主义经济理论的基石。

第三节　资本主义工资

一、资本主义工资的本质

在资本主义自由市场经济条件下，工资掩盖了剩余价值的源泉，歪曲了资本家和雇佣工人之间的真实关系。只有揭示资本主义工资的本质，才能使剩余价值理论奠定在完全科学的基础上，所以，工资理论是剩余价值理论的一个重要组成部分。

在资本主义社会的现实经济生活中，雇佣工人给资本家劳动，资本家付给工人工资。工人劳动一天，得一天的工资，劳动一个月，得一个月的工资，这在表面上就会造成一种假象，好像工人出卖给资本家的是劳动，而不是劳动力，资本家支付给工人的工资是劳动的价值或价格，而不是劳动力的价值或价格，似乎工人的全部劳动都得到了报酬，不存在资本家对雇佣工人的剥削。事实上，工人出卖的是劳动力而不是劳动，劳动

① 马克思，恩格斯.马克思恩格斯选集：第三卷［M］.中共中央马克思恩格斯列宁斯大林著作编译局，编译.北京：人民出版社，1972：243.

不是商品，不能出卖，它没有价值，也没有价格。这是因为：

第一，任何一种可供出卖的商品必须在出卖之前就存在。劳动如果是商品，能买卖，它在出卖之前也必须独立存在。但是，当工人和资本家以卖者和买者的身份出现在市场上时，存在于工人身上的只有劳动力，并不存在劳动。因为这时工人还没有开始劳动，劳动还没有出现。当劳动开始的时候，工人已经在资本家的工厂里，在资本家的监督之下了，这时劳动已属于资本家，而不归工人所有。工人已不能出卖不属于他自己的劳动。

第二，任何商品的价值都是人类劳动的凝结，价值量是由生产该商品的社会必要劳动时间决定的。如果说劳动是商品，具有价值，这就等于说劳动的价值由劳动来决定。劳动决定劳动的价值，这显然是没有任何意义的同义语反复。

第三，如果说劳动是商品，有价值，那么，按价值规律的要求，商品买卖应遵循等价交换原则，资本家就应付给工人全部劳动报酬。这样，资本家就得不到剩余价值，资本主义也就失去了存在的基础。如果资本家以低于劳动的价值向工人购买劳动，那么，价值规律就被破坏了。但在自由市场经济已经形成的资本主义社会，价值规律支配着一切商品的生产和交换，它是不能违背的。

由此可见，劳动不是商品，没有价值，不能出卖，工人出卖的不是劳动，而是劳动力。资本主义工资的本质是劳动力的价值或价格的转化形式。

在资本主义制度下，劳动力的价值或价格表现为劳动的价值或价格，这是由资本主义生产关系本身引起的。

第一，在资本主义制度下，劳动力的买卖和其他商品的买卖关系一样，是一种对等的权利关系。资本家付出一定数量的货币，买到工人在一定时期内为他劳动的能力，但是，工人的劳动能力是看不见的，人们看到的只能是工人为资本家进行一定时间的劳动。因此，工人好像出卖的是一定时间的劳动，所得的工资是劳动的价值或价格。

第二，在资本主义制度下，对工人来说，劳动是他谋取生活资料的手段，因为工人要生活，要取得生活资料，首先必须取得工资，而要取得工资就必须为资本家劳动，而且资本家通常是在工人给资本家提供劳动以后支付工资的。因此，工人自己也很容易把他们出卖劳动力所得的工资，看作由他们的劳动换来的，从而把工资看作他们的劳动的价值或价格。

第三，从工资的实际运动来看，也会造成一种假象，似乎资本家支付的工资不是劳动力的价值，而是劳动本身的价值。因为工资的数额随着劳动时间的长短和劳动熟练程度的不同而变动，工人的劳动时间越长，熟练程度越高，所得工资就越多；反之，工人的劳动时间越短，熟练程度越低，所得的工资也就越少。这种情况也使得人们认为工资是劳动的报酬。

可见，在资本主义制度下，由于劳动力的价值或价格转化为工资，所以就歪曲地表现为劳动的价值或价格了。这样，无酬劳动也就表现为有酬劳动，从而掩盖了资本家对雇佣工人的剥削关系，掩盖了工人的必要劳动和剩余劳动、有酬劳动和无酬劳动之间的区别和对立，好像工人得到了全部劳动的报酬。这是资本主义剥削关系的一个重要特点。在奴隶社会，奴隶的劳动也分为必要劳动和剩余劳动，可是由于奴隶本身属于奴隶主所有，所以从表面上看，奴隶的全部劳动好像都是无酬劳动。在封建社会，农奴为自己劳动和为封建主劳动在时间上和空间上是明显分开的，因而这种剥削关系是显而易见的。但是在资本主义制度下，劳动力成为商品，资本家和工人的关系类似于商品货币关系，工资形式使全部劳动表现为有酬劳动，好像资本家对工人一点剥削也没有。在奴隶制度下，所有权关系掩盖了奴隶为自己进行的必要劳动；而在雇佣劳动制度下，商品货币关系却掩盖了雇佣工人的无偿劳动，它使得资本主义的剥削关系带有更大的虚伪性和欺骗性，掩盖了资本主义剥削的实质。

区分劳动和劳动力，并透过工资的表面形式揭示资本主义工资的实质是劳动力价值或价格，从而进一步揭示资本主义的剥削关系，是马克思的又一理论贡献。恩格斯说，区分劳动和劳动力，"并不是纯粹的咬文嚼字，而是牵涉全部政治经济学中一个极重要的问题"。[①]马克思关于工资的理论，使剩余价值理论最终牢固地建立起来。

二、资本主义工资的形式

在资本主义制度下，工资的形式很多，但基本形式有两种，即计时工资和计件工资。

计时工资是按工人劳动时间的长短来支付的工资。如小时工资、日工资、周工资、月工资，等等。由于工资是劳动力价值或价格的转化形式，所以，计时工资也就是劳动力小时价值、日价值、周价值、月价值的转化形式。

在资本主义发展初期，计时工资曾是一种普遍流行的工资形式。但随着资本主义的发展，计件工资广泛流行起来。

计件工资是按工人生产的产品数量或完成的工作量来支付的工资形式。计件工资单位价格的计算公式是：

计件工资单价=日计时工资数/日产品件数

我们假设计时工资条件下，一个工人的日工资为6元，工人一天生产10件产品，则每件产品工资单价是0.6元（6元/10件）。

计件工资和计时工资仅仅是计量形式不同，计时工资是以劳动的直接持续时间来计算的，计件工资是以一定时间完成的产品件数来计量的。它们都是劳动力价值或价格的转化形式，在本质上是一样的，计件工资是以计时工资为基础的。

随着资本主义的发展，资本家为了加强对工人的剥削，又在计时工资和计件工资的基础上，创立了血汗工资制度，有代表性的是"泰罗制"和"福特制"。这种制度的特点是：对工人的劳动组织和操作程序进行分析和测定，然后用物质刺激的办法，把工人的劳动强度提高到极点，由此从工人身上榨取更多的剩余价值。实行血汗工资制度，工人虽可多得一点工资，但却远远不能补偿劳动力的过度消耗，而资本家获得的剩余价值却迅速增加。"泰罗制"和"福特制"就其对劳动组织和操作程序进行分析和测定，减少一些不必要的环节来说，包含有科学的成分，是科学管理和管理科学的具体形式。但在资本主义制度下，这两种制度却成为资本家获取更多剩余价值的手段。

---

① 马克思，恩格斯.马克思恩格斯选集：第一卷［M］.中共中央马克思恩格斯列宁斯大林著作编译局，编译.北京：人民出版社，1972：341.

第二次世界大战后，随着电子计算机的广泛应用、生产自动化的迅速发展，资本主义工资形式又发生了较大的变化。在一些资本主义国家，计件工资的使用范围逐步缩小，计时工资的使用范围逐步扩大。一些国家除了采用计时工资外，还采用津贴、奖金、分红等形式，来促使工人更多地劳动。这些形式的收入，就其本身来说，无非是劳动力价值的转化形式。资本家采取这些手段无非是刺激工人以最高的劳动强度和劳动效率为其生产更多的剩余价值。

第四节　资本主义再生产

一、资本主义再生产与资本积累

（一）社会再生产、简单再生产和扩大再生产

1.社会再生产的内容

人类为了自身的生存和发展，必须要有各种各样的物质资料，以满足生产和生活的需要，为此就要进行物质资料的生产。一个社会任何时候都不能停止消费，因而也就不能停止生产。社会生产总是连续不断、周而复始地进行的，这种不断重复、不断更新的生产过程，就是再生产过程。

社会再生产就其内容来讲，首先是物质资料的再生产。因为任何一次生产过程，都是消耗掉一定的物质资料，这些物质资料既包括生产资料，如机器、原料、燃料等，也包括生活资料，如粮食、住房、衣服等。与此同时，任何一次生产过程都会生产出一定的物质资料，这些物质资料同样也包括生产资料和生活资料，它们既为下一次生产过程提供物质条件，并且也满足人们生活上的需要，从而使再生产能够顺利地进行下去。

社会再生产不仅是物质资料的再生产，而且又是生产关系的再生产。这是因为任何一次生产过程，都是在一定的生产关系下进行的，离开了一定的生产关系，任何生产和再生产过程都无法进行。随着生产过程的不断重复和不断更新，这种生产关系也得以维持和发展。

由此可见，任何社会再生产都包括两方面内容：一方面是物质资料的再生产；另一方面是生产关系的再生产。因此，社会再生产是物质资料再生产和生产关系再生产的统一。

2.简单再生产和扩大再生产

社会再生产按它的规模来划分，可分为简单再生产和扩大再生产。简单再生产是指规模不变的再生产，即新生产出来的产品，只够补偿在生产中所消耗掉的生产资料和生活资料。扩大再生产是指生产规模扩大的再生产，即新生产出来的产品，除了补偿生产中已消耗掉的物质资料外，还有多余的物质资料可以追加到生产中去，借以扩大原有生产的规模。简单再生产是扩大再生产的基础和出发点，是扩大再生产的重要组成部分。

扩大再生产就其实现的方式来看，分为内含的扩大再生产和外延的扩大再生产两种类型。内含扩大再生产是依靠生产技术的进步、生产要素质量的改善，以及劳动效率和生产效率的提高来扩大原有生产的规模。而外延扩大再生产则是在生产技术、劳动效率

和生产要素的质量不变的情况下，单纯依靠增加生产资料和劳动力数量，以及扩大生产场所来扩大原有的生产规模。在现实经济生活中，内含扩大再生产和外延扩大再生产往往是结合在一起进行的，在进行外延扩大再生产时，一般都伴随着生产技术的改进和使用更先进的机器设备；而在进行内含扩大再生产时，一般也同时扩建企业或新建企业。但是在生产技术水平较低的条件下，一般以外延的扩大再生产为主；而在科学技术迅速发展的条件下，内含的扩大再生产所占比重会随之不断提高。

（二）资本主义简单再生产的特点

资本主义简单再生产，是指资本家把雇佣工人在生产过程中创造的剩余价值全部用于消费，再生产只是在原有规模上重复进行。例如，某资本家有资本5 000元，其中不变资本为4 000元，可变资本为1 000元，假定不变资本价值在一年中全部转移到新的产品当中去，剩余价值率为100%，这样资本家在一年中生产的全部新产品的价值为：

4 000c+1 000v+1 000m=6 000

资本家把1 000元的剩余价值全部用于个人消费，那么，下一年投入的资本金额仍是5 000元，生产规模未变。这就是资本主义简单再生产。资本主义简单再生产虽然只是一种理论上的抽象，但通过对它的分析，可以使我们看到从一个孤立的生产过程中所看不到的新特点，进一步认识资本主义剥削的实质。

第一，可变资本是工人劳动成果的一部分，是工人自己创造的。资本主义的生产过程，是从资本家购买劳动力开始的。从一个孤立的生产过程来看，工人在资本家工厂做工，劳动1周或1个月之后，资本家就要支付工资。当工人拿到工资时，他们在这次生产过程中生产的产品，可能还没有卖出去。这就造成一种假象，好似资本家是用自己的货币支付工资的，是资本家养活了工人。但是，我们从再生产过程来看，这一假象就会立即被揭穿。虽然工人在这一次生产过程中所生产的产品还没有卖掉，但他在前一个时期所生产的产品已经出卖并转化为货币了，因此，工人这一次得到的工资，并不是资本家预先垫付的，而是资本家用工人在前一时期所生产的商品出卖后所得货币的一部分来支付的。可见，资本家支付给工人的工资，即可变资本，完全是由工人自己创造的。如马克思讲的那样，"工人今天的劳动或下半年的劳动是用他上星期的劳动或上半年的劳动来支付的"。[①]资本家用工人自己创造的价值购买劳动力，又无偿地占有工人创造的剩余价值，因此，不是资本家养活工人，而是工人用勤劳的双手养活了自己，同时也养活了不劳而获的资本家。

第二，资本家的全部资本都是工人的劳动创造的。从孤立的生产过程来看，资本家兴办工厂要垫支资本。资本家总是说，他们垫支的资本不是剥削来的，而是靠他们的"辛勤劳动"积攒起来的。这里，我们暂且不管资本家资本的最初来源，只是通过分析资本主义简单再生产过程，看看资本家的全部资本来源会发生什么变化。假定某资本家原垫支资本5 000元，每年带来剩余价值1 000元，在简单再生产条件下，资本家每年消费1 000元。那么，经过5年，他就消费了5 000元。这就是说，他原先垫支的5 000元资本全部被他消费掉了。但是5年以后，他手中仍有5 000元的资本，这5 000元就是由

---

① 马克思.资本论：第一卷［M］.中共中央马克思恩格斯列宁斯大林著作编译局，编译.北京：人民出版社，1972：623.

工人5年内创造的剩余价值积累起来的结果。因此，在社会主义革命中，无产阶级剥夺资产阶级的生产资料，只不过是取回自己创造的被资本家无偿占有的东西，是完全合情合理的。

第三，工人的个人消费从属于资本家榨取剩余价值的需要。工人的消费有两种：一种是生产消费，即工人在生产过程中通过自己的劳动消费生产资料，生产出包含有剩余价值的产品；同时，这也是购买他的劳动力的资本家对他的劳动力的消费。另一种是个人消费，即工人通过消费生活资料，维持本身生存，再生产劳动力。从一个孤立的生产过程来看，前一种消费是在生产过程中进行的，工人起资本动力的作用，属于资本家；后一种消费是工人个人的私事，在生产过程之外执行生活的职能。但是，从再生产的角度分析，工人的个人消费不过是为资本家生产和再生产劳动力的一种手段，是再生产的一个内在要求，它从属于资本家榨取剩余价值的需要。

从以上分析我们可以看出：资本主义简单再生产，不仅是物质资料的再生产，生产商品，生产剩余价值，同时也是资本主义生产关系的再生产，生产出资本家的全部资本和一无所有的劳动者。马克思说："把资本主义生产过程联系起来考察，或作为再生产过程来考察，它不仅生产商品，生产剩余价值，而且生产和再生产资本关系本身：一方面是资本家，另一方面是雇佣工人。"①

（三）资本主义扩大再生产与资本积累

1.资本主义扩大再生产及其特点

资本主义再生产的特点是扩大再生产。实际上，资本家是绝不会把剩余价值全部用于个人消费的。他必然要把剩余价值的一部分或大部分再合并到原有的资本中去，用来购买追加的生产资料和劳动力，使生产在扩大的规模上重复进行，这就是资本主义的扩大再生产。例如，某资本家有资本10 000元，其中不变资本为8 000元，可变资本为2 000元，剩余价值率为100%，那么，第一年生产的产品价值是：

8 000c+2 000v+2 000m=12 000

假定资本家把剩余价值的一半用于个人消费，另一半1 000元用于追加资本，按原来的比例分配，800元作为追加不变资本，200元作为追加可变资本，剩余价值率仍然是100%。则第二年生产的产品价值是：

8 800c+2 200v+2 200m=13 200

如果在以后的再生产过程中，资本家每年都从剩余价值中拿出一半转化为追加资本，那么，再生产规模会不断扩大。这种将剩余价值再转化为资本，或者说剩余价值的资本化，叫资本积累。资本积累是扩大再生产的前提，是扩大再生产的重要源泉。

通过对资本主义扩大再生产的分析，可以看出一些新的特点，表明资本主义生产关系在扩大的基础上被再生产出来。第一，不仅资本家的全部资本是工人创造的，而且用于扩大再生产的追加资本，从一开始就全部是资本化了的剩余价值。第二，用于扩大再生产的追加资本不仅是剥削工人的结果，而且是进一步扩大对工人剥削的手段。资本家利用追加资本可以购买更多的生产资料和劳动力，从而榨取更多的剩余价值，使资本财

① 马克思.资本论：第一卷 [M].中共中央马克思恩格斯列宁斯大林著作编译局，编译.北京：人民出版社，1972：634.

富日益增加。第三，劳动力买卖的实质是资本家用不等价物而占有工人的劳动的一部分，来换取更大量的工人的活劳动，使资本家无偿占有更多的剩余价值。

2.资本积累的实质

资本积累的过程表明，资本家从雇佣工人身上榨取的剩余价值越多，资本积累的规模也就越大，而资本积累的规模越大，就越可以剥削更多的剩余价值。所以，资本积累的实质就是：资本家利用无偿占有的剩余价值进行资本积累，扩大生产规模，从而进一步无偿地占有更多的剩余价值。

在资本主义制度下，资本积累具有客观必然性，这是由以下两方面的原因决定的：一方面，资本主义生产的目的决定了资本家追求剩余价值的欲望是没有止境的。为了获得越来越多的剩余价值，除了提高对工人的剥削程度以外，还必须不断增加自己的资本总额，即不断地进行资本积累，以便购买更多的生产资料和雇用更多的工人，扩大生产规模。这样，对剩余价值的无限贪婪，就成了推动资本家不断进行资本积累的内在动力。另一方面，资本主义的竞争规律作为一种强制力量，也迫使资本家必须不断进行资本积累。因为，只有不断地积累资本，他们才能够更快地和更有效地改进生产技术，提高劳动生产率，并在生产、销售和信贷方面取得比较优越的条件，从而增强自己的竞争力，不被竞争对手所打败。所以，资本主义竞争是资本家不断进行资本积累的外在压力。由此可见，资本积累是资本主义发展的必然趋势。

3.影响资本积累的因素

既然资本积累的源泉来自剩余价值，那么在剩余价值分为积累基金和资本家个人消费基金且比例不变的条件下，资本积累的数量取决于剩余价值的绝对量。因此，一切决定剩余价值量的因素都会影响资本积累的数量。这些因素包括：

第一，对工人的剥削程度。一般来说，对工人的剥削程度越高，剩余价值量也就越大。资本家除了采用延长劳动时间、提高劳动强度的方法以外，还用压低工资的方法来加强对工人的剥削，以便增加剩余价值，加速资本积累。

第二，社会劳动生产率的水平。当社会劳动生产率提高时，商品的价值就会降低，这便会从以下几方面影响资本积累的规模：首先，由于劳动生产率的提高，生活资料的价值降低，从而使劳动力这一商品的价值也降低，这样就可以提高剩余价值率，增加剩余价值量，扩大积累规模。其次，在社会劳动生产率提高时，由于劳动力和生产资料的价值下降，同量资本便可购买更多的生产资料和劳动力，于是就可以生产出更多的剩余价值，从而也就可以增加资本积累的数量。再次，随着社会劳动生产率的提高和商品价值的下降，同量剩余价值便表现为更多的商品，这样，资本家就可以在不减少甚至增加他的个人消费的情况下，增加资本积累的数量。最后，在劳动生产率提高的条件下，当更新原有的生产资料时，可由效率更高和价格更便宜的生产资料代替原有的生产资料，从而使资本家获得超额剩余价值或相对剩余价值。

第三，所用资本和所费资本之间的差额。所用资本是指在生产过程中发挥作用的全部劳动资料的价值；所费资本则是指每次生产过程中耗费掉并转移到新产品中去的劳动资料的价值。投入生产中的劳动资料，并不是在一次生产过程中全部被消耗掉，像厂房、机器等劳动资料在生产过程中全部都被使用着，但只是逐渐地被消耗掉，因而它们的价值也只是一部分一部分地转移到新产品中去。这样，在所用资本和所费资本之间便形成了一个差额，这个差额的大小，取决于劳动资料的数量和质量。在所用资本一定的条件下，劳动资料的质量越好，越经久耐用，所费资本就越少，从而所用资本和所费资本的差额就越大；劳动资料的数量越多，这个差额同样也就越大。所用资本和所费资本的差额表明，劳动资料在其使用过程中，它的价值的一部分虽已转移，但它的使用价值并不随之减少，仍然作为一份完整的劳动资料发挥作用。在这种情况下，资本家可以把每年转移的劳动资料价值作为折旧基金提取出来，并把收回的折旧基金用作积累。因此，所用资本和所费资本的差额越大，对资本积累越有利。

第四，预付资本量的大小。在剥削程度一定的条件下，剩余价值取决于被剥削的工人人数，如果不变资本和可变资本的比例不变，那么，预付资本量越大，可变资本量必然相应增大，于是，被剥削的雇佣工人的人数就会增多，剩余价值量也就越多，从而资本积累的规模也就随之越大。

二、资本有机构成的提高和相对人口过剩

（一）资本有机构成

资本的构成可以从两个方面进行考察：一是从物质方面看，资本是由一定数量的生产资料和劳动力构成的。生产资料和劳动力之间存在着一定的比例关系。两者之间比例的大小，取决于生产技术的发展水平。这种反映生产技术发展水平的生产资料和劳动力之间的比例，叫作资本的技术构成。二是从价值方面看，资本是由一定数量的不变资本和可变资本构成的。不变资本与可变资本之间也存在一定的比例关系，它们之间的比例叫作资本的价值构成。资本的技术构成与价值构成之间存在着密切的联系，资本的价值构成以技术构成为基础，资本的技术构成决定价值构成。这种由资本技术构成所决定，并且反映着资本技术构成变化的资本价值构成，叫作资本的有机构成。资本的有机构成通常用 c：v 来表示。例如，某资本家有资本 10 000 元，用于购买生产资料的不变资本是 7 000 元，用于购买劳动力的可变资本是 3 000 元。那么，其资本有机构成就是 7 000c：3 000v，即 7：3。

在不同的生产部门，资本有机构成的高低是不同的。例如，重工业部门的资本有机构成比轻工业部门就高。在同一生产部门的不同企业之间，资本有机构成也存在差别。把同一部门各个企业的资本有机构成加以平均，就得出该部门的资本平均有机构成。把各个生产部门的资本有机构成加以平均，就是一个国家的社会资本有机构成。

在资本积累过程中，资本有机构成有不断提高的趋势。这是由资本积累的动因决定的。资本家为了追求更多的剩余价值和在竞争中获胜，必然要不断地改进技术，采用先进的机器设备，资本的技术构成必然要不断地提高。这样，购买生产资料的不变资本部分必然比购买劳动力的可变资本部分增长快，从而使资本有机构成不断提高。因此，资本有机构成的提高，是资本积累的必然结果。事实也是如此，美国工业资本有机构成1904 年是 5.7：1，1929 年是 6.1：1，1939 年是 6.5：1，1951 年是 7.5：1。

资本有机构成的提高，一般以个别资本的增大为前提。个别资本的增大有两条途径：一是资本积聚；二是资本集中。资本积聚是指个别资本依靠剩余价值的资本化来扩

大资本总额。资本积聚是资本积累的直接结果。资本集中是指若干个中小资本合成少数大资本。竞争和信用是资本集中两个强有力的杠杆。在激烈的竞争中，大资本吞并中小资本，或者利用股份公司的形式把若干资本联合起来，从而实现资本集中。

资本积聚和资本集中既有区别，又有联系。其区别表现在：第一，资本积聚由于是通过剩余价值资本化的途径来增加资本总额，因而资本积聚不仅会增大个别资本，而且会增大社会资本总量；而资本集中不过是社会上原有资本的重新分配，它不会增大社会上现有资本的总量。第二，资本积聚要受社会财富增长的限制，因而，用资本积聚的办法增大资本是一个缓慢的过程；资本集中由于只是社会现有资本的重新组合，所以，它不受社会现有财富的限制，即使社会财富一点也没有增长，个别资本仍然可以通过合并迅速地、成倍地增大。这一点，对发展资本主义现代化大生产具有重要意义。资本积聚和资本集中又是有密切联系的。其联系表现在：一方面，资本积聚越多，个别资本的竞争能力越强，就越有利于大资本对中小资本的吞并，从而促使资本迅速集中。另一方面，资本越是集中，就越有条件利用先进技术提高劳动生产率，提高剥削程度，生产出更多的剩余价值，这又会加速资本的积聚。资本积聚和资本集中相互促进，共同发展，使个别资本不断增大。这样，就为资本有机构成的提高创造了物质条件。

（二）相对人口过剩的必然性

资本有机构成在资本积累过程中不断提高，对工人阶级的一个严重影响，就是造成相对人口过剩，使大批工人失业。

资本对劳动力的需求，不是由资本家的全部资本决定的，而是由可变资本决定的。在资本积累过程中，随着资本有机构成的提高，用于购买劳动力的可变资本在总资本中的比重日趋下降，从而导致资本对劳动力的需求减少。资本对劳动力的需求减少，具体表现在两个方面：一是原有资本有机构成提高，导致资本对劳动力的需求绝对减少，造成机器排挤工人的现象出现。二是追加资本后，资本有机构成提高，导致资本对劳动力的需求相对减少。

资本对劳动力需求减少了，但是，劳动力的供应并没有减少，而是日益增多。其原因是：第一，技术进步使某些操作简单化，大量女工、童工加入雇佣劳动者的队伍。第二，农业的资本主义化使大量的农民破产，沦为雇佣工人。第三，在激烈的竞争中，大量中小企业破产，企业主成为被雇佣劳动者。

于是，资本积累形成了两种截然相反的趋势：一方面是资本对劳动力的需求减少，另一方面是劳动力的供应不断增加。其结果是劳动力的供应超过资本对劳动力的需求，大量工人找不到工作，处于失业、半失业状态，造成相对人口过剩。这种过剩人口，不是指工人人口绝对地超过了社会生产的需要，成为完全"多余"的人，而只是相对于资本对劳动力的需求来说是过剩了。显然，相对人口过剩是资本积累的必然结果。

资本主义的过剩人口以三种基本形式存在：第一种是流动的过剩人口。这是指一定时期内失去工作的劳动者。他们大多处在近代工业的中心，随着资本主义生产的扩大或缩小，有时被吸收，有时被排斥，经常处于流动状态。第二种是潜在的过剩人口。这主要是指农村的过剩人口。随着资本主义在农业方面的发展，大批农民破产失业，但由于这一部分人表面上看来还有一小块土地，掩盖着失业的实质，因而称为潜在的过剩人口。第三种是停滞的过剩人口。这是指那些无固定职业而靠干些零杂活为生的城市居民。此外，在过剩人口的最底层，还有被赶出工厂大门，完全失业，只有靠求乞和社会救济生活的人们。

相对过剩人口的存在，对工人来说是痛苦的事，但对资本来说是大好事。因为这个过剩人口构成资本主义的产业后备军，为资本主义的存在和发展提供了条件。资本主义生产是周期性的，时而扩大，时而缩小。生产缩小时，大批工人被抛向街头；生产迅速扩大时，又需要有大批劳动力。这单靠工人的自然增长不能满足需要，因而需要失业大军的存在。失业大军如同劳动力的蓄水池，当资本对劳动力的需求减少时，多余的劳动力被蓄存起来；当资本对劳动力的需求增加时，失业大军的蓄水池又可以随时补充。失业大军的存在，不仅能够随时满足资本对劳动力的需求，同时，还是资本家加重对在业工人剥削的手段，因为它对劳动力市场是个压力，资本家可以迫使在业工人接受更加苛刻的条件，提高剥削程度。因此，相对人口过剩，不仅是资本主义经济制度的必然产物，而且是资本主义生产方式存在和发展的必要条件。只要资本主义制度存在，相对人口过剩就不可避免。相对人口过剩是资本主义生产方式所特有的人口规律。

（三）资本主义积累的一般规律和无产阶级的贫困化

资本积累和无产阶级失业、贫困之间的内在联系，构成资本主义积累的一般规律。马克思指出："社会的财富即执行职能的资本越大，它的增长的规模和能力越大，从而无产阶级的绝对数量和他们的劳动生产力越大，产业后备军也就越大……但是同现役劳动军相比，这种后备军越大，常备的过剩人口也就越多，他们的贫困同他们所受的劳动折磨成反比。最后，工人阶级中贫苦阶层和产业后备军越大，官方认为需要救济的贫民也就越多。这就是资本主义积累的绝对的、一般的规律。像其他一切规律一样，这个规律在实现过程中也会由于各种各样的情况而有所变化。"[①]这一规律的后果是造成两极分化：一极是资产阶级占有的社会财富的积累；另一极是无产阶级贫困的积累。资本主义积累所产生的这双重结果，形成贫富两极分化，深刻地反映了资本主义积累的对抗性结果。

资本主义制度下的无产阶级贫困，具体表现为相对贫困和绝对贫困两种形式。

无产阶级的相对贫困是指在资本主义国家的全部国民收入中，无产阶级所占比重和资产阶级所占比重相比，日益相对地下降。例如，美国制造业工人的工资占该部门所创造的国民收入的比重1947年为50%，1954年为47.4%，1963年为43.4%，1973年为41.8%，下降的趋势是十分明显的。

无产阶级的相对贫困表明，随着资本积累的扩大，无产阶级和资产阶级之间的贫富悬殊越来越大。

无产阶级的绝对贫困是指在资本主义制度下，无产阶级的生活状况，有时候或有的人会出现绝对的恶化。也就是说，有时会出现这种情况：工人的生活状况，这个时期比不上前一个时期，表现为绝对的下降。无产阶级的绝对贫困，主要体现在以下三个方面：（1）失业和半失业人口的经常存在并且在增加。当前，资本主义各国失业现象极为

---

① 马克思.资本论：第一卷［M］.中共中央马克思恩格斯列宁斯大林著作编译局，编译.北京：人民出版社，1972：707.

严重，都不同程度地受到高失业率的困扰。美国在第二次世界大战以后，失业和半失业人数一直很庞大，1991年达到1500万人，失业率（失业人数占劳动力数量的百分比）从20世纪50年代的4.5%提高到1991年的6%。欧洲经济共同体12个国家在1979年经济危机开始时，失业率为5.5%，自此以后直线上升，1992年失业率达9.4%。（2）工人的实际工资有时会出现下降的情况。这是因为通货膨胀日益严重，物价、房租、医药费用不断上涨，而货币工资并未相应提高。特别是在经济危机爆发，大批工人失业，工资被压低的情况下，不可避免地会出现工人的实际工资下降。例如，美国从二战后到1991年为止，共发生过9次经济危机，除1948—1949年的战后第一次经济危机外，其余各次危机工人的实际工资都不同程度地下降了。其中1968—1970年的那次危机，下降幅度更大，达到了11%。（3）大量的工人生活在"贫困线"以下。资本主义国家官方所规定的"贫困线"是维持极低的消费水平的生活费用，而许多工人不得不生活在"贫困线"以下。例如，1991年美国政府所规定的"贫困线"是4口之家的年收入低于13924美元。而这一年美国生活在"贫困线"以下的人数竟高达3570万，占该年美国总人口的14.2%。

（四）资本积累的历史作用

通过资本的原始积累，资本主义生产方式取代了封建主义生产方式而建立起来。从封建社会过渡到资本主义社会，这是人类社会发展史上的一个巨大进步。对于资本主义的历史进步作用，列宁曾经给予十分简洁而又正确的评价。他说："资本主义的进步的历史作用，可以用两个简短的论点来概括：社会劳动生产力的提高和劳动的社会化。"①

资产阶级革命的胜利、资本主义生产方式的确立，将社会生产力从封建社会的束缚下解放出来，获得了前所未有的发展，同时为技术革命开辟了广阔的道路。正是在这样的客观条件下，从18世纪中叶开始，首先在英国掀起了一场产业革命，随后又蔓延至欧美各国。

产业革命实质上就是生产技术的革命。它的特征是在工业生产中，以蒸汽机为代表的机器体系代替了手工工具，机器生产代替了手工劳动。可见，产业革命也就是资本主义的工场手工业转变为机器大工业的过程，同时也是资本主义工业化的过程。

产业革命和由此带来的机器大工业的出现，是资本主义历史发展的转折点，它为资本主义奠定了强大的物质技术基础，随之而来的是劳动生产率的空前提高。从此，资本主义制度才彻底地战胜了封建主义制度和小商品生产，成为占统治地位的生产方式。

随着商品经济的日益发展，以及资本主义积累的不断增长，生产资料以从未有过的速度和规模集中起来，社会分工和生产专业化也获得广泛的发展，因而促进了生产规模的迅速扩大和产品数量的急剧增加。资产阶级为了不断扩大商品的销路和寻求廉价的原料而奔走于全世界，把自己的触角伸到世界各个角落。于是，不仅分散的地方市场逐渐汇合成为统一的国内市场，而且打破民族界限，联结成为世界市场。

所有这一切都极大地提高了生产社会化水平，并且使社会生产力获得了空前迅猛的

---

① 列宁.列宁全集：第三卷［M］.中共中央马克思恩格斯列宁斯大林著作编译局，编译.北京：人民出版社，1984：549.

发展。正如马克思和恩格斯在《共产党宣言》中所说:"资产阶级在它不到一百年的阶级统治中所创造的生产力,比过去一切世代创造的全部生产力还要多,还要大。自然力的征服,机器的采用,化学在工业和农业中的应用,轮船的行驶,铁路的通行,电报的使用,整个大陆的开垦,河川的通航,仿佛用法术从地下呼唤出来的大量人口——过去哪一个世纪料想到在社会劳动里蕴藏有这样的生产力呢?"①

资本主义积累一方面推动了资本主义社会生产力的巨大发展,另一方面也加深了资本主义社会所固有的各种矛盾,首先是加深了资本主义的基本矛盾。资本主义的基本矛盾,即生产社会化和生产资料资本主义私有制之间的矛盾。资本主义生产社会化表现在:第一,各个企业的生产都是以大规模的共同劳动为基础。在企业内部,实行复杂、细致的分工,生产变为许多劳动者共同使用机器体系的生产,产品也由个人的产品变为社会的产品。第二,随着社会分工和生产专业化的发展,各部门、企业之间相互依赖、相互制约的协作关系日益密切,彼此之间形成一个社会化生产过程。第三,随着资本主义的发展,形成统一的国内市场,进而形成了世界市场。这标志着生产社会化已突破国家和民族的界限,扩大到世界范围。

生产社会化要求生产资料公有制。但是,资本积累却带来了完全相反的结果,生产资料不断集中到少数大资本家手中,这样,资本主义积累一方面促使资本主义生产社会化程度不断提高;另一方面生产资料逐渐为少数大资本家私人占有。其结果是资本主义基本矛盾日益深化。资本主义社会生产力的巨大发展,以日益增长的威力要求消除这个矛盾。这就"迫使资本家阶级本身在资本关系内部一切可能的限度内,越来越把生产力当作社会生产力看待"。②

资产阶级不得不在资本主义私有制允许的限度内,对资本主义生产关系进行局部调整。资本主义生产关系的局部调整虽然能在一定程度上缓和资本主义基本矛盾,因而为资本主义社会生产力的发展提供新的可能性,但它不可能消除基本矛盾,资本主义社会生产力的进一步发展,必然促使资本主义基本矛盾进一步深化。因此,资本主义生产在其发展过程中,必然经常遇到困难,遭受挫折,以致爆发周期性的经济危机,这充分证明了资本主义生产关系的局限性和历史过渡性。

■ 本章小结

(1)商品的流通公式是:W-G-W。资本的流通公式是:G-W-G′。前者反映了G作为货币的性质;而后者体现了G作为资本的性质。

(2)资本总公式中包含着商品等价交换与价值增值的矛盾。劳动力成为商品是解决资本总公式矛盾的关键,也是货币转化为资本的前提。

(3)资本主义生产过程具有二重性,即劳动过程和价值增值过程的统一。资本主义生产过程的二重性,是由生产商品的劳动的二重性决定的。

(4)依据资本不同部分在剩余价值生产过程中的不同作用,资本可以区分为不变资

---

① 马克思,恩格斯.马克思恩格斯选集:第一卷[M].中共中央马克思恩格斯列宁斯大林著作编译局,编译.北京:人民出版社,1972:256.
② 马克思,恩格斯.马克思恩格斯选集:第三卷[M].中共中央马克思恩格斯列宁斯大林著作编译局,编译.北京:人民出版社,1972:317.

本和可变资本，这具有重要意义：第一，进一步揭露了剩余价值的源泉和资本主义剥削的实质；第二，揭示了资本家对工人的剥削程度；第三，这一区分对研究资本有机构成、资本积累的规律、剩余价值的分配和资本主义社会基本矛盾的运动过程，都具有重要意义。

（5）剩余价值与可变资本的比率叫剩余价值率。剩余价值率是一种相对量，表示资本家对雇佣工人的剥削程度。剩余价值量则是一个绝对量，表示资本家在一定时期内剥削他雇用的全部工人所创造的剩余价值的数量。

（6）绝对剩余价值生产和相对剩余价值生产，是资本家提高剥削程度、增加剩余价值生产的两种主要方法。在必要劳动时间不变的条件下，靠工作日的绝对延长而生产的剩余价值，叫绝对剩余价值；在工作日长度不变的条件下，由于缩短必要劳动时间而相应地延长剩余劳动时间所生产的剩余价值，叫相对剩余价值。相对剩余价值是全社会劳动生产率普遍提高的结果。全社会劳动生产率的提高是通过个别资本家追逐超额剩余价值实现的。超额剩余价值是商品个别价值低于社会价值的差额。

（7）剩余价值规律是资本主义自由市场经济的基本经济规律，它决定着资本主义生产的实质；决定着资本主义生产发展的一切主要方面和主要过程；决定着资本主义生产方式的产生、发展和灭亡的全过程。

（8）劳动不是商品，没有价值，不能出卖，工人出卖的不是劳动而是劳动力。资本主义工资的本质是劳动力的价值或价格的转化形式。资本主义工资掩盖了资本主义剥削关系。

（9）社会再生产，不仅是物质资料的再生产，同时也是生产关系的再生产。社会再生产按它的规模来划分，可分为简单再生产和扩大再生产。扩大再生产就其实现的方式来看，分为内含的扩大再生产和外延的扩大再生产两种类型。资本主义再生产的特征是扩大再生产。

复习思考题

1. 用劳动二重性的原理说明剩余价值的生产过程。

2. 怎样理解区分不变资本与可变资本的依据和意义？

3. 什么叫剩余价值率？增加剩余价值生产的基本方法有哪些？

4. 简要说明再生产的类型及其相互关系。

5. 什么叫资本积累？资本积累的必然性是什么？影响资本积累的因素有哪些？

6. 简要说明资本的技术构成、价值构成、有机构成之间的关系。

7. 怎样理解资本积聚、资本集中及其相互关系？

第四章

资本的流通过程

学习目标

知识目标：

1.熟悉产业资本循环的三个阶段、三种职能形式、三种循环形式。

2.掌握产业资本循环连续性的条件。

3.掌握资本周转的速度、影响因素、对剩余价值生产的影响。

4.掌握社会总资本再生产的实现过程及其运动的规律。

5.了解资本主义再生产的内在矛盾。

6.掌握资本主义经济危机的实质和根源。

能力目标：

能正确认识经济协调发展的重要性。

素养目标：

培养学生用系统的、协调的观点看待问题和处理问题的思维方式。

上一章研究了资本的直接生产过程。资本生产的整个过程是生产过程和流通过程的统一。资本要增值，就必须不断运动，不断从流通过程进入生产过程，再由生产过程回到流通过程。资本只有在运动中才能保存自己，扩大自己。本章将从生产过程和流通过程的结合上研究资本的运动过程，即研究资本的总流通过程。通过研究资本的总流通过程，揭示资本运动的特点和规律，揭示资本主义经济危机的必然性，从而更深刻、更全面地理解资本的本质。

第一节 资本的循环

一、产业资本循环的三个阶段和三种职能形式

资本在现实运动中，要顺次经过三个阶段，并相应地采取三种职能形式。

资本循环的第一阶段，是资本的购买阶段。这一阶段，资本家是以购买者的资格出现在商品市场和劳动力市场上，用货币购买生产资料和劳动力。若用G代表货币，W代

表商品，A代表劳动力，Pm代表生产资料，则这一阶段用公式可以表示为：

$$G—W\left\langle\begin{matrix}A\\Pm\end{matrix}\right.$$

这一阶段是在流通领域中进行的。资本家垫支货币购买商品。资本家购买的商品在质和量的方面都有严格的要求，在质的方面，分为生产资料和劳动力；在量的方面生产资料和劳动力两者必须保持一定的比例关系，一般说来，二者的比例是由这个资本技术水平所决定的。这个原理，对任何社会的生产过程都是适应的。但是，在资本主义制度下，生产资料和劳动力二者之间存在着一种特殊的量的比例，这就是生产资料的数量，不仅能够吸收劳动者的必要劳动，而且能够吸收劳动者的全部剩余劳动。

这一阶段从形式上看，不过是一般的商品流通。货币或者执行购买手段，购买生产资料，或者执行支付手段购买劳动力，这都是货币本身的职能。在这里，货币本身的职能同时成为资本的职能，这一阶段同时成为资本循环的一个特定阶段。货币的职能之所以能够同时成为资本的职能，是因为它和资本主义生产过程相联系。它购买的不是一般商品，而是资本主义生产的要素，关键是G-A这一购买行为。马克思指出："G-A……是以货币形式预付的价值得以实际转化为资本，转化为生产剩余价值的价值的重要条件。"①因为，只有劳动力这种特殊商品的使用价值才是剩余价值的源泉。至于G-Pm，亦即资本家对生产资料的购买，只是生产剩余价值的条件，是为了吸收劳动者的劳动量。由于资本家购买了劳动力这种特殊的商品，使其货币成为资本的存在形式，即货币资本的形式，这一阶段也就成为资本循环的一个特定阶段。在这一阶段，资本执行货币资本的职能，即购买生产资料和劳动力，为生产剩余价值准备条件。

资本家购买了生产资料和劳动力之后，货币资本就转化为生产资本。这样，资本循环就进入第二阶段。

产业资本循环的第二阶段，是资本的生产阶段。资本家在流通领域购买了生产资料和劳动力以后，由于他只是购买了劳动力在一定时期的使用权，所以，他不能再把劳动力当作商品来出卖，只能将其当作生产要素消费。因此，作为流通阶段的直接结果，资本进入了生产过程。在这一阶段，资本家强迫劳动力和生产资料相结合，进行生产，于是，流通过程中断，生产过程开始。在生产过程中，劳动力被消费，机器设备被磨损，原材料被加工，其结果，生产出一个包含有剩余价值的新的商品。这种新的商品和原来购买的商品相比较，不仅物质形式不同，而且价值量也增大了。它不仅包含资本家原来垫付的资本价值，而且含有剩余价值。如果用P表示生产过程，W′表示生产出来的包含剩余价值的商品，虚线表示流通过程中断和生产过程的开始，则这一阶段可以用公式表示为：

$$G—W\left\langle\begin{matrix}A\\Pm\end{matrix}\right.\cdots P\cdots W'$$

这一阶段从形式上看，和一般的生产过程也没什么两样。因为在任何社会，生产资料和劳动力都是生产的要素，要进行生产，就必须把二者结合起来。在这里，作为一般生产要素的生产资料和劳动力，之所以成为资本的存在形式，是因为二者的特殊结合方

① 马克思. 资本论（第2卷）［M］. 中共中央马克思恩格斯列宁斯大林著作编译局，编译. 北京：人民出版社，1975：36.

式。生产资料和劳动力不是在直接形式上结合，而是在间接形式上，以雇佣劳动的方式相结合，即工人只有在得到资本家允许的条件下，受雇于资本家，才能与资本家占有的生产资料相结合。这种特殊的结合方式决定了，它不是生产一般的商品，而是生产包含剩余价值的商品，所以，生产资料和劳动力就成为资本的存在形式。这一阶段，也就成为资本循环的一个特定阶段。这一阶段，资本以生产资本的形式存在。生产资本的职能就是，在生产过程中生产价值和剩余价值。经过这一阶段，生产资本就转化为商品资本。于是，资本循环进入了第三阶段。

产业资本循环的第三阶段，是资本的售卖阶段。资本家以商品出卖者的资格重新回到市场，将商品卖出去，货币重新回到手中。回到手中的货币，价值量已增大了。若用 G' 表示增大了的货币量，这个阶段用公式表示为：

$$G'—W'$$

从现象上来看，这一阶段也只是一般的商品流通，且在流通中，只是价值形式发生了变化，即由商品形式转化为货币形式，价值量也没有发生变化。那么，这里的商品怎么会成为资本呢？这里的商品之所以成为资本，是因为它是资本主义生产过程的直接结果。作为资本主义生产过程产物的商品，已经不是一般的商品，而是包含有剩余价值的商品，即商品资本。这样，$W'—G'$ 也就不再是一般的商品流通，而是成本资本循环的一个特定阶段。这一阶段，资本采取了商品资本的形式。商品资本的职能，就是通过流通，实现价值和剩余价值。经过这一阶段，商品资本又转化为货币资本。

资本在运动中，顺次经过三个阶段，相应地采取三种职能形式，使价值得到增值，最后又回到出发点，这就叫资本循环。资本循环的全过程，用公式表示为：

$$G—W{\langle}^{A}_{Pm}\cdots P\cdots W'-G'$$

资本循环的第一阶段和第三阶段是资本的流通过程，第二阶段是资本的生产过程。在资本循环的三个阶段中，生产阶段起着决定性作用，因为只有生产阶段才能生产价值和剩余价值。但是，资本增值也不能离开两个流通过程，如果离开流通过程，资本家就不能购买生产资料和劳动力，生产过程就无法进行；同样，如果离开流通过程，资本家就不能售卖商品，那么，他要榨取的剩余价值就不能实现。因此，流通过程也是资本循环不可缺少的环节，资本循环不仅是生产过程和流通过程的统一，而且是三个阶段的统一，彼此是紧密衔接、互相联系的。要使资本循环能够顺利地进行下去，资本就必须不停顿地从一个阶段转到另一个阶段。如果资本在第一阶段上遇到障碍，货币资本就会成为贮藏货币，那么，它就不能发挥资本的作用；如果资本循环在第二阶段遇到障碍，生产资料和劳动力就会闲置，剩余价值就生产不出来；如果资本循环在第三阶段上遇到障碍，已经创造出来的剩余价值就无法实现，商品资本不能复归为货币资本，那么，资本循环就不能重新开始。因此，无论在哪个阶段上遇到障碍，整个资本循环都要中断。

以上我们所分析的就是产业资本的循环。那么什么是产业资本呢？马克思说："在总循环过程中采取而又抛弃这些形式并在每一个形式中执行相应职能的资本，就是产业资本"。[①]在资本主义社会，工业资本、农业资本、建筑业及交通运输业资本等，都是

---

① 马克思. 资本论（第2卷）[M]. 中共中央马克思恩格斯列宁斯大林著作编译局，编译. 北京：人民出版社，1975：63.

产业资本。因此，产业资本就是所有按资本主义生产方式经营的生产部门的资本。产业资本在运动中要顺次经过三个阶段，并相应地采取货币资本、生产资本、商品资本三种职能形式。显然，货币资本、生产资本、商品资本并不是指一些彼此孤立的资本形式，而都是产业资本的特殊职能形式，产业资本在运动中是依次采取这些形式的。

由于产业资本的循环不仅包括流通过程，而且包括创造剩余价值的生产过程，因而，产业资本是不仅能够占有剩余价值，而且能够创造剩余价值的唯一资本形式。它不同于以前的商业资本和高利贷资本。产业资本体现着资产阶级和无产阶级之间的对立和剥削关系。产业资本的产生标志着资本主义生产方式的出现，产业资本的发展意味着资本主义生产方式的不断扩大。伴随资产阶级革命，资本主义生产方式确立了自己在社会中的统治地位，于是，资本主义社会代替了封建社会。因此，只有产业资本才能决定社会生产的资本主义性质。商业资本和高利贷资本虽然在历史上早已存在，但是，它们只依附于奴隶社会或封建社会的生产关系而存在，因而不能决定社会生产的资本性质。在资本主义制度下，商业资本和借贷资本则是从产业资本中分离出来的，依附于产业资本，因而它们的性质也由产业资本决定。

二、产业资本的三种循环形式

为了实现资本的不断增值，产业资本只有在不断地运动中才能保存自己、扩大自己。因此，资本一次循环的结束，就意味着下一次循环的开始，资本循环表现为一个连续不断、周而复始的运动过程。这一过程可用如下公式表示：

$$\underbrace{G-W\cdots P\cdots W'-G'}_{①}\cdot\overbrace{G-W\cdots P\cdots W'-G'}^{②}{}_{③}$$

在产业资本不断重复地运动过程中，无论采取哪种形式，或者说，无论把哪种形式作为出发点，它都要经过三个阶段的运动，回到原先的出发点。因此，与产业资本的三种职能形式相适应，产业资本同时存在着货币资本、生产资本和商品资本三种循环形式，即：

（1）货币资本的循环：$G-W\cdots P\cdots W'-G'$

（2）生产资本的循环：$P\cdots W'-G'-W\cdots P$

（3）商品资本的循环：$W'-G'-W\cdots P\cdots W'$

货币资本的循环，即 $G-W\cdots P\cdots W'-G'$（$G\cdots G'$）。从货币资本垫支开始，经过一系列的形式变化，货币重新回到手中，不过，回到手中的货币增大了。这一循环形式，始点是货币，终点是增大了的货币。在这里，资本价值的预付表现为整个行动的手段，已经增值的价值，则表现为整个行动的目的。因此，这一循环最明白地表达出资本主义生产的动机和目的，就是为生产剩余价值，为了赚钱，生产过程只不过表现为一个不可缺少的中间环节。正是因为货币资本的循环表明了资本主义生产的本质特征，所以，它就成为产业资本循环的一般形式。但是，货币资本的循环，作为产业资本循环的一种形式，又有其片面性。我们孤立地看这一循环形式，作为产业资本的决定形式的生产阶段，仅仅成为两个流通阶段的媒介。这就产生了一种假象，好似剩余价值是由货币本身带来的，货币本身生出了金蛋。因此，这一循环形式又掩盖了资本主义的剥削关系。所以，马克思说："货币资本的循环，是产业资本循环的最片面、从而最明显和最典型的表现形式"。[①]

生产资本的循环，即 $P\cdots W'-G'-W\cdots P$（$P\cdots P$）。从生产过程开始，经过一系列形式上的变化，最后又回到生产过程。这一循环形式和货币资本的循环相比，有明显的特点：首先，在货币资本循环中，决定性的生产阶段成为两个流通阶段的媒介。在这里，流通阶段则表现为生产阶段的媒介，从而把生产阶段的决定性地位清楚地表现出来了。其次，货币资本的循环，生产过程仅进行了一次，所以，它不能表明再生产。在这里，起点和终点都是生产过程，因此，生产资本的一次循环就已经表明了再生产。如果是简单再生产，后一个生产过程和原生产过程一样；如果资本家把剩余价值用于积累，则终点的生产过程就要大于起点的生产过程。由以上两点可见，生产资本循环纠正了货币资本循环的片面性。

但是，生产资本循环作为产业资本循环的一种形式，又有自己的片面性。在这一循环形式中，由于流通阶段充当了两个生产阶段的媒介，所以，它就不能像货币资本循环那样，把价值增值明显地表示出来，好似资本主义生产本身就是目的。这就产生了一种假象，好似资本主义生产不是为赚钱，而是单纯地为生产而生产，这就把资本主义追逐剩余价值的生产目的掩盖起来了。

商品资本的循环即 $W'-G'-W\cdots P\cdots W'$（$W'\cdots W'$）。从包含了剩余价值的商品资本开始，经过一系列形式变化，又回到商品资本本身。这一循环和以上两种循环形式比较，又有自己明显的特点。首先，货币资本的循环，起点和终点都是货币，它既是流通的开始，又是流通的结果；生产资本的循环，起点和终点都处在生产过程中；商品资本的循环，起点和终点都是生产过程的直接结果，亦即起点和终点都是包含有剩余价值的商品。因此，商品资本的循环，不仅包含着资本价值的循环，还包含着剩余价值的运动。其次，由于商品资本的循环起点和终点都是生产过程的直接结果，因此，这一循环也表明了再生产。

但这一循环作为产业资本循环的一种形式，也有自己的片面性。在这里，占首要地位的是商品的流通过程，是商品的实现和消费，整个过程是以商品的全部消费为前提。这又给人造成一种假象，好似资本主义生产和再生产，不是为了赚钱而是为了消费，为了满足社会需要，这又掩盖了资本主义生产的实质。

通过以上的分析我们可以看出，产业资本的三种循环形式各有特点，又各有自己的片面性。每一种循环形式，只能反映产业资本运动某一方面的特征，而不能全面地反映资本主义生产的现实。如果只是孤立地考察某一种循环形式，都有可能陷入片面性，导致错误的结论。只有把三种循环形式统一起来考察，才能全面了解产业资本的运动，把握产业资本的实质。

---

① 马克思. 资本论（第2卷）[M]. 中共中央马克思恩格斯列宁斯大林著作编译局，编译. 北京：人民出版社，1975：71.

三、产业资本循环的连续性

把产业资本的三种循环形式统一起来考察，就会发现"连续性是资本主义生产的特征"。①所谓产业资本循环的连续性，就是指产业资本价值在各种职能形式上和各个阶段上不间断地运动。当然，这种连续性并不是可以无条件地达到的。资本循环要保持其连续性，必须具备以下两个条件：

第一，空间上的并存性。这就是说，产业资本家要使生产连续不断地进行下去，他就必须把资本按照一定的比例分成三部分，同时并存于货币资本、生产资本和商品资本的形式上。如果不是这样，而是资本家把他的全部资本一次都投在一种形式上，那就会造成或者只有生产过程而没有流通过程；或者只有流通过程而没有生产过程，出现生产过程和流通过程交替中断的现象。连续性不能得到保持。

第二，时间上的继起性。这就是说，资本家要保持资本循环连续性，不仅要把他的资本按照一定的比例同时并存在三种职能形式上，而且资本的每一种职能形式都要顺利地通过三个阶段，在时间上相互衔接，相继进行转化。当货币资本转化为生产资本的时候，生产资本必须同时转化为商品资本，商品资本也必须同时转化为货币资本。

如果不是这样，无论哪种形式的循环遇到障碍，都会使整个资本循环遭到破坏。

资本的三种职能形式在空间上的并存性和在时间上的继起性是互为条件、互为前提的，继起以并存为条件，而并存又是继起的结果，继起性和并存性的统一，构成产业资本循环连续性的条件。所以，马克思指出："产业资本的连续进行的现实循环，不仅是流通过程和生产过程的统一，而且是它的所有三个循环的统一"。②

在产业资本循环过程中，生产过程和流通过程，三种循环形式是相互依存、相互联系的，客观上要求统一。但是，在资本主义社会，由于资本主义的各种固有矛盾，使产业资本循环连续性的条件不可能经常具备，因此，产业资本循环的连续性经常地遭到破坏，资本的循环运动并不能始终顺利地进行。

第二节 资本周转

一、资本的周转时间和周转次数

资本家生产的目的是榨取最大限度的剩余价值。因此，资本循环不是进行一次就结束了，而是要不断地反复地进行下去。不断重复、周而复始的资本循环就叫资本周转。考察资本周转，主要是研究资本周转速度对资本价值增殖的量的影响。

资本周转的快慢即周转速度可以用周转时间或周转次数来表示。资本的生产时间和流通时间之和，就是资本的周转时间。生产部门的性质不同，生产和流通的条件不同，资本的周转时间各不相同。例如，机器制造业、造船业、林业、畜牧业等部门，资本周

---

① 马克思. 资本论（第2卷）[M]. 中共中央马克思恩格斯列宁斯大林著作编译局，编译. 北京：人民出版社，1975：118.
② 马克思. 资本论（第2卷）[M]. 中共中央马克思恩格斯列宁斯大林著作编译局，编译. 北京：人民出版社，1975：119.

转时间就比较长；而纺织业、食品业等部门的资本，周转时间一般就比较短。

由于资本的周转时间有长有短，各个资本的周转速度必然有快有慢。为了比较和衡量各个资本的周转速度，必须在时间上有一个共同的衡量单位，按照习惯，这个共同的衡量单位就是"年"。如果用U来表示"年"（可以是12个月，也可以是365天），用u表示资本周转一次的时间（可以是若干个月，也可以是若干天），用n表示资本在一年中的周转次数，则计算资本在一年中周转次数的公式为：$n=U/u$。

假定某资本家，资本周转一次的时间是6个月，那么该资本一年周转的次数$n=12/6=2$次。另一个资本家，资本周转一次的时间是3个月，那么该资本一年周转的次数$n=12/3=4$次。两个资本相比较，后一资本的周转速度是前一个资本的2倍。由此可见，资本周转一次的时间越短，一年内资本周转的次数越多，周转速度就越快；反之，资本周转速度就越慢。资本的周转速度与周转时间成反比，而与资本的周转次数成正比。

二、固定资本和流动资本

考察资本周转，目的就是揭示资本周转速度对剩余价值生产的影响。为了揭示这个问题，还必须对资本周转有一个更具体地理解。为此，我们有必要从另一个角度来考察资本家的资本构成，这就是把资本家的生产资本划分为固定资本和流动资本。

划分固定资本和流动资本的依据是生产资本不同部分的价值转移方式的不同。固定资本是指以厂房、机器设备、工具等形式存在的劳动资料部分。这部分资本在物质形式上全部参加生产过程，但其价值，则随它们在生产过程中的磨损程度，一部分一部分地转移到新的产品当中去，未转移的资本价值仍然固定在原来的物质形式上，继续执行职能，直到劳动资料的实物形式全部报废，价值才能转移完毕。在生产过程中已转移的价值，随着产品的出售，逐渐收回。根据这部分资本价值转移方式的特点，我们把它叫作固定资本。流动资本是指以原材料、燃料、辅助材料等劳动对象形式存在的资本部分和投在劳动力上的资本部分。以原材料、燃料、辅助材料等劳动对象形式存在的资本部分，其实物形式全部投入生产过程，经过一次生产过程全部消费掉，其价值也全部转移到新的产品当中去，并随着产品的出售一次收回。根据这部分资本价值转移方式的特点，我们把它叫作流动资本。

投在劳动力上的生产资本部分，不存在价值转移问题，因为投在劳动力上的资本，即可变资本，作为工人的工资，被工人用于购买消费资料消费了。但是，用于购买劳动力的资本部分，会由工人在生产过程中重新创造出来，并在产品出售后重新回到资本家手中。它的价值周转方式与流动资本相同，即也是一次垫支，一次收回，因此，购买劳动力的资本部分，也叫作流动资本。

应当指出的是，只有生产资本才能划分为固定资本和流动资本，因为只有生产资本才存在价值转移问题。货币资本和商品资本只在流通领域内发生作用。这种作用也只限于使资本价值形式发生变化，不涉及价值转移的问题。因此，这两种资本形式不能划分为固定资本和流动资本，它们是和生产资本相对立的流通资本。

生产资本既可以划分为不变资本和可变资本，又可以划分为固定资本和流动资本。这两种资本划分方法有着根本不同的依据和意义。

生产资本的各个部分，依据其在剩余价值生产过程中所起作用不同，划分为不变资本和可变资本。划分不变资本和可变资本的重要意义在于揭露可变资本是剩余价值的真正来源。生产资本的各个部分，依据其价值转移方式不同，划分为固定资本和流动资本。划分固定资本和流动资本的意义在于揭示资本周转速度对剩余价值生产的数量的影响。资本的这两种划分方法见表4-1。

表4-1 资本的划分方法

按照在剩余价值生产中的作用划分	资本的各个部分	按照价值转移方式划分
不变资本	厂房、机器设备、小工具等	固定资本
	原材料、燃料、辅助材料等	流动资本
可变资本	工资	

固定资本的价值是按照它的磨损程度逐步转移到新产品当中去的。固定资本的磨损分为有形磨损和无形磨损。

固定资本的有形磨损，也叫物质磨损，是指固定资本在物质要素上的磨损。引起固定资本有形磨损的原因：一是固定资本在生产过程中被使用的结果，使用的强度越大，持续的时间越长，物质磨损也就越重。二是自然力独立作用的结果。如厂房日晒雨淋会破损。固定资本的无形磨损，也叫精神磨损，是指固定资本在有效使用期内，由于技术进步引起的价值上的损失。引起无形磨损的原因：一是由于技术进步和劳动生产率的提高，生产同样的机器设备所需要的社会必要劳动时间减少，使原有机器设备价值降低。二是由于技术的进步，出现了效能更高的机器设备，从而引起原有机器设备贬值。马克思指出："在这两种情况下，即使原有的机器还十分年轻和富有生命力，它的价值也不再由实际物化在其中的劳动时间来决定，而由它本身的再生产或更好的机器的再生产的必要劳动时间来决定了。因此，它或多或少地贬值了"。[①]资本家为了避免或者尽量减少由机器贬值造成的损失，便极力强化对工人的剥削。他们通过延长劳动时间，加强劳动强度，千方百计地提高机器设备的利用率，以加速固定资本周转，以便在较短的时间内收回固定资本的投资。

固定资本的无形磨损，对固定资本的实际寿命有极大的影响。所谓固定资本的实际寿命，就是指它的实际使用年限。它不单是指由固定资本的物质结构和有形磨损所决定的物质上的自然寿命，而且包含着由无形磨损所决定的价值上的寿命。例如，一台机器的自然寿命是15年，但是，由于科学技术的进步，它只使用了10年就被价格低廉、效率更高的新机器代替了，那么，它的实际寿命只有10年。固定资本的周转时间，取决于固定资本的实际寿命。

我们已经知道，固定资本的价值是随其在生产过程中的磨损程度，一部分一部分地转移到新产品当中去的。那么，为了保证再生产的顺利进行，就必须把固定资本转移的价值部分，从出售商品的收入中提取出来，并以货币的形式积累起来，以备在固定资本

① 马克思. 资本论（第1卷）[M]. 中共中央马克思恩格斯列宁斯大林著作编译局，编译. 北京：人民出版社，1975：443-444.

的实际寿命结束后进行更新。这种按固定资本损耗的程度进行补偿的办法，叫作折旧。按照固定资本的磨损程度提取的货币额叫作折旧费。每年提取的折旧费与固定资本原始价值的比率叫作折旧率。例如，一台机器价值是10万元，每年提取的折旧费是1万元，折旧率就是1万元/10万元=10%。

三、预付资本的总周转

由于固定资本和流动资本的周转速度不同，因此，通常我们讲资本周转速度，是指预付资本的总周转速度。马克思说："预付资本的总周转，是它的不同组成部分的平均周转。"[1]这就是说，所谓预付资本的总周转，就是指固定资本和流动资本各种不同组成部分的平均周转。其计算公式如下：

预付资本的总周转速度=（一年内固定资本周转价值总额+一年内流动资本周转价格总额）/预付总资本

假定某资本主义企业拥有预付资本总额40万元，全部固定资本是33万元，其中，厂房价值是20万元，使用20年，机器设备价值是10万元，使用10年，小工具价值是3万元，使用3年；流动资本是7万元，一年周转6次。这样，该企业全部预付资本的总周转速度见表4-2。

表4-2 **某产业资本家预付资本周转速度计算表**

生产资本的各种要素	价值（元）	一年周转的次数（次）	一年周转的价值总额（元）
固定资本	330 000	1/11	30 000
其中：厂房	200 000	1/20	10 000
机器设备	100 000	1/10	10 000
小工具	30 000	1/3	10 000
流动资本	70 000	6	420 000
全部预付资本	400 000	1.125	450 000

从表4-2可以看出这个资本家的预付资本的总周转速度为：

（30 000+420 000）/400 000=1.125（次）

即 年周转1.125次，因此，全部预付资本需要10个多月才能周转一次。

由此可见，预付资本的总周转速度，取决于两个方面的因素：一是生产资本的构成，即固定资本和流动资本的比例。固定资本在生产资本中占的比重越大，预付资本总周转速度越慢，反之越快。二是固定资本和流动资本的周转速度。在生产资本构成一定的条件下，固定资本和流动资本的周转速度越快，预付资本的总周转速度也就越快。

四、生产时间和流通时间

固定资本和流动资本的周转速度取决于生产时间和流通时间的长短。因此，预付资本的总周转还受生产时间和流通时间的影响。

① 马克思.资本论（第2卷）[M].中共中央马克思恩格斯列宁斯大林著作编译局，编译.北京：人民出版社，1975：204.

生产时间是指资本处在生产领域的时间，包括：劳动时间、原材料的储备时间、自然力对劳动对象独立发挥作用的时间和停工时间。

劳动时间，是指制造一件产品所需要的连续工作日或劳动小时的总和，它是生产时间的主要部分。劳动时间的长短，首先取决于生产部门的性质。例如，纺纱厂每天都可以把一定数量的棉花纺成纱，棉纱直接可以作为商品出售，因而它的劳动时间就短。造船厂造一艘万吨巨轮则需要几个月。培育林木需几年甚至几十年。其次，劳动时间的长短，还取决于企业的技术水平、管理水平等。企业的技术水平越高、管理水平越高，劳动时间就越短，反之就越长。因此，劳动时间不是一成不变的，随着科学技术的进步，劳动生产率的提高，企业管理水平的不断改善，生产同一种产品所需要的劳动时间会逐渐缩短。

自然力对劳动对象独立发挥作用的时间，是指劳动过程中断，劳动对象受自然力的独立作用时间。例如，农作物的独立生长时间；酿酒厂的发酵时间；树木的自然生长时间；木制家具厂的木材干燥时间；翻砂厂铸件的冷却时间；等等。这部分时间，完全是由某些产品的生产过程的特点所引起的。随着科学技术的进步，也可以创造条件，使这部分时间缩短。

原材料的储备时间，是指为了保证再生产的正常进行，事先需要准备一定数量的原材料的时间。这对任何生产部门都是需要的，它是维持生产过程连续进行的必要条件。

停工时间，是指机器设备正常维修和工人夜间休息时而停止发挥作用的时间。

在生产时间中，劳动时间是最重要的部分，因为只有在这部分时间中才创造价值和剩余价值。其他几部分时间，虽然是生产正常进行所必需的，但它不创造价值和剩余价值。因此，资本家总是要千方百计地缩短劳动时间以外的生产时间部分，尽量使生产时间接近劳动时间。

流通时间是指资本处在流通领域的时间，它是由商品的购买时间和商品的销售时间构成的。流通时间的长短，主要取决于以下因素：

第一，市场的供求状况。资本家无论是购买生产资料和劳动力，还是出售商品，都要在市场上进行。这样市场的供求状况对流通时间有着非常重要的影响。市场的供求状况正好适合资本家的需要，那么，他就可以顺利地买到生产资料和劳动力，顺利地售出商品，流通时间就可缩短，反之流通时间就会延长。

第二，生产地点距离市场的远近。生产地点距离市场越近，产品生产出来运往市场所需要的运输时间越短，流通时间也就可以缩短；反之，流通时间就会延长。

第三，交通运输及通信条件的优劣。通信条件好，可以准确把握市场供求状况的变化，有利于产品的销售；交通运输条件好，可以缩短生产地点与市场的距离，从而有利于流通时间的缩短。

总之，资本家为了加速资本周转，总是要千方百计地缩短生产时间和流通时间。

五、资本的周转速度对剩余价值生产的影响

资本周转速度的快慢，对剩余价值的生产有很大的影响。

首先，资本周转速度快，可以节省预付资本，特别是节省流动资本。例如，有甲、

乙两个资本家，他们的生产规模相同，每月都需要预付流动资本1万元，每年都需要12万元。但二者的资本周转速度不同，甲资本家资本周转快，1个月周转一次，乙资本家资本周转慢，2个月周转一次。这样，甲资本家只需预付1万元就可以满足全年对流动资本的需要；而乙资本家则必须预付2万元，才能满足全年对流动资本的需要。显然，资本周转速度越快，维持同样生产规模所需要预付的流动资本数量就越少；反之就越多。

其次，资本周转速度快，可以增加年剩余价值量，提高年剩余价值率。因为，资本周转速度快，可变资本周转就快，在一年中，可变资本发挥作用的次数就多，剥削的工人数量也就越多，在剩余价值率不变的条件下剥削的剩余价值量就会增加。例如，甲、乙两个资本家，各预付可变资本1万元，剩余价值率都是100%，但可变资本的周转速度不同，甲资本年周转2次，乙资本年周转4次。到年终，甲资本家可获得2万元剩余价值，乙资本家则可以获得4万元的剩余价值。由于乙资本家的可变资本周转速度是甲资本家的2倍，因此，在剩余价值率相同的情况下，一年中，他所获得的剩余价值量也是甲资本家的2倍。

一年内生产的剩余价值总量与预付可变资本的比率，叫作年剩余价值率。如以V代表资本家的预付可变资本量，M代表年剩余价值量，M′代表年剩余价值率，m′代表剩余价值率，n代表可变资本的周转次数，则年剩余价值率的计算公式是：

$M = m' \cdot V \cdot n$

$M' = m/v = m' \cdot V \cdot n/V = m' \cdot n$

根据年剩余价值率的计算公式，我们可以计算出甲乙两个资本家的年剩余价值率：

甲资本家 $M' = m' \cdot n = 100\% \times 2 = 200\%$

乙资本家 $M' = m' \cdot n = 100\% \times 4 = 400\%$

由此可见，可变资本周转速度越快，年剩余价值率越高，反之越低。年剩余价值率同可变资本的周转速度成正比。

应当指出的是，剩余价值是雇佣工人剩余劳动的凝结，因此，单纯的流通过程或资本周转速度本身并不能增加剩余价值总量。之所以能增加剩余价值量，是因为资本周转速度快，可变资本就周转快，一年中实际发挥作用的可变资本的数量就多，预付同样多的可变资本吸收的活劳动量就多，也就是说，剥削的工人数量多，从而能够创造出更多的剩余价值量。

年剩余价值率与我们前面讲的剩余价值率是有区别的。首先，二者体现的关系不同。剩余价值率是剩余价值与可变资本的比率，它能准确地反映资本家对工人的剥削程度，因而又叫剥削率；年剩余价值率是年剩余价值总量与预付可变资本的比率，它表示预付可变资本的增值程度。其次，年剩余价值率一般高于剩余价值率，因为可变资本一般一年不只周转一次，而是要周转多次。例如，我们上面举的甲乙两个资本家的例子，甲乙两个资本家剩余价值率都是100%，但年剩余价值率分别是200%和400%。只有在可变资本一年周转一次的情况下，年剩余价值率和剩余价值率才相等。由于资本周转的快慢直接影响着预付资本量和年剩余价值率的高低，因此，资本家总是想尽一切办法加速资本周转。而资本家加速资本周转的各种措施，归根结底会加重对工人的剥削，从而加深资本主义的各种固有矛盾。

第三节 社会总资本的再生产和流通

一、研究社会总资本运动的出发点、核心和理论前提

在资本主义社会，有成千上万个资本主义企业，它们分别归不同的资本家所有，每个企业的资本都独自发挥职能，走着自己循环和周转的道路，以实现价值增值。这种独立地进行循环和周转的资本就叫个别资本。由于资本主义是社会化大生产，因此，各个个别资本虽然是彼此独立、相互分离的，但是，它们并不是彼此孤立、相互隔绝的，而是相互依赖、相互联系的。每一个资本主义企业，一方面要向其他有关的企业购买自己所需要的生产资料；另一方面又要向其他企业销售自己的产品。通过买卖这两方面的联系，成千上万个资本主义企业就形成一个有机的整体，这个整体就是社会总资本。所谓社会总资本，就是相互依赖、相互联系的个别资本的总和。社会总资本也叫社会资本。

个别资本既然是相互依赖、相互联系的，那么，它们的运动也必然是相互交错、互为前提、互为条件的。例如，当钢铁厂的商品资本转化为货币资本时，购买钢铁的机器制造厂的货币资本就转化为生产资本。如果机器制造厂的货币资本不从货币资本转化为生产资本，钢铁厂的商品资本就不能转化为货币资本。社会上所有互相交错、互为条件的个别资本运动的总和，形成社会总资本的运动，即社会资本的再生产和流通。

社会资本的再生产和流通与个别资本的再生产和流通具有不同的特点，对它们考察的目的也就不能一样。前面在考察个别资本的再生产和流通时，目的是揭示资本如何在运动中保值并增值，因而只着重分析资本价值的各个部分如何得到补偿问题，至于资本家的产品卖到哪里，再从哪里购买消耗掉的生产资料，以及资本家和工人从哪里购买消费品等实物补偿问题，都假定这些问题能顺利地得到解决。但在研究社会总资本的再生产就不能再做这样的假定了。因为我们考察社会总资本运动的目的，是要分析社会总资本的再生产在什么样的条件下进行，怎样进行，从而揭示社会总资本运动的规律性。这样，社会总资本的运动，首先就要解决物质条件问题。由于社会总资本是所有个别资本的总和，再生产过程中所需要的生产资料和消费资料，只能由社会资本所生产的社会总产品中得到补偿。这样，考察社会资本的再生产，就不仅要说明社会总产品各部分的价值补偿问题，而且要说明它的实物补偿问题。只有生产社会总产品时所消耗掉的生产资料和消费资料，能够正好从社会总产品中找到相应的物质资料加以补偿，社会资本再生产才能顺利进行。社会总产品的价值补偿和物质补偿，也就是社会总产品的实现问题，即实现论。所谓实现论，就是研究社会总产品的各个部分怎样在价值上得到补偿和在物质上得到补偿的理论。所谓社会总产品的价值补偿，是指社会总资本生产出来的总商品怎样才能卖出去，以实现其价值。所谓社会总产品的物质补偿或物质替换，是指社会总产品的价值转化为货币形式以后，怎样才能转化为再生产所需要的生产资料和消费资料，以替换已经消耗掉的生产资料和消费资料。社会总产品的实现问题，这是考察社会

总资本再生产的核心问题。

社会总产品是指一个国家，在一定时期内（通常是指一年），社会各物质生产部门生产的物质资料的总和。社会总产品从价值形式上看，由不变资本c、可变资本v和剩余价值m三部分构成。其中c是旧价值的转移，v+m是劳动者在生产过程中新创造的价值。社会总产品从物质形式上看千差万别，但如按照产品的最终用途来看，可分为两种形式，即生产资料和消费资料。虽然有些产品既可以作为生产资料，又可以作为消费资料。例如谷物，既可以作为种子用于生产，这是生产资料，又可以作为食物用于消费，这是消费资料。但是，在再生产过程中，它在一定时间内终究只能用于一个方面，即或者当作生产资料，或者当作消费资料，只能归属在一种形式上。

与社会总产品的实物形式相适应，社会生产可以分为两大部类：

第一部类，制造生产资料的各个部门，即生产资料生产。例如采矿、冶金、机器制造等重工业部门属于这一部类。这一部类生产的产品只供生产消费。

第二部类，制造消费资料的各个部门，即消费资料生产。例如纺织、食品等轻工业部门和种植业、畜牧业、渔业等农业生产部门，属于这一部类。这一部类的产品只用于个人消费。

社会总产品按价值分为不变资本c、可变资本v和剩余价值m；社会生产分为生产资料生产和消费资料生产两大部类，是马克思再生产理论所依据的两个基本理论前提。这两个基本理论前提，对科学地研究错综复杂的社会总资本的再生产和流通问题是极为重要的。

二、社会总资本的简单再生产

（一）简单再生产在考察社会资本再生产中的地位

资本主义再生产的特征不是简单再生产，而是扩大再生产。但是，考察社会资本再生产的实现问题，要从简单再生产开始分析。这是因为：第一，从社会资本再生产的实际运动来看，简单再生产是扩大再生产的基础和重要组成部分。扩大再生产只有在原有的生产规模能够保持的基础上才得以进行，而且简单再生产所生产的剩余价值，为扩大再生产所需要的资本积累提供了前提。第二，从理论上看，分析扩大再生产条件下社会总产品的实现问题，主要困难在于社会资本的简单再生产。通过对简单再生产实现过程的分析，阐明两大部类的产品之间是怎样进行交换的，社会总产品的各个组成部分是在什么条件下实现价值补偿和实物补偿的。这个难点解决了，分析扩大再生产的实现问题就容易了。

为了进行纯理论的探讨，在研究社会总资本简单再生产时，为方便起见，首先做如下假定：①考察的是纯资本主义经济。②生产周期为一年，一年内不变资本价值全部转移到新的产品当中去。③一切商品都按其价值来交换，价格和价值相一致。④不存在对外贸易，全部社会总产品都在国内得到补偿和实现。⑤剩余价值率为100%。做以上假定的目的，就是为了排除一些非本质因素的干扰，便于揭示社会资本运动的规律性。

（二）社会总资本简单再生产的实现过程

社会总资本简单再生产是指生产规模不变的再生产，其特点是资本家把剩余价值全部用于个人消费，不进行资本积累。

考察社会资本简单再生产条件下社会总产品的实现过程，要从分析两大部类全年生产的社会总产品及其构成开始。假设两大部类全年生产的社会总产品的价值为9 000。其中第一部类的产品价值为6 000，第二部类的产品价值为3 000，那么全年的社会总产品的价值和实物构成图式如下：

I　4 000c+1 000v+1 000m=6000

II　2000c+500v+500m=3 000

为了使下一年的简单再生产能够继续进行，两大部类的全部产品都应当经过交换，在价值上得到补偿，在实物形态上得到替换。两大部类的产品是通过以下三个方面的交换而得到实现的：

（1）第一部类内部的交换。第一部类的4 000c代表本部类所消耗掉的生产资料的价值，为了维持简单再生产的正常进行，4 000c必须用新的生产资料来补偿。而这4000c本身就是由生产资料构成的，因此，价值4 000的生产资料只要通过第一部类内部各个生产部门之间的交换，就可以得到实现。

（2）第二部类内部的交换。第二部类的500c+500m代表本部类工人和资本家用于个人消费的消费资料的价值，为了维持工人和资本家的消费需要，它必须用消费资料来补偿。而这500v+500m本身就是由消费资料构成的，因此，500v+500m的消费资料只要通过第二部类内部的工人和资本家购买消费品，就可以得到实现。

（3）两大部类之间的交换。第一部类的1 000v+1 000m代表本部类工人和资本家用于个人消费的消费资料的价值，但这部分产品的实物形态是生产资料，而第一部类的工人和资本家用于个人消费的只能是消费资料，因此，1 000v+1 000m的生产资料必须和第二部类的消费资料相交换才能得到补偿。第二部类的2 000c代表本部类所消耗掉的生产资料的价值，需要用生产资料来补偿，但它本身的实物形态是消费资料，因此，2 000c的消费资料必须和第一部类的生产资料相交换才能得到补偿。第一部类的1 000v+1 000m所代表的生产资料的价值与第二部类2 000c所代表的消费资料的价值正好相等，因此，通过二者相交换，第一部类的工人和资本家得到了个人消费所需要的价值2 000的消费资料，第二部类的资本家得到再生产所需要的价值2 000的生产资料，从而使第一部类价值为2 000的生产资料（1 000v+1 000m）和第二部类价值为2 000的消费资料（2 000c）都得到实现。

通过以上三种交换，两大部类的全部产品都得到实现，在价值上和实物上都得到补偿。上述三个方面的交换关系如图4-1所示：

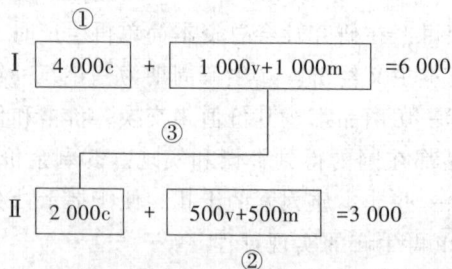

图4-1　交换关系

经过这三个方面的交换后，下一年的简单再生产就可以继续进行了。

（三）社会资本简单再生产的实现条件

从对社会资本简单再生产实现过程的上述分析可以看出，社会资本简单再生产的实现，不仅要发生三个方面的交换关系，而且相互交换的产品之间必须保持一定的比例关系。这种比例关系便是社会总资本简单再生产的基本实现条件。从上述分析可知这一基本实现条件是第一部类的可变资本和剩余价值之和，必须等于第二部类的不变资本。可用公式表示为：

$$Ⅰ（v+m）=Ⅱc$$

这一公式表明，要使社会资本简单再生产得以顺利进行，第一部类生产资料的生产和第二部类对生产资料的需求之间，以及第二部类消费资料的生产和第一部类对消费资料的需求之间，必须保持一定的比例关系，两大部类之间存在着相互依赖、相互制约、互为市场、互为条件的关系。这个基本条件要求两大部类彼此为对方生产的产品不仅在价值上相等，而且在使用价值上也应符合对方进行实物补偿的需要；否则，社会总产品就不能或不能全部实现，社会资本的简单再生产就不能顺利进行。

从Ⅰ（v+m）=Ⅱc这个基本实现条件中，我们可引申出社会资本简单再生产的另外两个实现条件：

第一个条件是：第一部类所生产的全部生产资料价值，必须等于两大部类所消耗的不变资本价值之和。用公式表示为：

$$Ⅰ（c+v+m）=Ⅱc+Ⅰc$$

这个公式体现了简单再生产条件下，生产资料的生产同整个社会对生产资料的需求之间的内在联系。它要求第一部类的全部产品在价值上应等于两大部类消耗的不变资本的价值之和，在使用价值上应符合两大部类简单再生产进行实物补偿的需要。

第二个条件是：第二部类的全部产品，在价值上必须等于两大部类的可变资本和剩余价值之和。用公式表示为：

$$Ⅱ（c+v+m）=Ⅰ（v+m）+Ⅱ（v+m）$$

这一公式体现了简单再生产条件下，第二部类的消费资料的生产，同整个社会对消费资料的需要之间的内在联系。它要求第二部类的全部产品，在价值上应等于两大部类可变资本与剩余价值之和，在使用价值上应符合两大部类的工人和资本家的消费需要。

以上三个公式从不同的侧面揭示了简单再生产过程中社会生产和社会消费之间的内在联系，表明了社会生产的两大部类之间必须保持的基本比例关系。

三、社会总资本的扩大再生产

（一）扩大再生产及其前提条件

所谓扩大再生产，是指生产在扩大的规模上重复进行。资本主义扩大再生产是以内含扩大再生产为特征的，但是，马克思研究资本主义社会扩大再生产是以外延扩大再生产为对象的。这是因为，马克思研究社会总资本的扩大再生产，是为了揭示社会总资本扩大再生产的条件、形式及其规律性，把技术进步、劳动生产率提高的因素抽象掉，对这里要研究的问题，不但不会受影响，反而会更加有利。

外延扩大再生产必须有积累。在社会总资本扩大再生产条件下，资本家就不能把剩余价值全部用于个人消费，而是必须把其中的一部分用于积累，作为追加的不变资本和可变资本，购买追加的生产资料和劳动力，为此，还要提供追加劳动力所需要的消费资料。因此，社会总资本的扩大再生产要能够进行，必须具备两个物质前提条件：

第一，要有追加的生产资料。生产资料只有第一部类能够提供，这就要求第一部类生产的全部产品，在补偿了两大部类已经消耗掉的生产资料之后，还有一个余额，以便满足两大部类扩大再生产对追加生产资料的需求。为此，第一部类的可变资本与剩余价值之和就必须大于第二部类的不变资本，用公式表示就是：Ⅰ（v+m）>Ⅱc，这是社会总资本扩大再生产的基本前提条件。如果Ⅰ（v+m）=Ⅱc，则第一部类生产的生产资料只能维持两大部类简单再生产的需要；如果Ⅰ（v+m）<Ⅱc，则两大部类连简单再生产也不能进行；只有Ⅰ（v+m）>Ⅱc才能为两大部类扩大再生产提供追加的生产资料。

第二，要有追加的消费资料。消费资料只能靠第二部类提供。这就要求第二部类生产的全部产品，在补偿了两大部类工人和资本家已经消耗掉的消费资料之后，还有余额，才能满足两大部类对追加消费资料的需求。为此，第二部类的不变资本加上用于积累的那部分剩余价值之和，必须大于第一部类的可变资本加上资本家用于个人消费的那部分剩余价值之和。如果用mx代表剩余价值中供资本家个人消费的部分，以m-m/x代表剩余价值中用于积累的部分，那么，社会总资本扩大再生产的这个前提条件，用公式表示就是：

Ⅱ（c+v-m/x）>Ⅰ（v+m/x）

如果Ⅱ（c+v-m/x）=Ⅰ（v+m/x）则第二部类生产的产品只够补偿两大部类已经消耗掉的消费资料，维持简单再生产；如果Ⅱ（c+v-m/x）<Ⅰ（v+m/x），则第二部类生产的产品连两大部类的简单再生产都不能维持；只有Ⅱ（c+v-m/x）>Ⅰ（v+m/x），才能为两大部类的扩大再生产提供追加的消费资料。

（二）社会总资本扩大再生产的实现条件

具备了以上两个前提条件，社会总资本的扩大再生产就具备了可能性。但是，要使社会总资本扩大再生产的可能性变为现实，社会总产品还要按照上述两个前提条件进行重新组合。也就是说，简单再生产过渡到扩大再生产不在于产品数量的多少，"规模扩大的再生产所需要的前提是，既定产品的各种要素已经有了不同的组合"。[1]同时，社会总产品的各个组成部分还要全部得到实现。因此，我们还要分析社会总资本扩大再生产的实现过程和实现条件。

马克思根据扩大再生产的前提条件的要求，制定了社会总资本扩大再生产开始时，社会总产品的构成图式为：

Ⅰ 4 000c+1 000v+1 000m=6 000

Ⅱ 1 500c+750v+750m=3 000

在这个图式中，Ⅰ（1 000v+1 000m）>Ⅱ（1 500c），具备扩大再生产的基本前提条件。第二年开始时，假定第一部类的资本家把剩余价值的50%即（500m）用于积累，剩下的用于个人消费。按照4：1的资本有机构成，则资本家用于积累的500剩余价值要

---

① 马克思. 资本论（第2卷）[M]. 中共中央马克思恩格斯列宁斯大林著作编译局，编译. 北京：人民出版社，1975：571.

分成两部分，其中400作为追加的不变资本（Δc），100作为追加的可变资本（Δv）。这样第一部类的全部产品就重新组合为：

Ⅰ（4 000c+400Δc）+（1 000v+100Δv）+500m=6 000，即：Ⅰ 4 400c+1 100v+500m=6 000

第一部类积累要求第二部类相应地积累，而第二部类积累的规模决定于第一部类能够为其提供多少追加的生产资料。在该图式中，第一部类积累后，第一部类有1 100的可变资本和500的剩余价值共计1 600的生产资料需要同第二部类以消费资料形式存在的1 500的不变资本相交换，前者比后者大100。这就使得第二部类的资本家有可能从750的剩余价值中拿出100作为追加的不变资本，用于购买追加的生产资料，并且按照第二部类原来2∶1的资本有机构成，再拿出50作为追加的可变资本。这样，第二部类的全部产品就重新组合为：

Ⅱ（1 500c+100Δc）+（750v+50Δv）+600m=3 000

两大部类进行积累以后，社会总产品的实现过程与简单再生产一样，也需要经过三个方面的交换过程，就是两大部类之间的交换，即1 100v+500m与第二部类的1 600c相交换；第一部类内部的交换，即第一部类4 400c在该部类内部各资本主义企业之间的交换；第二部类内部的交换，即第二部类的800v+600m在该部类内部的交换。上述三个交换过程如图4-2所示：

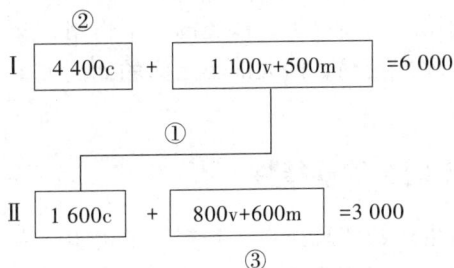

图4-2　交换过程（1）

通过三个方面的交换过程，社会总产品完全实现，社会总资本的扩大再生产顺利进行。假定剩余价值率仍然是100%，那么，第二年年终，两大部类生产出来的全部社会产品价值构成将是：

Ⅰ 4 400c+1 100v+1 100m=6 600

Ⅱ 1 600c+800v+800m=3 200

社会总产品由第一年的9 000增加到9 800，实现了社会总资本的扩大再生产。至于第二年以后各年社会总产品的实现情况，都可以依据上述图式的计算方法推算出来。

由上面的分析我们可以得出社会总资本扩大再生产的基本实现条件，即第一部类原有的可变资本加上追加的可变资本，再加上资本家用于个人消费的剩余价值之和，必须等于第二部类原有的不变资本加上追加的不变资本之和。如果用Δc代表追加的不变资本，Δv代表追加的可变资本，则社会总资本扩大再生产的基本实现条件的公式就是：

Ⅰ（v+Δv+m/v）=Ⅱ（c+Δc）

这个基本实现条件表明了扩大再生产条件下两大部类之间的内在联系。扩大再生产条件下，两大部类同样存在着互相供求、互相依存的关系，第一部类提供给第二部类的生产资料与第二部类提供给第一部类的消费资料，客观上要求保持一定的比例关系。

社会总资本扩大再生产除了基本实现条件，也有两个派生实现条件。

第一，Ⅰ（c+V+m）=Ⅰ（c+Δc）+Ⅱ（c+Δc），即第一部类全部产品价值，应当与两大部类原有不变资本价值和追加不变资本价值之和相等。这个公式表明扩大再生产条件下，生产资料生产与社会对生产资料需求之间的关系，即第一部类生产的全部生产资料，不仅要补偿两大部类已经消耗掉的生产资料，而且还要满足两大部类对追加生产资料的需求。

第二，Ⅱ（c+v+m）=Ⅰ（v+Δv+m/x）+Ⅱ（v+Δv+m/x），即第二部类生产的全部产品价值，应该等于两大部类原有可变资本价值加追加可变资本价值，再加上资本家用于个人消费的剩余价值之和。这个公式说明，扩大再生产条件下消费资料生产与社会对消费资料需求之间的关系，即第二部类生产的全部消费资料，应该满足两大部类的原有工人加追加工人，以及资本家对消费资料的需求。

以上三个公式，从不同的侧面反映了在社会总资本扩大再生产条件下，两大部类相互联系、相互制约的辩证关系。第一部类积累要求第二部类积累，并且决定第二部类积累的规模；第二部类对第一部类也有制约作用。如果第二部类因为某种原因不能进行相应的积累，那么，第一部类就会出现生产过剩，一部分产品不能得到实现；同时，第一部类的扩大再生产也就得不到足够的追加的消费资料，从而使第一部类的积累受到限制。因此，我们既要看到第一部类对第二部类的决定作用，又要看到第二部类对第一部类的制约作用，只有这样才能处理好两大部类之间的比例关系，保证社会总资本扩大再生产的顺利进行。

四、生产资料生产优先增长的规律性

上面我们考察扩大再生产的实现条件，是把技术进步、有机构成提高的因素舍象掉了。列宁把技术进步和资本有机构成提高的因素引进马克思再生产的图式，揭示出两大部类具有不同的增长速度，从而论证了生产资料生产优先增长的规律性。

假定扩大再生产的发端图式仍如上述，是：

Ⅰ 4 000c+1 000v+1 000m=6 000

Ⅱ 1 500c+750v+750m=3 000

第一部类仍然从剩余价值中拿出一半（500）用于积累，但由于技术的进步，有机构成提高了，由原来的4∶1，提高到9∶1。那么，在500的剩余价值中，就要有450用于追加不变资本，其余的50用于追加可变资本，第一部类的全部产品价值就重新组合为：

Ⅰ 4 450c+1 050v+500m=6 000

第一部类积累要求第二部类积累，且决定着第二部类积累的规模。在此条件下，第一部类要与第二部类交换的产品价值是：1 050v+500m=1 550，比1 500c多50。因此，第二部类必须从750的剩余价值中拿出50作为追加的不变资本。假定第二部类的资本有机构成也随技术的进步提高了，由原来的2∶1提高到5∶1，则第二部类还要从剩余价值中拿出10作为追加的可变资本，第二部类的全部产品价值则重新组合为：

Ⅱ 1 500c+760v+690m=3 000

实现条件仍然是要经过三个方面的交换过程，如图4-3所示：

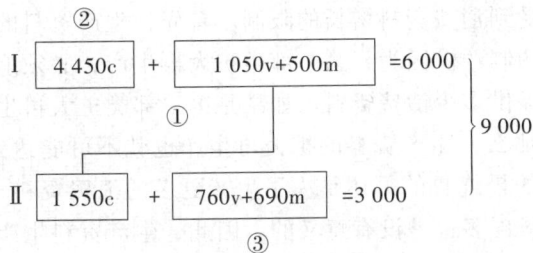

$$I \quad \boxed{4\ 450c} + \boxed{1\ 050v+500m} = 6\ 000$$

$$II \quad \boxed{1\ 550c} + \boxed{760v+690m} = 3\ 000$$

图4-3　交换过程（2）

全部社会产品实现后，扩大再生产顺利进行。如果第二年剩余价值率仍然是100%，则第二年年末，社会总产品为：

Ⅰ　$4\ 450c+1\ 050v+1\ 050m=6\ 550$

Ⅱ　$1\ 550c+760v+760m=3\ 070$

上一年社会总产品价值是9 000，第二年社会总产品价值是9 620，显然，实现了规模扩大的再生产。现在我们计算一下社会总产品各个构成部分的增长率，首先，第一类的不变资本，是制造生产资料的生产资料，它由4 000增长到4 450，增长率是11.25%，其次，第一部类的可变资本和剩余价值，是通过与第二部类交换后用于制造消费资料的生产资料，它由2 000增长到2 100，增长率为5%；最后，第二部类全部是消费资料，它由3 000增长到3 070，增长率是2.3%。由此我们得出如下结论：在技术进步、有机构成提高的情况下，"增长最快的是制造生产资料的生产资料生产，其次是制造消费资料的生产资料生产，最慢的是消费资料生产"。[1]简单地说，在技术进步、有机构成提高的情况下，生产资料生产比消费资料生产优先增长，这就是生产资料生产优先增长的规律性。为什么会出现这种现象呢？这是因为，在技术进步、有机构成不断提高的前提下，资本家的资本有越来越多的部分用于购买生产资料，那么，购买劳动力的可变资本部分就相对地减少了，于是，整个社会对生产资料的需求，必然比对劳动者所需要的消费资料的需求增长得快，而且在资本主义社会，工人的个人消费又总是要受到限制，因而，生产资料生产就必然比消费资料生产增长得更为迅速。那么，为什么用于制造生产资料的生产资料生产，又比用于制造消费资料的生产资料生产增长得更快呢？这是因为，在技术进步的情况下，第一部类的资本有机构成比第二部类资本有机构成提高更快，因而，第一部类的不变资本增长最快，亦即社会对制造生产资料的生产资料的需求，增长更为迅速。因此，制造生产资料的生产资料生产增长最快。

生产资料生产优先增长，是技术进步、资本有机构成提高情况下必然得出来的结论，但是，我们应该正确认识这一规律。

第一，这一规律是有经济条件的。任何经济规律都是在一定的经济条件的基础上产生并发挥作用的，这一规律同样如此。这一规律发生作用的经济条件就是技术不断进步，有机构成提高，如果离开这一经济条件，片面强调生产资料生产优先增长，那就是错误的。

第二，归根结底，生产资料生产和消费资料生产是相互依存、相互制约的。也就是

---

[1]　列宁.列宁全集（第1卷）[M]. 中共中央马克思恩格斯列宁斯大林著作编译局，编译. 北京：人民出版社，1984：66.

说，生产资料增长要受到消费资料增长的限制。首先，生产资料的增长要受第二部类提供消费资料现实能力的制约。因为，第一部类扩大再生产，必须追加消费资料，这就要看第二部类能够为它提供多少消费资料。如果是第一部类扩大再生产所需要的消费资料的数量得不到满足，那么，生产资料的扩大再生产也就不可能达到预期的规模。其次，生产资料扩大再生产的最终目的，还是为了生产更多的消费资料，如果离开这个目的，那么，生产的生产资料再多也是没有意义的。因此，生产资料生产的增长，还要受消费资料生产增长的限制。也就是说，生产资料生产不能脱离消费资料生产孤立地、片面地增长，它要由消费资料的相应增长作为保证。如果没有消费资料生产增长的相应扩大，必然会出现生产资料供应过剩，那么，生产资料生产的增长必然遇到阻碍，继续增长就成为不可能。最后，这一规律不排除个别时期消费资料的优先增长，就是当生产资料已经过剩，两大部类的比例关系已经失调，或者第一部类生产资料生产的增长已经受到第二部类消费资料生产的限制时，消费资料就必须优先增长，才能恢复已经失调的比例关系，保证整个社会再生产的顺利进行，同时这一规律不排除个别时期生产资料生产与消费资料生产的同步增长。也就是说，当生产资料生产的增长已经达到一定的程度、技术进步相对缓慢时，生产资料生产和消费资料生产就有可能平行发展。

第四节　资本主义经济危机

一、资本主义经济危机的实质和根源

经济危机是指资本主义社会每隔一定时期就爆发一次的生产过剩的危机。从19世纪初起，即资本主义经济进入机器大工业以后，每隔一定时期就发生一次经济危机。经济危机一来临，整个社会的经济生活就像受到一次瘟疫和战争的剧烈破坏一样，陷入瘫痪、衰退和混乱的状态之中。其具体表现是：在商品流通领域，商业萧条，商品严重积压或人为地毁掉，物价猛跌，商店关闭；在货币信用方面，利率上升，银根极紧，有价证券价格暴跌，银行纷纷倒闭，信用关系遭到严重破坏；在生产领域，工厂减产、停工，大批工人失业，收入锐减，生活困苦不堪；等等。

在经济危机期间所呈现出来的复杂现象中，生产过剩是最基本的现象，生产和流通领域的其他混乱现象都是由生产过剩引起的。由于生产过剩，商品堆积如山，无法销售；商品销售困难导致资本周转困难，利润率急剧下降，资本家被迫缩小生产规模，企业减产停工甚至倒闭，生产急剧下降；为了转嫁危机，资本家便大批解雇工人，压低工资，致使工人生活贫困不堪；商品销售困难，资本周转受阻，债务不能如期偿还，致使整个信用制度遭到破坏，许多资本家出售商品时不愿赊销而要求以现金购买，从而对现金的需求激增，银行利率上扬；资本家为取得现金，纷纷向银行提取存款，致使许多银行因现金准备不足而纷纷破产。正如列宁指出的那样："危机是什么？是生产过剩，生产的商品不能实现，找不到需求。"[①]可见，资本主义经济危机的实质是生产相对过剩

---

① 列宁. 列宁全集（第2卷）[M]. 中共中央马克思恩格斯列宁斯大林著作编译局，编译. 北京：人民出版社，1984：139.

的危机。

经济危机的根源在于资本主义的基本矛盾，即生产的社会化和资本主义私人占有制之间的矛盾。当这个矛盾充分展开、激化到一定程度时，就会导致经济危机的爆发。

首先，资本主义的基本矛盾表现为个别企业内部生产的有组织性和整个社会生产的无政府状态之间的矛盾。

就资本主义的单个企业来说，生产资料归资本家私人占有，每个资本家对自己企业的一切生产经营活动有完全的自主权。为了获得尽可能多的利润，他们总是想尽各种办法来改善生产计划性。因此，资本主义个别企业内部可以做到有计划、有组织地进行生产。但从整个社会来看，资本主义私人占有制却把互相联系的各个部门和各个企业分割开来。资本家生产什么，生产多少和如何生产，完全以资本家的个人意志为转移。他们的生产不可能服从社会的统一支配；同时，他们谁也不能确切知道市场上需要什么产品和需要多少产品，自己的产品能否销售出去。因而，整个社会生产处于无政府状态之中。应当指出的是，第二次世界大战以后，大多数发达资本主义国家也通过制订经济发展计划来指导、协调社会经济发展。这些经济发展计划，在一定程度上缓和了资本主义的经济矛盾，因而，对资本主义社会经济发展发挥了积极作用。但是，资本主义的经济计划，并不能消除资本主义的基本矛盾，因而，也就不能消除个别企业生产的有组织性和整个社会生产无政府状态之间的矛盾。这种矛盾不断激化，势必造成社会资本再生产的实现条件遭到严重破坏，从而导致经济危机的爆发。

其次，资本主义基本矛盾还表现为资本主义生产无限扩大的趋势同劳动群众有支付能力的需求相对缩小之间的矛盾。

在资本主义制度下，生产具有无限扩大的趋势，这是由资本主义剩余价值规律和竞争规律所决定的，追逐更多剩余价值的欲望，决定着资本家竭力进行资本积累，扩大生产规模。而且，竞争也迫使资本家不断地改进技术，采用先进的技术设备，不顾市场的限制而盲目地扩大生产。同时，资本主义的社会化大生产也为生产的无限扩大和迅速发展提供了物质基础。因此，资本主义生产本身存在着无限扩大的趋势。但是，在资本主义制度下，与生产无限扩大的趋势同时并存的却是劳动群众有支付能力的需求相对缩小的趋势。这是因为：为了追逐更多的剩余价值，资本家在扩大生产的同时，必然加强对工人的剥削，使工人在新创造的价值中所占的份额相对减少；伴随着资本积累和资本有机构成的提高，必然出现更多的相对过剩人口，会有更多的手工业者和农民贫困破产，沦为无产者。可见，资本主义生产扩张的过程，同时就是劳动群众有支付能力的需求相对减少的过程。这样，生产和消费的矛盾、剩余价值生产和剩余价值实现的矛盾就产生了。当这种矛盾发展到一定程度，导致大量商品无人购买时，就会使社会再生产无法进行下去，生产过剩的经济危机就不可避免地爆发了。马克思说："一切真正的危机的最根本的原因，总不外乎群众的贫困和他们有限的消费。"[①]

总之，资本主义经济危机的深刻根源在于资本主义制度本身，在于资本主义制度所固有的基本矛盾，是资本主义特有的经济现象。

---

① 马克思.资本论（第3卷）[M]. 中共中央马克思恩格斯列宁斯大林著作编译局，编译. 北京：人民出版社，1975：548.

二、资本主义再生产的周期性

资本主义条件下生产相对过剩的经济危机，是由资本主义的基本矛盾引起的。这个基本矛盾在资本主义社会中始终存在，但经济危机却并非持续存在，而是如同春夏秋冬的四季更迭一样，每隔一定时间，周期地爆发一次。

从一次危机开始到下次危机开始之间的间隔时期，便是一个再生产的周期。每一个再生产的周期一般包括危机、萧条、复苏、高涨四个阶段。

（1）危机阶段。这是再生产周期的决定性阶段，它既是前一个周期的终点又是下一个周期的起点。危机爆发时，市场上大量商品找不到销路，物价猛跌；企业开工不足，甚至倒闭破产；贷款利息高昂，货币市场紧张，信用关系被破坏，金融市场一片混乱和恐慌；工人大量失业，生活更加贫困，购买力更加低下；等等。其中，生产下降是主要标志。

危机持续一段时间以后，由于资本家销毁存货，缩减生产，商品供求矛盾有所缓和，于是，危机阶段便转入萧条阶段。

（2）萧条阶段。在此阶段，物价不再下跌，企业不再倒闭，失业不再增加，但仍处于停滞状态，商业很不景气，物价低落，失业者仍然大量存在。在这种情况下，资本家为了摆脱困境，便设法恢复生产，他们千方百计地改进技术，提高劳动生产率，并利用这时的工资低、商品便宜等条件，进行固定资本的更新。这样，生产资料和劳动力的需求逐渐增加，生产资料部门的生产开始回升，整个社会生产开始恢复。于是，萧条阶段便转入复苏阶段。

（3）复苏阶段。在这个阶段，投资继续增加，对生产资料和劳动力的需求日益增多，工人就业随之增长，社会购买力逐步提高，物价相继回升，工商业和信用开始活跃，有力地促进了生产规模的扩大。整个社会生产逐渐恢复到危机爆发以前的水平。当社会生产超过危机以前的最高点时，复苏阶段便进入了高涨阶段。

（4）高涨阶段，也称繁荣阶段。在这个阶段，商品买卖十分兴旺，市场不断扩展，利润快速增长。这时，资本家竭力投资，原有企业规模扩大，新企业也纷纷成立，生产能力越来越强，商业和信用也异常活跃。但是好景不长，随着资本主义生产的猛烈扩张，竞争和无政府状态更加严重；生产的产品越来越多，很快超出劳动群众有支付能力的需求，生产与消费的矛盾尖锐起来。而且，资本主义商业和信用的活跃又掩盖了商品已经过剩的真实情况，造成了虚假的社会需求，资本家被经济繁荣的表面现象所迷惑，仍在盲目地扩大生产，从而加剧了生产与消费的矛盾。这一矛盾发展到尖锐程度时，在经济高涨的顶点上就会爆发新的危机。于是，资本主义生产就进入了下一个周期。

以上说明的是资本主义再生产周期各个阶段的一般性。但并不是说资本主义再生产的每一个周期都必然经过以上四个阶段，例如，1929—1933年的危机过去后，转入萧条阶段，随后只有一定程度的复苏，在生产刚刚恢复到接近或略微超过危机前的最高水平时，接着又爆发了1937—1938年的经济危机。这个再生产周期就没有出现高涨阶段，这反映了资本主义基本矛盾进一步深化。但不论危机周期的间隔长短，也不论周期的各个阶段会出现什么特点，危机总是资本主义再生产周期的必经阶段，是它的决定性阶段。没有危机，也就没有资本主义再生产的周期性。

三、二战后资本主义经济危机的特点

第二次世界大战以后，由于资产阶级政府对经济生活的干预和第三次科技革命的刺激，再加上其他社会经济因素的影响，使资本主义经济危机出现了一些新的特点：

第一，周期明显缩短，危机更加频繁。二战前的危机，一般周期为10年左右。而二战后，危机的周期明显缩短，次数增多。如美国1948—1993年就爆发了9次经济危机，平均5~6年爆发一次。同一时期，主要资本主义国家都发生过7~9次经济危机。

第二，危机期间，生产下降的幅度较小。如二战前美国发生的1920—1921年危机，1929—1933年危机和1937—1938年危机，工业生产分别下降22.7%、46.2%和21.7%；而二战后的几次经济危机中，工业生产下降的幅度，小的仅为6%~8%，多的也只有13%~15%。其他国家的情况也大体相同。

第三，危机的同步性不如战前明显。二战前的经济危机在各资本主义国家总是差不多同期爆发，危机具有明显的同步性。二战后各资本主义国家发生的危机，除了1957—1958年危机、1973—1975年危机和1979—1982年危机具有较明显的同步性外，其他各次危机都是非同步的。但20世纪70年代以后，同步性又有加强的趋势。

第四，危机期间，出现"滞胀"局面。所谓滞胀，是指生产停滞下降与通货膨胀、物价上涨并存的局面。二战前的历次危机，由于生产过剩，商品价格总是下跌。如19世纪后半期发生的几次危机，物价下跌都在20%以上。1929年的特大危机，物价竟下跌47%。但二战后历次危机中，一方面是商品滞销，生产下降，另一方面物价不断上涨。如美国二战后除了1948—1949年危机外，其余危机期间的物价均在不断上涨。这种现象表明资本主义再生产进程中的矛盾更加尖锐化了。

二战后资本主义经济危机的新特点，既反映了危机比战前缓和的一面，也反映了危机比战前加深的一面，这种两重性是现代资本主义国家经济调节和干预的必然结果，也表明二战后经济危机更加深化、更加复杂了。

▉ 本章小结

（1）产业资本循环依次经过三个阶段：购买阶段、生产阶段、销售阶段，相应地采取三种职能形式：货币资本、生产资本、商品资本。产业资本循环的过程是购买、生产、销售三个阶段的统一，同时也是生产过程和流通过程的统一。

（2）产业资本循环的三种形式：货币资本循环、生产资本循环、商品资本循环。产业资本循环的连续进行，必须具备两个条件：三种职能形式在空间的并存性和每一种职能形式在时间上的继起性。

（3）生产资本的不同构成部分按其价值周转方式不同，区分为固定资本和流动资本。

（4）资本周转速度对剩余价值生产的影响：加速资本周转，可以节省预付资本；可以增加剩余价值量，提高年剩余价值率；可以提高固定资本的投资效益。

（5）研究社会资本再生产的出发点是社会总产品，社会资本再生产的核心问题是社会总产品的实现，社会总产品的实现包括价值补偿和实物补偿两个方面。从价值形式上，社会总产品的价值包括不变资本（c）、可变资本（v）和剩余价值（m）三个组成部分；从实物形式上，社会总产品按其最终用途不同，分为生产资料生产和消费资料生产两大类。

（6）资本主义经济危机的实质是生产相对过剩的危机，经济危机的根源在于资本主义的基本矛盾，即生产的社会化和资本主义私人占有制之间的矛盾。

（7）资本主义基本矛盾在社会再生产过程中具体表现在两个方面：个别企业内部生产的有组织性和整个社会生产的无政府状态之间的矛盾；资本主义生产无限扩大的趋势同劳动群众有支付能力的需求相对减少之间的矛盾。

复习思考题

1. 简要说明资本循环的三个阶段和三种职能形式。
2. 资本循环连续性的条件是什么？
3. 简述资本两种划分方法的区别。
4. 怎样理解资本周转速度对剩余价值生产的影响？
5. 试述社会总资本简单再生产的实现条件及说明的原理。
6. 扩大再生产有哪两种类型？扩大再生产的前提条件是什么？
7. 怎样理解生产资料生产优先增长的规律性？

第五章

资本和剩余价值的各种具体形式

学习目标

知识目标：

1.熟悉剩余价值转化为利润、利润率转化为平均利润率、利润转化为平均利润、价值转化为生产价格。

2.把握商业资本的形成以及商业利润的来源和本质。

3.了解借贷资本的特点、利息的来源以及资本主义信用的作用。

4.掌握资本主义地租的本质、来源及基本形式。

能力目标：

能够区分不同行业利润的本质。

素养目标：

通过分析剩余价值的各种具体形式，确立正确的阶级立场，学会站在阶级立场上分析和处理问题。

前面几章分别考察了资本主义的直接生产过程和流通过程，揭示了资本的本质，阐明了剩余价值的生产和资本的流通。本章将在前几章的基础上考察资本主义生产总过程中资本和剩余价值所采取的各种具体形式，即资本除产业资本外，还存在商业资本和借贷资本；剩余价值也并非由产业资本家独占，而要被分割为产业利润、商业利润、利息、地租，等等。通过对这些复杂的经济现象的分析，进一步揭示资本主义各个剥削集团对无产阶级劳动者的剥削。

第一节 利润和平均利润

一、剩余价值转化为利润

资本主义企业生产的商品的价值包括三部分：不变资本的价值（c）、可变资本的价值（v）和剩余价值。用公式表示就是：W=c+v+m。商品价值的这三部分，是生产商品时实际耗费的劳动量。

但是，在资本主义条件下，商品生产中实际耗费的劳动量，同资本家在生产商品时所耗费的费用是两个完全不同的量。对资本家来说，生产商品所耗费的只是资本，因此，资本家在计算生产商品的费用时，只计算他所耗费的资本数量，即不变资本加可变资本。商品价值中的不变资本和可变资本的总和，便构成商品的成本。商品价值大于成本，两者之间的差额就是剩余价值。剩余价值虽然也是生产商品时实际耗费的一部分劳动量所形成的，但因为它无须资本家破费，因此资本家不把它计算在成本之内。

成本这一范畴掩盖了不变资本和可变资本的根本区别，掩盖了它们在价值增值过程中的不同作用。剩余价值的源泉是可变资本，但当不变资本和可变资本被归结为成本这一范畴时，它们之间的区别就消失了，剩余价值就被看作商品价值在成本以上的增加额，即资本家所费资本的产物。

不仅如此，对资本家来说，剩余价值不仅是成本所消耗资本的一个增加额，而且是资本家全部预付资本的一个增加额。因为预付资本中未被消耗的那部分不变资本虽然不构成成本，但同样参加了商品的生产过程，同样是剩余价值生产所不可缺少的物质要素，因而也被资本家看作剩余价值的源泉。当剩余价值被看作全部预付资本的产物时，剩余价值就转化为利润。马克思指出："剩余价值，作为全部预付资本的这样一种观念上的产物，取得了利润这个转化形式。"[1]

剩余价值转化为利润，商品价值就等于成本加利润。用k代表成本，p代表利润，商品价值的公式就由W=c+v+m转化为W=k+p。

利润本质上就是剩余价值。但两者也有区别，剩余价值是利润的本质，利润是剩余价值的表现形式：剩余价值是可变资本的产物，而利润表现为全部预付资本的产物。因此，剩余价值转化为利润就掩盖了资本主义的剥削关系。

剩余价值与全部预付资本的比率，叫利润率。利润率是剩余价值率的转化形式，是同一剩余价值量用不同的计算方法计算出来的另一种比率。剩余价值率是剩余价值与可变资本的比率；利润率是剩余价值与全部预付资本的比率。用p′代表利润率，C代表全部预付资本，利润率的公式是p′=m/C=m/（c+v）。剩余价值率和利润率是两个完全不同的范畴，具有明显的区别：第一，剩余价值率揭示的是资本家对工人的剥削程度，而利润率表示全部预付资本的增值程度。第二，由于全部预付资本总是大于可变资本，因此，利润率在量上也总是小于剩余价值率。假定全部垫支资本为10 000，其中不变资本为8 000，可变资本为2 000，生产中工人创造的剩余价值为2 000，则W=8 000c+2 000v+2 000m=12 000，m′=2 000m/2 000v=100%，而p′=2 000m/（8 000c+2 000v）=20%。由于利润率是资本增值程度的标志，因此，资本家十分关心利润率的高低。资本主义生产的目的就是追求尽可能高的利润率，实现资本的增值。

不同企业、不同时期的利润率是不一样的。影响利润率的因素主要有：①剩余价值率的高低。在其他条件相同的情况下，剩余价值率高，利润率就高；剩余价值率低，利润率低。两者按相同的方向发生变化。因此，一切提高剩余价值率的因素同时也是提高利润率的因素。②资本的有机构成的高低。在其他条件不变的情况下，资本有机构成

① 马克思. 资本论（第3卷）［M］. 中共中央马克思恩格斯列宁斯大林著作编译局，编译. 北京：人民出版社，1975：44.

高，同量资本所使用的劳动力就少，生产出来的剩余价值就少，利润率就低；反之，资本有机构成低，利润率就高。两者按相反的方向发生变化。③不变资本的节约。在可变资本量和剩余价值率已定时，不变资本的节约，使同量剩余价值与较小的总资本相比，利润率就高；反之则低。因此，资本家总是力图通过各种途径节约不变资本，其中包括以损害工人健康为代价，克扣劳动保护方面的不变资本，来提高利润率。④资本的周转速度快慢。资本周转速度影响年利润率。在其他条件不变的情况下，资本周转速度快，一年中可变资本周转次数多，年剩余价值量大，资本年利润率就高；反之，资本年利润率就低。两者按相同的方向发生变化。

二、利润转化为平均利润

在资本主义制度下，影响利润率的各种因素在不同生产部门不可能按同样的程度发生作用，因此，不同生产部门的利润率总是不同的。例如，不同的生产部门，剩余价值率相同，但由于资本有机构成或资本周转速度不同，它们的利润率就不一样。投在资本有机构成低或周转速度快的生产部门的资本，利润率就高；反之，就低。但在资本主义的现实生活中，投在不同生产部门的资本得到的利润率却大体相等，即趋于平均。各部门高低不同的利润率趋于平均化，是资本主义部门间竞争的结果。我们以下面的例子说明各部门的不同利润率到平均利润率的转化过程。

以机械、纺织、食品三个部门为例。假定这三个部门其他条件相同，仅资本有机构成不同，分别为：$90c : 10v$、$80c : 20v$、$70c : 30v$。每个部门同样投入100资本，剩余价值率都是100%，并假定全部不变资本都转移到商品价值中去。这时，由于资本有机构成不同，三个部门生产物的价值就不一样：机械工业部门是110，纺织工业部门是120，食品工业部门是130。如果商品按价值出售，它们的利润率分别为10%、20%、30%。这就是说，在不同生产部门投入等量的资本不能得到等量的利润。

但是，资本主义生产的目的就是为了追求更多的利润，资本家都愿意向利润率高的部门投资，因此，在各部门的资本家之间为取得更有利的投资场所必然展开激烈的竞争。这种竞争是通过资本在不同部门之间的转移进行的，其结果就形成平均利润率。就上面的例子来说，机械工业部门利润率低，为了获得更高的利润率，这一部门的资本家就会将资本从本部门转移到利润率最高的食品工业部门去。投入食品工业部门的资本增加了，产量就会相应增加。在需求不变的情况下，食品工业部门由于供给增加，会出现供过于求、价格下跌的现象，使利润率下降。而机械工业部门则由于原有资本被部分转移走了，产量下降，产生求过于供，价格上升，使利润率提高。当机械工业部门的利润率提高到食品工业部门利润率以上时，资本又会向相反的方向转移。正是由于部门之间的竞争和资本在各部门间的自由转移，各部门间不同的利润率逐渐趋于平均，形成了平均利润率。各部门的资本家按照平均利润率获得的利润，即一定量的预付总资本按照平均利润率所获得的利润，叫作平均利润。用公式表示为：

平均利润=预付资本×平均利润率

可见，平均利润是不同部门的资本家通过竞争重新瓜分剩余价值的结果，其源泉仍然是剩余价值。平均利润的形成过程，实际上是全社会的剩余价值总额在各个部门的资本家之间的重新分配的过程。平均利润率从本质上看就是把社会总资本作为一个整体看待时所得到的利润率，即剩余价值总额和社会总资本的比率。用公式表示为：平均利润率=社会剩余价值总额/社会预付总资本。它揭示的是整个资产阶级剥削整个无产阶级的关系。马克思指出："就利润来说，不同的资本家在这里彼此只是作为一个股份公司的股东发生关系，在这个公司中，按每100资本均衡地分配一份利润。"[①]

平均利润率形成以后，商品就不是按价值出卖，而是按生产价格出卖了。生产价格就是商品的成本加平均利润，它是价值的转化形式。

商品价值转化为生产价格的过程，可以用表5-1表示。

表5-1 商品价值转化为生产价格的过程

生产部门	资本有机构成	剩余价值率（%）	剩余价值	平均利润率（%）	平均利润	价值	生产价格	生产价格与价值之差
机械	90c+10v	100	10	20	20	110	120	+10
纺织	80c+20v	100	20	20	20	120	120	0
食品	70c+30v	100	30	20	20	130	120	-10
合计	240c+60v		60		60	360	360	0

从表5-1可以看到，有两个部门的生产价格和价值是背离的。资本有机构成高于社会平均有机构成的部门，生产价格大于价值；资本有机构成低于社会平均有机构成的部门，生产价格小于价值；只有具有社会平均有机构成的部门，它的生产价格才符合价值。

随着价值转化为生产价格，价值规律作用的形式发生了变化。在生产价格出现以前，市场价格围绕着价值上下波动；在生产价格出现以后，市场价格围绕着生产价格上下波动，生产价格成了市场价格波动的中心。

生产价格和价值的背离，以及商品按照生产价格而不是按照价值出卖，并没有否定价值规律。这是因为：①从各个生产部门看，资本家获得的平均利润可以高于或低于本部门工人创造的剩余价值，但从全社会看，整个资产阶级获得的平均利润总额仍然等于整个无产阶级所创造的剩余价值总额。②由于全社会平均利润总额等于剩余价值总额，商品的价值总额也必然和生产价格总额相等。因此，从整个社会来看，商品按照生产价格出卖，实际上仍然按照价值出卖。③生产价格的变动，归根到底取决于价值的变动。商品价值包括c+v+m，其中，c和v的变动，会引起成本的变动；m的变动，会引起平均利润率的变动，从而引起平均利润的变动。因此，价值的任何一部分发生变动都会相应地引起生产价格的变动，两者变动的方向也是一致的。

平均利润率的形成和商品按生产价格出售，并不排斥资本家可以取得超额利润。这是因为部门之间的竞争并不能排除或代替部门内部的竞争，而部门内部竞争的存在，促使资本家通过改进技术、降低成本，使自己产品的个别生产价格低于社会生产价格，以获取超额利润。超额利润是超额剩余价值的转化形式。

---

① 马克思. 资本论（第3卷）[M]. 中共中央马克思恩格斯列宁斯大林著作编译局，编译. 北京：人民出版社，1975：177-78.

马克思的平均利润和生产价格的理论具有十分重要的意义。首先，这一理论科学地解决了劳动价值论同等量资本得到等量利润之间表面上的矛盾。它表明，生产价格只是价值的转化形式，它的基础仍然是生产商品所耗费的社会必要劳动时间即价值。因此，只有在劳动价值论的基础上，才能说明平均利润和生产价格变动的规律，平均利润和生产价格学说在理论上是劳动价值学说的进一步丰富和发展。其次，这一理论也具有十分重大的实际意义。它揭示了整个资产阶级和整个无产阶级之间的对立。整个资产阶级都参加了社会总剩余价值的瓜分。每个资本家得到多少利润，不仅取决于他对本企业工人的剥削程度，而且取决于全体资本家对全体雇佣工人的剥削程度。剩余价值总量越大，平均利润也越高。因此，资本家之间在瓜分剩余价值上虽然也有矛盾，但在剥削无产阶级这一根本问题上，他们的利益却是完全一致的。所以，无产阶级要摆脱资产阶级的剥削，必须整个阶级团结起来，推翻整个资产阶级的统治，消灭资本主义制度。

三、利润率下降趋势的规律

在资本主义发展过程中，从较长时期看，平均利润率存在下降的趋势。

引起平均利润率下降的基本因素，是社会资本平均有机构成的提高。在资本主义制度下，资本家一方面为追逐超额利润的动机所推动，另一方面为外在的竞争规律所强制，必须要不断改进技术，提高劳动生产率，降低生产费用。而改进技术的结果，则使社会资本有机构成的平均水平提高，同量资本所推动的活劳动便会减少，从而导致平均利润率趋于下降。所以，平均利润率下降趋势是资本主义制度下劳动生产率提高的必然结果。

但是，平均利润率的下降，绝不意味着对雇佣工人剥削程度的减轻和剩余价值率的降低。在剩余价值率不变甚至提高的情况下，平均利润率仍可以下降。例如，社会资本100，原来社会资本平均有机构成是50c：50v，剩余价值率是100%，剩余价值是50，平均利润率是50%。如果社会资本平均有机构成提高到80c：20v，剩余价值率也提高到200%，但由于剩余价值降低到40，平均利润率就由原来的50%下降到40%。

平均利润率的下降，也不意味着资本家获得的利润量的减少。这是因为伴随着资本积累，一方面是技术的改进，资本有机构成的提高，在资本总量中可变资本占的比重的缩小；另一方面，资本的总量在增大，因此，可变资本在相对量缩小的同时绝对量仍然可以增大。例如，社会资本有机构成从50c：50v提高到80c：20v。但与此同时，社会总资本从100增加到1 000，假定剩余价值率不变，这时，平均利润率虽由50%下降到20%，利润量仍可由50增加到200。事实上，在资本主义的发展过程中，利润率的下降和利润量的增大通常是相伴发生的。

在资本主义社会中，平均利润率下降是很缓慢的，只是从长期来看存在着下降的趋势。因为在平均利润率下降的同时，还存在着一系列起反作用的因素阻碍着它的下降。这些因素包括：①对工人剥削程度的提高。②大量相对过剩人口的存在。这一方面使劳动力商品经常供过于求，资本家借此可以把劳动力价格压低到价值以下；另一方面因工资下降可以引起某些生产部门采用手工劳动，从而增加剩余价值量，提高平均利润率。③生产资料价值的降低。由于劳动生产率的提高，使机器、设备、原料等不变资本的价值降低，放慢了资本有机构成提高的速度，延缓了利润率的下降。④对外贸易的发展。它可以使资本家从落后国家攫取高额利润，从而阻碍利润率下降。以上这些因素的存在，减慢了平均利润率下降的速度，使平均利润率下降的趋势经过相当长的时间才显示出来。平均利润率的下降趋势，并不排斥个别时期平均利润率可以上升。

第二节 商业资本和商业利润

一、商业资本

产业资本在它的循环过程中要顺次采取货币资本、生产资本、商品资本这三种不同的形式，分别完成三种不同的职能。在资本主义初期，这些不同的职能都是由产业资本家自己来执行的。由于当时企业的规模不大，市场范围比较狭小，产业资本家一般自己推销商品，完成 W′-G′。随着资本主义的发展，客观上产生了把商品资本从产业资本中分离出来的要求。因为随着生产的迅速增长和市场的不断扩大，流通中商品资本的数量大大增加，流通的时间也相应延长。这时，如果产业资本家仍要自己经营商品，就必须大量增加流通领域中的资本；否则，就要缩小已有的生产规模，使生产资本和流通资本相适应。这两种情况都会降低产业资本的利润率。于是，就产生了把商品资本的职能独立出来，交给专门的资本家去完成的必要性。这样，就出现一部分资本家把自己的资本专门用来为产业资本的流通服务，推销产业资本家的商品，这就是商业资本家。

商业资本从产业资本中分离出来以后，它所执行的职能，仍然是商品资本的职能。所不同的只是以前这些职能由产业资本家自己去完成，是产业资本循环的一个环节，现在则成为商业资本家的专门业务，成为一种与产业资本相并列的独立的资本形态了。

商品资本转化为商业资本，变成一种独立的资本形式，对于促进资本主义的发展起着重要的作用。商业资本的产生有利于缩短流通时间，节约流通费用，减少流通中资本的数量，这样就会扩大直接用于生产的那部分资本，从而有助于增加剩余价值的生产，提高利润率。同时，商业资本的存在和发展还促进了分工的发展和市场的扩大，从而促进了资本主义生产的发展。但是，随着商业资本的独立化，资本主义生产、流通和消费之间的脱节现象更加严重，进一步加深了资本主义再生产的矛盾。

二、商业利润

商业资本家投资于商品经营，其目的也是攫取利润，而且他们所获得的利润不能低于平均利润，否则商业部门中的资本就会转移到生产部门去。当然，商业利润也不能高于平均利润；否则，生产部门的资本也会转移到商业部门中来，资本主义的竞争使商业利润大体上符合平均利润。

商业资本既然不从事生产活动，那么，商业利润是从哪里来的呢？从表面上看，商业利润似乎是产生于流通领域，实际不然。流通领域发生的只是价值形式的变化，并不能产生价值的增值。因此商业利润仍然是生产领域中产业工人创造的剩余价值的一部分，是由产业资本家转让给商业资本家的。由于商业资本家投资于商业，替产业资本家销售商品，实现剩余价值，产业资本就不能像过去自己经营商品时那样独自占有全部剩余价值，而必须把剩余价值的一部分以商业利润的形式转让给商业资本家。

产业资本家转让给商业资本家的剩余价值是通过价格差额实现的。产业资本家以低于生产价格的价格把商品出售给商业资本家，商业资本家再按生产价格把商品出卖给消费者，这两种价格之间的差额就是商业利润。举例来说，假定社会预付的产业资本是720c+1 800v=900，剩余价值率为100%，一年内生产的商品总价值=720c+180v+180m=1 080（假定不变资本的价值在一年内全部转移），社会总产业资本的平均利润率是180÷900=20%。为了销售商品，流通领域内还必须垫支一定量资本。假定是由商业资本家垫支了100，这时社会总资本就不是900，而是1 000了。现在，180的剩余价值必须在1 000的社会总资本之间平均分配，平均利润率就变为180÷1 000（900+100）=18%。按照这个平均利润率，产业资本家获得的平均利润为900×18%=162，商业资本家获得的平均利润为100×18%=18。在这种情况下，产业资本家就不是按照商品生产价格卖给商业资本家，而是按生产成本加产业利润的价格，即按900+162=1 062的价格把商品卖给商业资本家。商业资本家再加上商业利润，也就是按1 062+18=1 080的生产价格卖给消费者，从而获得产业资本家让渡给他的那部分剩余价值。这部分剩余价值便形成商业利润，所以，商业利润的实质就是商业资本家参与瓜分产业资本家无偿占有的、产业工人所创造的一部分剩余价值的转化形式。

既然产业资本家让渡一部分剩余价值给商业资本家是必然的，那么让渡多少呢？商业利润率应有多高呢？这当然是不以人们的主观意志为转移的，而是取决于资本主义的经济规律，包括竞争规律以及由它决定的平均利润率规律。既然商业资本是一种与产业资本并列的独立资本形式，因而也要和产业资本一样获得平均利润，商业利润的多少，同样受平均利润率规律的支配，取决于产业资本家和商业资本家两大部门之间的竞争。这种竞争最终在商业资本家和产业资本家之间形成了统一的平均利润率。当然，商业资本和产业资本取得相同的利润率，也像各个不同的产业部门的资本获取平均利润一样，指的是一种基本的趋势，而不是绝对的简单的平均。

由商业利润的来源可知，产业工人不仅受产业资本家的剥削，而且受商业资本家的剥削。在剥削产业工人方面，产业资本家与商业资本家有着共同的利益。

三、商业流通费用

商业资本家经营商业，除了需要垫付一定数量的资本购买商品外，还需要在商品流通过程中支付一定的费用，这种费用称为商业流通费用。流通费用分为生产性流通费用和纯粹流通费用两种。

由于商品具有二因素，商品在流通领域里的运动也是两重的：一方面是商品体本身即商品的使用价值的运动，另一方面是商品的价值形态变化的运动。

由商品的使用价值运动而引起的费用，如运输费、保管费、包装费等，是同生产过程在流通领域内的继续有关系的费用，属于生产性流通费用。从事运输、保管、包装等的劳动，也是生产性劳动。这种劳动不仅能把劳动过程中消耗掉的物质资料的价值转移到商品中去，而且能创造新价值，既增加商品的价值和剩余价值，这部分流通费用可以从已经增大了的商品价值中得到补偿。

由商品价值的运动引起的流通费用，即在商品买卖过程中，由商品变为货币和货币变为商品而支出的费用，是纯粹流通费用。这种费用包括：商业店员的工资、广告费、办公费、簿记费、设备费和商店的建筑费等方面的开支及其他一些费用开支。纯粹流通费用属于非生产性开支。这部分劳动是非生产性劳动，它不能增加商品的价值。但商业资本家垫支纯粹流通费用，不仅要求得到补偿，而且要求按照平均利润率带回一份相应的利润。纯粹流通费用是从剩余价值总额中得到补偿的，它是剩余价值的一种扣除。所以，纯粹流通费用的补偿及这部分利润归根到底来源于产业工人所创造的剩余价值的一部分。

第三节 借贷资本和利息

一、借贷资本的形成和特点

借贷资本是为了取得利息而暂时贷给职能资本家（包括产业资本家和商业资本家）使用的货币资本。借贷资本是从职能资本运动中独立出来的特殊资本形式，它的形成同资本主义再生产过程中的资本循环有密切联系。

借贷资本的主要来源是产业资本和商业资本在其循环和周转过程中，不断出现的大量暂时闲置的货币资本。这些货币资本由以下三个部分构成：第一，固定资本的周转，其价值是逐渐转移到新商品中去的，并且是随着商品的出售一部分一部分地收回来。而在固定资本需要更新以前，这部分价值会以货币的形式暂时被闲置起来。第二，流动资本在周转过程中也会形成一部分暂时闲置的货币资本。当商品已经销售出去，但还不需要立即购买原材料和支付工资时，就会有一部分流动资本变为暂时闲置的货币资本。第三，在资本积累过程中，资本家用于积累的那一部分剩余价值只有达到一定数额时，才能变为追加资本。当这部分剩余价值还未达到足够数量用来扩大再生产时，用于积累的剩余价值也会以货币的形式暂时闲置起来。

这些暂时闲置的货币资本既然停止发挥职能，也就不能为它的所有者提供利润。这样，闲置资本就同它作为资本的本性发生矛盾。货币资本的所有者自己不能运用它，就要为它寻找发挥作用的出路。而在资本主义再生产过程中，有的资本家确实需要补充货币资本。因为，各个个别资本的循环是相互交错的，当某些资本家的资本循环中出现闲置资本时，另一些资本家由于相反的情况恰恰需要补充自己的货币资本，如需要固定资本更新；需要购买原材料或支付工资；扩大再生产需要追加的资本，但自有资本尚有欠缺，等等。于是，拥有闲置货币资本的资本家，就把它们贷给需要补充货币资本的职能资本家去使用，使其重新发挥资本的职能。职能资本家借入的资本到一定时期必须归还原主，而且要将剥削来的剩余价值的一部分以利息形式作为报酬支付给贷方。这样，从职能资本的运动中游离出来的货币资本，由于进行了为获取利息而贷放的特殊运动，便转化为借贷资本。

综上所述，借贷资本的本质在于，它是适应于资本主义生产和流通的需要而产生的，是在职能资本运动的基础上形成并且服务于职能资本的。归根到底，借贷资本是从产业资本运动中独立出来的特殊资本形式，利息也是产业资本在生产过程中所生产的剩余价值的一部分。借贷资本一方面体现着资本家剥削雇佣工人的关系，另一方面还体现着借贷资本家和职能资本家之间的关系。

借贷资本既然从职能资本的运动中独立出来，成为一种特殊的资本形式，就在许多方面不同于职能资本，具有自己的特点。

第一，借贷资本是一种作为商品的资本，即资本商品。在资本主义制度下，货币作为资本使用时，能带来利润。这样，作为资本的货币除了充当一般等价物外，又多了一种使用价值，即生产利润的能力。借贷资本家把货币资本贷给职能资本家时，实际上他转让的是货币作为资本的使用价值，利用它可以生产利润。职能资本家之所以借入货币资本，也不是由于它可以作为一般的购买手段和支付手段，用来购买消费品，而是由于它能实现价值增值，可以用来获取利润。因此，货币资本在借贷中作为可能的资本，作为生产利润的手段，是作为一种特殊商品让渡的。它的转让方式有特殊性。普通商品是以买卖形式转让的，卖方转让商品，买方按等价支付货币。而资本商品是以借贷形式让渡的。借贷资本家在贷出货币资本时，没有同时收回它的等价物。借贷资本家并不放弃他对资本的所有权，只是暂时让渡资本的使用权，到期他要收回资本，并带来一定的利息。同时，在普通商品的买卖中，买方支付的是商品的价格。而在资本商品的借贷中，借方支付的是利息。利息不是资本商品的价格，而是使用借贷资本的报酬。

第二，借贷资本是作为一种所有权资本，即财产资本而与职能资本相对立。借贷资本在借贷资本家手里并没有发挥资本的职能，但他拥有的货币，对于他来说是资本而不是普通的货币，因为他凭借资本的所有权获得利息。这部分货币资本在转到职能资本家手中以后，就实际执行资本的职能，生产剩余价值或者实现剩余价值。所以在借贷资本上发生了所有权和使用权的分离。资本的所有权属于借贷资本家，使用权属于职能资本家。这样，同一个资本就具有了双重存在：对于借贷资本家来说，它是所有权资本，对于职能资本家来说，它是职能资本。

第三，借贷资本具有不同于职能资本的特殊运动形式。职能资本运动的一般形式是：G-W-G′。而借贷资本的运动形式是G-G′。也就是说，借贷资本家把货币资本贷放出去，经过一定时期收回更多的货币，包括原有资本和利息。这种特殊的运动形式造成一种假象，似乎不经过任何的生产过程和流通过程，货币本身可以生产出更多的货币。借贷资本的这一特点，进一步掩盖了资本主义剥削的实质，使资本拜物教达到了顶峰。当然，货币本身并不能生出更多的货币。实际上，货币资本只有在产业资本家手中，投入生产过程，榨取雇佣工人生产的剩余价值，才能使自己的价值增值，从而借贷资本家才可能以利息的形式获得一部分剩余价值。

二、借贷利息

借贷资本家把货币资本贷给职能资本家使用，但是这种使用不能是无偿的。职能资本家在归还贷款时，必须向借贷资本家支付一定数量的货币作为使用这笔货币资本的报酬，这就是利息。利息是职能资本家使用借贷资本而让给借贷资本家的一部分剩余价值，它是剩余价值的特殊转化形式。

利息是由职能资本家支付的，其来源归根结底是产业工人创造的剩余价值的一部分。职能资本家从借贷资本家那里借到货币资本，用它经营产业或经营商业，取得平均利润。由于借贷资本的所有权和使用权的分离，使得同一资本具有双重的存在，借贷资本家和职能资本家对利润都有占有权。但是，同一资本却不可能因此而获得双份利润。这样，平均利润就不能由任何一方独占，而要分割为两部分：一部分是借贷资本家让出资本使用权而得到的利息，另一部分是职能资本家得到的企业利润。企业利润是存在着利息的情况下，产业利润和商业利润的总称，它在数量上就是平均利润和利息的差额。利息是平均利润的一部分，而平均利润是剩余价值的转化形式，所以利息就是剩余价值的特殊转化形式。

平均利润分割为利息和企业利润，实质上是剩余价值在借贷资本家和职能资本家之间的分割。所以，利息既体现着借贷资本家和职能资本家共同剥削雇佣工人的关系，也体现着借贷资本家和职能资本家之间的共同瓜分剩余价值的关系。利息的高低是由利息率来表示的。利息率是一定时期内利息量与借贷资本的比率，即：利息率=一定时期的利息量/借贷资本总量。例如，1 000元的借贷资本一年带来30元的利息，则年利率为3%。借用贷款的职能资本家要按预先确定的利息率向借贷资本家支付利息。

在一般情况下，利息率要低于平均利润率，否则，职能资本家得不到任何利益，就不借款了。利息率也不能等于零，否则就没有人愿意贷出货币资本。因此，利息率总在平均利润率和零之间波动。当平均利润一定时，利息率的高低就取决于金融市场上借贷资本的供求关系。供给大于需求，利息率就下降；反之则会上涨。当借贷资本的供求平衡时，利息率是由习惯和法律等等因素决定的。

三、资本主义信用及作用

资本主义信用是借贷资本运动的形式。资本主义信用有两种：商业信用和银行信用。商业信用是指职能资本家之间用赊账方式买卖商品而发生的信用；银行信用是银行以贷款方式向职能资本家提供的信用。

信用，尤其是银行信用的发展，对资本主义的经济生活有着两重作用。

（一）信用促进了资本主义经济的发展

这表现在：

1.信用促进了利润率的平均化

利润率的平均化以资本在各部门间的自由转移为条件，而货币形态上的资本比较容易自由地在各部门间转移。信用制度和银行正是实现货币资本再分配的最灵活的机构。依靠银行的贷款或投资，能使资本迅速地由利润率低的部门转向利润率高的部门，因而促进了各部门利润率的平均化。

2.信用能够节省流通费用，缩短流通时间

由于信用的发展，商品买卖可以采用赊账的方式，这就大大加快了商品流通，缩短了资本周转的时间，并节省了与商品流通有关的一切费用。另外，在使用金属货币的条件下，信用还可以节约流通中的金属货币量，减少金属货币的铸造和磨损。

3.信用可以促进资本的集中，加速资本的积聚

信用是资本集中的强大杠杆，它加速了资本集中的重要形式之一的股份公司的发展。因为股份公司的股票很大一部分要通过银行来发行，而且银行还常常是股份公司的主要投资者。信用还大大加速了大资本剥夺中小资本的过程，加强了大企业竞争的力量，因为大资本往往能得到较多的银行贷款，这样就使它能更有力地压倒和吞并中小资本。信用还加速了资本的积累，它把各种闲置资本汇合成巨额货币资本，缩短了个别资本家逐渐积累资本所需要的时间；同时，又把社会上各阶层的零星收入集中起来，供资本家使用，从而扩大了资本积累的规模。

（二）资本主义信用的发展又促进了资本主义基本矛盾的发展和经济危机的爆发

这是因为信用制度的发展，使资本主义的生产规模可以不受资本家自有资本的限制而不断扩大，促进了生产的社会化；同时，信用还加速着资本集中和积聚，使生产资料和产品日益集中到少数大资本家手里，这就使资本主义的基本矛盾进一步尖锐化。与此同时，信用又造成了对商品的虚假需求，加剧了各生产部门之间发展的不平衡，从而促进和加深了资本主义的经济危机。

四、股份公司、股息和股票价格

随着资本主义生产技术的发展，为了开办某种企业所必需的资本最低限额越来越大。此外，某些事业的经营，如铺设铁路等，需要投入巨额资本，这是个别资本家无力经营的。因此，在资本主义生产增长和信用制度日益发展的基础上，产生了股份公司。

以发行股票的方式，集中很多单个资本进行股份联合经营的资本，称为股份资本。采取这种方式经营的企业，称为股份公司。股份公司的主要组织形式有：①有限责任公司和股份有限公司。有限责任公司的股东对公司债务的清偿责任以其出资额为限，公司以其全部资产对公司的债务承担清偿责任。股份有限公司的全部资本分为等额股份，股东以其所持股份为限对公司承担责任，公司以其全部资产对公司的债务承担责任。②股份无限公司。由两个以上的股东组成，股东对公司的债务负连带无限清偿责任的公司。③股份两合公司。由无限责任股东和有限责任股东组成的公司。其无限责任股东对公司债务负连带无限清偿责任，有限责任股东以其所认购的股份对公司的债务负责。

股份公司最高权力机构是股东大会，公司的重大决策都要由股东大会决定。董事会是由股东大会选举产生，它是股东大会闭会期间行使权力的常设机构，是股份公司的权力机构和经营决策机构。日常经营管理则由董事会聘任总经理承担。总经理组建各种必要的职能机构，聘用各种管理人员，形成以总经理为核心的管理体系，实现董事会制定的战略决策和经营目标，对董事会负责。公司规范化的组织制度和管理制度构成公司治理结构。

股份公司内部各股东的权力集中表现在股东大会的表决权上，原则上实行一股一权。但股东拥有的股票数量是不一样的，大股东占有的股票多，取得表决权大，实际上支配着整个公司的经营。取得对一个股份公司控制权所必需的股票数量限额，称为股票控制额。从理论上说，需要占有股票总额半数以上才能取得控制权，即至少占有股票总额的51%，但实际上由于股票持有者分散，持有少量股票的股东人数多，大股东拥有的

股票控制额，不必达到股票总数的半数。股票越分散，股票控制额就越小。通常只掌握股票总额的 30%～40%，有时甚至只掌握股票总额的 3%～10%，即可取得对股份公司的控制权。随着资本主义的发展，股份公司的形式越来越普及，资本家还通过发行小额股票吸收游资，这样，使劳动阶级的成员也可能购买小额股票。资产阶级的辩护士以此为根据大肆散布资本"民主化"，宣扬劳动与资本的鸿沟将会填平等。实际上，小额股票无非是将劳动人民手里的少量积蓄集中起来归大资本家支配，而股份公司的经营管理权仍然掌握在少数大资本家手里。劳动者购买小额股票丝毫不会改变他们的发言权，更不会危及资产阶级的统治和利益。

股票持有者根据股票的票面额从企业盈利中分得的收入，叫作股息。股息实质上是雇佣工人创造的剩余价值。股东可以凭股票领取股息，但不能凭股票从股份公司中抽回资本。股东可以把股票拿到证券市场上出卖。

股票本身没有价值，它所以能在证券市场上出卖，可以有价格，是因为持有股票的人每年可根据企业盈利的情况从股份公司取得一笔固定的股息收入，这就等于有一笔相当的货币资本存入银行取得利息一样。股票价格取决于股息和利息率：它和股息高低的变化方向相同，和银行存款利息率的变化方向相反。股票价格=股息／利息率。例如，票面额为 100 元的股票，一年可分得股息 6 元，而银行年利息率是 3%，那么这张股票的价格就是 200 元。因此股票的价格无非是股息的资本化。

股息和利息率是制约股票价格的最根本的因素。但在日常的股票市场上，股票的价格由于供求关系而不断上下波动。影响股票供求关系的有经济因素、政治因素及人为投机因素。经济因素，如经济周期、通货膨胀、金融政策、税收政策等；政治因素，如战争、国内外重大政治事件、政府领导人的更迭等；人为投机因素是指一些大的股票持有者利用制造谣言、大量抛出或大量购入来造成虚假的供求，使股票价格大涨大落，以达到他们从中牟取暴利的目的。

资本主义社会的股票只是定期获得收入的凭证，只要股息率高于利息率，它就可以按高于票面价值的价格出卖。假定一个股份公司投资 100 万元，发行 100 万元的股票，如果一年后获利 10 万元。当时的利息率为 5%，100 万元的股票就可卖 200 万元，中间的差额，称为创业利润。可见，创业利润就是股份公司创办人发行股票价格总额同实际投入企业的资本总额之间的差额。

由于股票能给它的持有者定期带来一定的收入，又能像商品一样，按一定的价格出卖，所以对股票持有者来说，似乎股票本身就是资本。其实，股票本身没有价值，不是实际资本，只是想象的资本，或者说，是由于股票收入的资本化而虚拟出来的资本，即虚拟资本。虚拟资本是以有价证券形式存在的、能给持有者带来一定收入的资本。属于虚拟资本的，除股票外，还有公司债券、国债，以及不动产抵押债券等。

虚拟资本和实际资本，不论从质还是从量的方面来说都是不同的。从质的方面来说，实际资本本身有价值，并且在资本主义生产过程中发挥职能作用。而虚拟资本本身既无价值，又不在生产过程中发挥资本职能。它只不过是资本所有权的证书，是"资本的纸制复本"。①从量的方面来看，首先，由于资本掺水，股票票面价值大于投入企业的实际资本。同时，股票价格通常又比它的票面价值高，所以虚拟资本的数量总量大于实际资本。其次，虚拟资本数量的变化取决于各种有价证券的发行量和它们的价格水平，它的变化不一定反映实际资本数量的变化。比如股票，假定商品价值不变，昨天因为价格上涨引起虚拟资本增加，今天虚拟资本数量如何变化，资本主义企业中的实际资本始终一样。最后，随着资本主义的发展，利息率的下降趋势引起股票价格上涨，以及独资企业改为股份公司和国家债务的增长，使虚拟资本的增长速度有日益快于实际资本增长速度的趋势。

股份公司的发展和虚拟资本的迅速增长，使资本所有权和使用权进一步分离。资本所有者把企业的经营管理委托给经理人员，他们自己专靠剪息票为生，变成了十足的寄生虫。

第四节　资本主义地租

一、资本主义土地私有制和资本主义地租

（一）资本主义土地私有制的形成和特点

资本主义社会的大量土地被大土地所有者私人占有，这种土地所有制是作为资本主义关系在农村中发展的结果而形成的。为了使资本主义土地所有制迅速发展，在西欧一些国家是通过采取暴力手段，掠夺土地，强制农业小生产者与土地分离来实现的，这就是农业中的资本原始积累过程，这个过程在英国表现得最为典型。在其他一些国家，由于各自的具体历史条件不同，资本主义土地所有制的建立有多种形式，但概括起来有两种类型：一种是封建地主经济通过改良方式，采用雇佣劳动，按照资本主义经营方式改造地主庄园，逐步转变为资本主义土地所有制。这种类型在西欧的普鲁士表现得最为典型，所以称为普鲁士式的道路。另一种类型是通过资产阶级革命，摧毁封建地主经济，在建立起大量小农经济后，通过小农经济的两极分化，逐渐形成资本主义土地私有制。这种类型在美国表现得最为典型，所以称为美国式的道路。

资本主义土地私有制的典型特点是土地所有权同农业的经营权相分离，又同劳动者人身依附于土地的关系相分离。在资本主义土地私有制条件下，大土地所有者手中掌握和集中了大量土地，他们不直接从事农业生产经营，而是把土地租给农业资本家，建立起以租赁土地为基础的资本主义农场。农业资本家雇佣农业工人，采取雇佣劳动剥削方式从事农业生产经营，然后把剥削雇佣劳动者的剩余价值的一部分，即超额利润，以地租形式缴纳给土地所有者。此外，也有少数其他经营方式。

（二）资本主义地租的本质和特征

资本主义地租是农业资本家租种地主的土地而向地主缴纳的租金。它是农业工人所创造的超过平均利润以上的那一部分剩余价值，即超额利润。

---

① 马克思. 资本论（第3卷）[M]. 中共中央马克思恩格斯列宁斯大林著作编译局，编译. 北京：人民出版社，1975：177-178.

资本主义地租的主要特征是：第一，资本主义地租是以资本主义土地私有制为前提，它建立在剥削有人身自由的农业雇佣工人基础之上，摆脱了劳动者对地主的人身依附关系，体现着一种表现为纯粹契约关系的经济关系。第二，农业雇佣工人所创造的剩余价值，由土地所有者和农业资本家共同瓜分，土地所有者必须获得地租，农业资本家必须获得平均利润。所以，资本主义地租只能是农业工人所创造的超过平均利润以上的那一部分剩余价值，即由超额利润所构成。第三，资本主义地租体现了资本主义社会的三个阶级之间的对立关系，即农业资本家和土地所有者共同剥削农业雇佣工人所创造的剩余价值的经济关系，以及农业资本家和土地所有者之间瓜分剩余价值的关系。

二、资本主义级差地租

土地是农业生产的基本生产资料，肥沃程度和地理位置各不相同。农业资本家租种面积相等而质量不同的土地，要缴纳不同数量的地租，这种地租与土地的等级相联系，具有级差性，所以称为级差地租。级差地租是投在不同地块上的等量资本或连续投在同一地块上的等量资本，具有不同生产率而引起的超额利润的转化形式。

级差地租形成的原因是土地的资本主义经营垄断权。由于土地的有限性，形成了资本主义的土地经营垄断权。当有限的优中等地被一些资本家租种之后，就排除了他人对这些土地的使用，形成了对这些土地经营的垄断。这就使各个农业资本家在使用较好生产条件方面的竞争受到了一定的阻碍。因此经营较好土地的农业资本家就可以长期保持生产条件上的优势，从而能使农业中的超额利润具有相对稳定的性质，成为农业资本家的固定收入。再者，土地的资本主义经营垄断权还使农产品的社会生产价格由耕种劣等土地的生产条件来决定。由于土地的有限性，单靠优中等土地上生产的农产品满足不了社会需要，劣等地也必须投入生产。如果农产品的社会生产价格也由社会平均生产条件来决定，经营劣等地的农业资本家就得不到平均利润，而优中等地的经营又已被别人垄断，这种资本就会转移到其他部门，造成农产品的短缺和价格上涨，直到价格上涨到经营劣等地也可以获得平均利润为止。这样，经营优中等地块的农业资本家就能由于个别生产价格低于社会生产价格，经常获得数量不等的超额利润。

农业资本家由于租种较好的土地而获得的稳定的超额利润，一般要被土地所有者收取，形成级差地租。可见，级差地租产生的原因是土地的资本主义经营垄断权，而土地好坏的差别，则是形成级差地租的条件或基础。

需要特别指出的是，土地的好坏差别和土地经营权的垄断，只是产生级差地租的条件和原因，二者都不是产生级差地租的源泉。级差地租的源泉是耕种优中等地块的农业雇佣工人创造的超额剩余价值。所以级差地租的实质是农业工人创造的剩余价值的转化形式，是剥削雇佣工人的结果。

级差地租由于形成的具体条件不同而具有两种形式，即级差地租第一形式（级差地租 I）和级差地租第二形式（级差地租 II）。

级差地租 I 是由于土地肥沃程度及位置优劣的不同所引起的超额利润转化成的地租。它的形成条件就是土地肥沃程度的差别和不同地块地理位置的差别。

由于土地肥沃程度的差别，使得投入面积相等的不同地块的等量资本产生不同的劳动生产率。投在优中等地块上的资本具有较高的生产率，其产品的个别生产价格低于社会生产价格，就可以获得数量不等的超额利润，形成级差地租Ⅰ。由于不同地块地理位置的差别，不同地块距市场的远近和交通条件各不相同，这使得农产品的运输费用各不相同。农产品的社会生产价格由劣等土地的生产条件来决定，其中就包括要由地理位置和交通条件最差的土地来决定。这样，距市场近、交通条件好的地块就能因运费少而成本低，农产品的个别生产价格低于社会生产价格，从而获得超额利润，这个超额利润也形成级差地租Ⅰ。

级差地租Ⅱ是由于在同一块土地上连续追加投资的劳动生产率不同而形成的级差地租。这里连续投资劳动生产率的差别，指的是连续追加投资的生产率同决定农产品社会生产价格的劣等地的生产率相比较而言的差别。所以，只要追加投资比劣等地的原有投资具有较高的劳动生产率，农业资本家就可以获得超额利润，形成级差地租Ⅱ。

在同一块土地上连续追加投资所获得的超额利润，并不立即全部转化为级差地租Ⅱ流入土地所有者的腰包。一般说来，由于追加投资所产生的超额利润是在租约缔结之后发生的。因而在租约期内归农业资本家占有。在租约期满、签订新租约时，就会通过提高地租额作为级差地租Ⅱ落到土地所有者手里。农业资本家与土地所有者在租期长短的问题上存在着尖锐的矛盾，其实质就是争夺追加投资带来的超额利润。由于这种利益上的矛盾，使得农业资本家往往不愿进行长期性的投资，而且力求在租期内收回全部的投资利益，于是就尽力掠夺地力，造成土地肥力的破坏。

级差地租两种形式的形成条件虽然不同，但实质上都是农业工人创造的剩余价值的一部分，都是超过平均利润以上的超额利润。级差地租的唯一源泉是农业工人的剩余劳动。

三、资本主义绝对地租

在分析级差地租时，我们以农产品的社会生产价格由劣等地的农产品的个别生产价格来决定作为前提。因此，劣等地的投资只提供平均利润，不缴纳地租。但是，在资本主义社会，农业资本家租种任何土地都必须缴纳地租，否则土地所有者绝不会白白地将土地交给农业资本家使用。我们把这种由于土地私有权的存在，无论租种好地还是坏地都必须缴纳的地租，称为绝对地租。

由于租种各种土地都必须缴纳绝对地租，因此，农产品必须高于社会生产价格出售，只有这样，租种劣等地的农业资本家在获得平均利润之外才能有一个超额利润用来缴纳绝对地租。但这个超额利润不是来源于农产品价格以上的单纯加价，而是包含在农产品价值之内。这个超额利润的形成，是和农业资本有机构成低于社会平均水平相联系的。在资本主义自由市场经济时期，农业的生产技术落后于工业，农业资本有机构成比工业低，相同的投资可雇佣较多的工人，在剩余价值率一定的条件下，它所创造的剩余价值必然大于它所占有的平均利润，产品价值也就高于其生产价格。如果农产品按价值出售，那么，在农产品价值和生产价格之间，在剩余价值和平均利润之间，就会产生一个差额，这个差额就是绝对地租的来源。

农产品价值高于生产价格的差额，为什么不参加利润率的平均化而能够留在农业部门形成绝对地租呢？其根本原因在于农业中存在着土地私有权的垄断。在工业中，不同部门资本有机构成不同，产品价值与生产价格之间存在着差额，但由于工业部门之间的竞争，资本的自由转移，必然使这个差额即超额利润参加利润的平均化，从而使它们的产品价值转化为生产价格，大家只能获得平均利润。但农业部门的情况不同，土地是有限的并且不能由资本自由地去创造，土地一旦被私人占有，就形成了对土地的私有权垄断，阻碍着工商部门的资本向农业部门自由转移，从而也阻碍农业部门的超额利润参加利润的平均化，使农产品的价值不能转化为生产价格。这样，农产品就能按高于社会生产价格的价值出售，使农产品的价值高于社会生产价格的这部分超额利润，长期留在农业部门并转化为绝对地租。

以上分析表明，农业资本有机构成低于社会平均资本有机构成是绝对地租产生的条件。土地私有权的垄断，则是绝对地租产生的原因。

绝对地租既然是农产品价值的一部分，因此，绝对地租的源泉必然是农业工人所创造的剩余价值的一部分，是剩余价值的转化形式。

需要说明的是，随着资本主义的发展、农业生产技术的进步，农业资本有机构成在有的国家已接近甚至高于工业资本有机构成。这一变化并没有导致绝对地租的消失，因为只要土地私有权的垄断存在，绝对地租存在的直接原因就不会消失，变化的只不过是其形成条件。

在资本主义社会里，大土地所有者不仅凭借土地私有权攫取大量地租，而且在必要时，还通过出售土地获得巨额收入。

原始土地是自然物，不是劳动产品，因此，没有价值。但在资本主义社会里，随着商品的普遍化，土地也成了买卖的对象，具有价格。土地价格并不是土地价值的货币表现，土地之所以有价格，是因为土地所有者有权收取地租。所以，土地价格实质上是地租的购买价格，是地租收入的资本化。

在资本主义制度下，土地价格取决于两个因素；地租数量和银行存款利息率高低。土地价格与地租量成正比，与银行利息率成反比。具体说来，土地价格相当于这样一笔资本的价值，如果把它存在银行，每年获得的利息和这块土地的地租收入相等。用公式表示：土地价格=地租/利息率。假定某块土地每年收租200元，当时银行存款利息5%，这块土地价格就是4 000元（200/5%）。

马克思对地租问题的研究，是从批判资产阶级古典政治经济学特别是李嘉图的地租理论开始的。地租理论，在古典政治经济学中，尤其是李嘉图经济理论中，占有重要地位。

当时，资产阶级和地主阶级之间，在按什么比例分配剥削所得的问题上，斗争十分激烈。李嘉图作为工业资产阶级利益的代表，对地主阶级极为憎恨。在斗争中，他研究创立的地租论，达到了资产阶级限度内所有达到的最高科学水平。他在地租理论中最大的贡献就是将地租理论与劳动价值论联系起来。但其仍存在严重错误，马克思在批判资产阶级地租理论的基础上，吸取了其科学的成分，创立了真正科学的地租学说。

马克思的地租学说具有重大的意义。首先，它是劳动价值论和剩余价值论的进一步运用和发展；其次，彻底揭露了土地私有制的危害性，为消灭土地私有制提供了理论依据。马克思指出："在一定的发展阶段，甚至从资本主义生产方式来看，土地所有权也是多余而且有害的。"[①]所以，在资本主义初期，资产阶级的激进派曾提出过土地国有化的口号。但是随着资本主义的发展，一些大资产阶级也成了大土地所有者，他们不仅不再提土地国有化，反而积极维护土地私有制。这说明，在资本主义制度下，真正的土地国有化是不可能实现的，只有无产阶级才能去完成。

本章小结

（1）成本这一范畴掩盖了不变资本和可变资本的根本区别，掩盖了它们在价值增值过程中的不同作用，剩余价值被看作是商品价值在成本以上的增加额，即资本家所费资本的产物，成本价格掩盖了剩余价值的源泉。

（2）当剩余价值被看作全部预付资本的产物时，剩余价值就转化为利润。利润本质上就是剩余价值，剩余价值是利润的本质，利润是剩余价值的表现形式；剩余价值是可变资本的产物，而利润表现为全部预付资本的产物。因此，剩余价值转化为利润，就掩盖了资本主义的剥削关系。

（3）部门之间的竞争使利润率趋于平均化，形成平均利润率。平均利润率是社会剩余价值总额与社会预付资本总额的比率。平均利润是按照平均利润率获得的利润。平均利润进一步掩盖了资本主义的剥削关系。

（4）生产价格就是商品的成本加平均利润，它是价值的转化形式。生产价格和价值的背离，以及商品按照生产价格而不是价值出卖，并没有否定价值规律。

（5）在资本主义发展过程中，从较长时期看，平均利润率存在下降的趋势。导致平均利润率下降的基本因素是社会资本平均有机构成的提高。

（6）商业资本是从产业资本中分离出来独立从事商品买卖以攫取利润为目的的资本。商业利润仍然是生产领域中产业工人创造的剩余价值的一部分。

（7）借贷资本是为了取得利息而暂时贷给职能资本家使用的货币资本。借贷资本的本质在于，它是适应资本主义生产和流通的需要而产生的，是在职能资本运动的基础上形成并且服务于职能资本的。借贷资本是一种资本商品，是一种财产资本，是最具有拜物教性质的资本。

（8）资本主义地租是农业资本家租种地主的土地而向地主缴纳的地租，是农业工人所创造的超过平均利润以上的那一部分剩余价值，即超额利润。

复习思考题

1.简要说明剩余价值率与利润率的关系。
2.影响利润率高低的因素有哪些？
3.试述平均利润与生产价格的形成过程。
4.简要说明商业资本的职能与作用。

① 马克思. 资本论（第3卷）[M]. 中共中央马克思恩格斯列宁斯大林著作编译局，编译. 北京：人民出版社，1975：702.

5.借贷资本是怎样形成的？它有什么特点？

6.什么叫股份公司、股票、股票控制额、股票价格、虚拟资本？

7.资本主义地租有哪两种基本形式？简要说明级差地租形成的条件和原因。

第六章

垄断资本主义的形成和发展

■ 学习目标

知识目标：
1.掌握垄断资本主义的基本经济特征。
2.熟悉垄断与竞争的关系。
3.了解国家垄断资本主义的形成和主要形式。
能力目标：
能客观认识资本主义各个发展阶段的演进。
素养目标：
形成看待和处理问题的宏观视角和整体思维方式。

资本主义经历了两个发展阶段：从16世纪后期至19世纪后期是自由竞争资本主义阶段，19世纪末至20世纪初以来是垄断资本主义阶段，即帝国主义阶段。垄断形成以后，资本主义经济继续发展，到第二次世界大战后，在发达资本主义国家中发生了新的科学技术革命，推动了生产力的进一步发展，促使垄断资本主义变为国家垄断资本主义，即现代垄断资本主义。本章将集中阐述生产和资本的社会化与垄断，以及国家垄断资本主义的有关问题。

第一节 资本社会化和垄断的形成

一、生产集中和垄断的形成

（一）自由竞争引起生产集中

资本主义生产是社会化的生产。伴随着资本主义生产的发展，生产社会化的程度不断提高，生产集中的趋势也不断加强。生产集中，指社会的生产资料、劳动力和产品日益集中于少数大企业，它们在社会生产中所占份额日益增大。生产集中分为行业范围内的集中与全社会范围内的跨部门集中两种形式。

生产集中是生产力发展和自由竞争的必然结果，是生产社会化和资本社会化的重要表现。生产的大规模集中要以巨额资本的积累为前提，资本积累受着资本主义社会客观经济规律的支配。首先是资本主义基本经济规律，即剩余价值规律的支配。它是资本主义生产的内在动力，驱使着资本家永无休止地去追逐剩余价值，并将所获得的剩余价值的一部分再转化为资本。其目的就是要通过扩大生产规模，获得更多的剩余价值或利润，但在资本主义社会，这个过程进行得十分缓慢。资本主义社会生产的集中主要是通过资本主义的自由竞争来进行的。马克思指出："竞争，使资本主义生产方式内在的规律当作外部的强制的规律支配着每一个资本家，它强迫每一个要维持他的资本的人不断去扩大他的资本……"因为在自由竞争中，大企业比小企业有很多优越性：一是大企业资本雄厚，能够广泛使用机器，能够有效地采用先进技术，实行分工和生产专业化，能够节省各种物化劳动和活劳动，因而大企业劳动生产率比较高，商品成本低，在竞争中总是排挤和吞并中小企业，造成大企业的生产规模愈来愈大，从而大大加速了生产的集中过程。二是在自由竞争中，信用制度加速了生产集中。由于大企业竞争实力强，不容易破产，因而信用较高，可以获得较多的贷款，从而使资本更加迅速地扩大；同时，随着信用制度的发展，通过创办股份公司，发行股票，将分散的资本联合成巨型资本，把许多企业联合成一个大型企业，加快了生产和资本的集中。三是由于资本主义经济危机的冲击，不易破产。而一小部分中小企业经济实力较弱，在危机中纷纷破产。这就加速了大企业吞并中小企业的进程，促进了生产和资本的集中。所以，竞争是生产集中最强有力的杠杆。

（二）生产集中产生垄断

当生产高度集中时，就必然会形成垄断。垄断就是独占，就是少数资本主义大企业或若干企业为了获得高额利润通过一定的形式联合起来，对某一部门或几个部门的商品生产、销售及价格进行操纵和控制的一种经济关系。列宁深刻地指出："生产集中发展到一定阶段，可以说，就自然而然地走向垄断。"这是因为当一个部门的生产还由成千上万家企业分散地进行时，要使它们联合起来控制某个部门的生产和销售是不可能的。随着一个部门的生产愈益集中到少数大企业手中时，生产规模的扩大和市场狭小之间的矛盾便愈加尖锐。大企业为了维护自身的利益，避免因竞争中两败俱伤，常常不得不谋求暂时的妥协，以这种或那种形式联合起来，结成垄断同盟，垄断或控制一个部门或几个部门的生产和市场，以保证大家都能获得高额利润。由此可见，垄断是在自由竞争的基础上形成的，是和自由竞争相对立的产物。在生产领域表现为同类产品的生产要素和产品的绝大部分被一个或几个生产者排他性地占有。在流通领域则表现为在同类商品市场上通过控制供给量或需求量引起价格变动。垄断的实质就是垄断资本家通过对生产和市场的操纵和控制，以保证获得大大高于一般平均利润的垄断高额利润。

生产集中必然导致垄断，当垄断形成以后又必然会加快生产的集中过程。在这里起决定作用的是生产力的发展。自由资本主义时代以小规模生产的个体经济为主体，没有生产集中，更不会形成垄断。19世纪末20世纪初，第二次科技革命的开展，促进了规模经济的发展，但这时的规模经济表现为按单一化、标准化的要求，用流水线进行大规模生产，生产集中首先在同一部门内发展起来。同一部门内的几个资本或几个企业联合为更大的资本或企业，然后以某一部门为主要活动范围，向其他部门扩张，形成跨部门的资本联合，使生产集中推进到一个新的高度。

（三）金融资本和金融寡头

生产规模越大，需要的资本也越来越多，因此，生产集中必然要求资本的集中，为适应生产和资本集中的要求，银行业通过建立股份银行，使银行资本迅速集中起来，形成若干个庞大银行。每个银行拥有密布全国的分支机构，形成一个庞大的银行资本集团。这些大银行资本集团通过星罗棋布的分支机构，把千千万万个分散的企业联系起来，集中着全国的周转资金，成为资本主义经济生活的神经中枢。

银行业的集中、大银行的形成，使银行的地位和作用发生了根本的变化。过去，在分散的中小企业占优势时，银行的主要作用是充当信贷和支付的中介。银行一方面吸收存款，一方面发放贷款。一家银行向许多家企业发放贷款，每家企业也可以从几家银行得到贷款。那时的银行对工业企业的贷款数额小、期限短，银行与工业企业的关系不固定。银行关心的是企业能否偿还贷款和支付利息，并不直接过问工商企业的经营活动。所以，银行和工业企业的关系还纯粹是一种借贷关系。

但是，当银行资本高度集中以后，情形就大不相同了，一方面，由于工业生产集中，生产规模扩大，需要的资本数量也大，工业企业常常需要银行提供数量较大，时间较长的贷款，从而形成了工业企业对银行的依赖；另一方面，由于银行业的集中，大银行吸收了社会上大量的存款，有足够的资本为企业提供数量大、期限长的贷款。所以，工业资本家在金融业务方面基本上没有选择的余地，往往只和少数银行发生固定的联系。银行向工业企业大量长期贷款以后，为了保障自己资本的安全和利润，自然要关心、了解和掌握企业的生产经营情况，对它加以监督和干预，并通过扩大或减少信用的办法影响企业，甚至决定企业的命运。这就使工商企业越来越依赖少数大银行。于是银行成了工商企业的支配者，银行的角色也就由普通的中介人变成了万能的垄断者。

银行新作用的产生，使银行和工业企业之间的关系日益密切，彼此逐渐地融合起来。一方面，银行资本通过购买工业企业的股票和开办新工业企业，把自己的资本渗入工业中去，成为工业资本的所有者；另一方面，工业资本也通过购买银行的股票和投资开办新的银行，成为银行资本的所有者。资本参与的结果是互相成为对方的股东。同时，在银行资本和工业资本互相渗透的基础上，所谓"个人联合"也发展起来了。他们互派人员参加对方的领导机构，担任要职，以便相互影响。这样通过金融联系，银行垄断资本和工业垄断资本日益融合在一起形成一种新型资本，这就是金融资本。掌握这种庞大的金融资本的最大资本家或资本家集团（又称财团）就是金融寡头。金融资本和金融寡头的形成标志着资本主义已从自由竞争阶段过渡到垄断阶段，即帝国主义阶段。金融寡头凭借强大的经济实力，控制着国家的经济命脉，操纵着国家的政治，是帝国主义国家的真正统治者。

金融寡头在经济领域的统治，主要是通过参与制来进行的。所谓"参与制"，就是垄断资本家通过掌握一定数额股票对企业实行控制的一种制度。金融寡头通过自己掌握的总公司作为"母亲公司"去收买其他公司一定数额的股票，使之成为自己控制的"子公司"，"子公司"又以同样的方法控制其他更多的公司，使之成为"孙公司"。如此逐级参与控制，在经济上就形成了像金字塔式的控制体系，站在塔顶上的就是极少数的金融寡头。金融寡头就是利用这种层层"参与"的制度，达到控制和支配比自己的资本大几倍、几十倍甚至上百倍的他人资本，大大加强了自己在经济上的统治地位。

随着金融资本的形成和"参与制"的发展，使资本的占有和资本的使用相分离，借贷资本与生产资本相分离，那些全靠货币资本的利息收入为生的"食利者"同企业家的分离达到了极大的限度。金融资本不仅直接剥削雇佣工人，而且还掠夺其他资本家。因此，"参与制"的发展突出地体现了金融资本的寄生性和掠夺性。

金融寡头不仅操纵了国家的经济，而且还操纵着国家的政治，把垄断势力渗透到上层建筑的各个领域。从政府官员的人选到国家内外政策的制定，以及新闻、出版、广播、通信、科学、教育、文艺、体育等无一不受金融寡头的操纵和影响，特别是对国家政权的控制越来越紧，国家的总统、总理、部长、大臣、议员等，往往就是大垄断组织的经理、董事等，正如列宁指出的，"这些人今天是部长，明天是银行家，今天是银行家，明天是部长。"

二、垄断组织与垄断利润

垄断是通过垄断组织来实现的。因此，自由竞争资本主义发展到垄断资本主义的历史过程，就表现为垄断组织产生并居于统治地位的历史过程。这个过程大致经历了三个时期：19世纪六七十年代，是垄断组织的萌芽时期。当时自由竞争在欧美国家发展到顶点，垄断组织开始出现。从1873年世界经济危机以后到19世纪90年代，是垄断组织广泛发展但还不稳定的时期。1873年世界经济危机使生产集中加强，卡特尔形式的垄断组织有了广泛的发展；19世纪末20世纪初，是垄断确立统治地位的时期。在此期间，工业高潮和经济危机交替作用，资本和生产集中加速进行，垄断组织快速增加并在经济领域取得了统治地位。

垄断组织的形式在各个国家和各个时期，不尽相同。比较重要的垄断组织形式有卡特尔、辛迪加、托拉斯和康采恩。

卡特尔是由一系列生产类似产品的企业组成的联盟，通过某些协议或规定来控制该产品的产量和价格，但联盟的各个企业在生产、经营、财务上仍旧独立，这些情况造成了卡特尔不稳定的本质。这种垄断组织形式最早产生于德国并得到广泛发展，所以德国被称为卡特尔国家。

辛迪加是比卡特尔发展程度高、较稳定的资本主义垄断组织形式。辛迪加指同一生产部门的少数大企业为了获取高额利润，通过签订共同销售产品和采购原料的协定而建立的垄断组织。参加辛迪加的企业在生产上和法律上有自己的独立性，但在商业上已失去了独立地位。它们采购原材料和销售商品的业务均由辛迪加的总办事处统一办理，总办事处统一接受商品订单和统一采购原材料，按照协议在辛迪加所属企业之间进行分配，参加辛迪加的企业不再与市场发生直接联系。企业一旦加入了辛迪加很难随意退出，如果要退出，必须花一笔资本重新建立购销机构、重新安排与市场的联系，但是这要受到辛迪加的阻挠和排挤。因此，同卡特尔相比，辛迪加具有稳定性。这种垄断组织形式曾在法国最为流行。

托拉斯垄断组织的高级形式之一，是指在同一商品领域中，通过生产企业间的收购、合并以及托管等形式，由控股公司在此基础上设立一巨大企业来包容所有相关企业来达到企业一体化目的的垄断形式。通过这种形式，托拉斯企业的内部企业可以对市场进行独占，并且通过制定企业内部统一价格等手段来使企业在市场中居于主导地位，实现利润的最大化。托拉斯的垄断组织形式可分为两种：一种是以金融控制为基础的托拉斯。参加的企业形式上保持独立性，实际上从属于掌管托拉斯股票控制额的总公司，这种总公司是一种持股公司，通过持有其他公司的股票控制额对它们进行金融控制；另一种是以与生产同类商品的企业完全合并为基础的托拉斯。这种托拉斯所从属的总公司是一种业务公司，直接经营产销业务。在总公司下按产品类别或工序、工艺设立若干分公司来管理。美国较流行这种垄断组织形式，被称为"托拉斯之国"。

　　康采恩是高级垄断组织形式，晚于卡特尔模型、辛迪加、托拉斯出现，规模更为庞大。是一种通过由母公司对独立企业进行持股而达到实际支配作用的垄断企业形态。一般情况下，基本是由集团中的银行以及其他金融企业来担当控股公司这一角色。这种垄断形态与卡特尔以及托拉斯不同，它的直接目的不是支配市场。在资本集中方面上，康采恩比卡特尔和托拉斯更加进步。参加康采恩的不仅有单个资本家的企业，而且有集团资本家的垄断企业如辛迪加、托拉斯等；不仅包括许多工业企业、运输公司、矿业公司等生产性单位，而且还包括银行、保险公司、商业公司、其他服务性公司等非生产性单位。大工业企业和大银行是该组织的核心，它们除了经营本身的业务外，还把一部分资本投入参加康采恩的其他企业中去，通过参与制掌握这些企业的股票控制权。参加康采恩的企业形式上虽然具有独立性，但实际上却受居于核心地位的大工业企业或大银行的控制。垄断资本家通过这种形式，控制着比其本身资本大几倍甚至几十倍的资本，以加强垄断统治，攫取高额垄断利润。第一次世界大战后，这种垄断组织形式在德国、日本和欧洲其他国家迅速发展。

　　资本家建立垄断组织，其目的是攫取垄断利润。垄断利润是指垄断资本家凭借其垄断地位而获得的超过平均利润的高额利润，它是垄断资本所有权在经济上的实现。从性质上来看，垄断利润不是一般地占有本企业工人创造的剩余价值，也不是凭资本份额的大小从社会剩余价值总量中分割的，而是垄断资本家凭借生产和市场的垄断地位而占有的一种特殊的超额利润。从数量上看，垄断利润是垄断企业所获利润中超过平均利润以上的超额利润。但事实上，垄断企业的超额利润和平均利润是融为一体的。此外，与自由竞争资本主义企业暂时的超额利润不同，垄断利润较长期、较稳定。因此，广义的垄断利润包括超额利润和平均利润，狭义的垄断利润仅是超过平均利润以上的那部分超额利润。

　　垄断利润的来源：一是加深对本企业雇佣工人的剥削。垄断组织通过各种办法提高剥削程度，特别是对新技术的垄断，使雇佣工人以较高的劳动生产率生产的全部剩余价值转化为垄断利润。二是来自对非垄断企业的劳动者和小生产者的商品，以垄断高价出售自己的商品，这样，非垄断企业和小生产者创造的一部分价值就转移到垄断企业。三是加强对国外劳动人民的剥削。垄断组织通过资本输出和不等价商品交换，剥削和掠夺国外劳动者创造的一部分价值。此外，资本主义国家还会通过财政和信贷，对国民收入进行有利于垄断资本家的再分配。如通过国家采购、财政补贴、减免税收等，把国民收入的一部分转化为垄断利润。

垄断利润主要是通过垄断组织规定的垄断价格来实现的。垄断价格是垄断企业为获得垄断利润，凭借其垄断地位，在购买生产资料或销售产品时规定的一种旨在保证最大限度地获取利润的市场价格。垄断价格等于生产成本加垄断利润。垄断价格包括垄断高价和垄断低价。垄断高价是垄断企业出售产品的价格，垄断低价则是垄断企业收购原材料的价格。垄断价格是垄断企业获得垄断利润的重要手段。它得以维持的前提条件是垄断企业对市场的控制、对资本流入的阻碍和对产量的限制。

虽然垄断价格是由垄断组织规定的，但是垄断组织并不能够随心所欲的无限制抬高或压低价格，而要受到诸多因素的制约：一是受竞争规律的制约，价格过高会使竞争对手以较低的价格来侵蚀自己的市场；二是受商品供求关系的制约，价格过高一方面会使人们对这种商品的需求降低，同时又会引来更多的竞争对手转向生产该产品，导致供过于求而价格下跌；三是受生产价格规律的制约。

垄断价格的这些制约因素表明，垄断价格的形成并没有否定价值规律。这是因为：第一，垄断价格不可能完全脱离价值。垄断企业不能任意提高和降低商品价格，商品价格在不同程度上要受到市场竞争和供求关系的制约。第二，垄断价格并没有完全改变全社会商品价格和价值总额的一致性。垄断企业通过垄断价格多得的利润，正是其他商品生产者和消费者失去的价值部分。第三，垄断价格的制定和变动，归根到底取决于生产该商品所耗费的社会必要劳动时间及其变化。垄断价格进一步改变价值规律作用的表现形式，即价值规律的作用表现为大部分商品的市场价格采取了垄断价格的形式。

三、垄断条件下的竞争

（一）垄断与竞争并存

垄断是作为自由竞争的直接对立物而发展起来的。自由竞争引起生产集中与资本集中，生产与资本集中达到一定高度，自然而然地走向了垄断。但是，垄断的产生并没有也不可能消除竞争，而是使竞争变得更加复杂与激烈，具有不同于自由竞争的一些新特点。

垄断并没有消除竞争，而与竞争并存。其原因主要是：一是垄断并没有消除产生竞争的条件。竞争是商品经济的产物，只要存在商品生产，就存在着竞争。竞争机制是价值规律的要求和作用得以贯彻的重要机制。垄断的形成和发展不仅没有消除商品经济，反而在深度和广度上促进了商品经济的发展。二是垄断并没有改变资本的本质。垄断仍然建立在商品生产基础上，目的是追求高额垄断利润。因而，垄断统治下的利害冲突和竞争是不可避免的。三是"绝对的垄断"是不存在的。垄断产生后在社会经济生活中占据了统治地位，但是，垄断组织不可能控制一切，绝对的垄断不存在。在垄断组织之外，仍存在着大量的非垄断企业，这些企业的生存与发展是垄断统治的需要。只要垄断组织和非垄断企业并存，它们之间就存在着竞争。同时，即使在一个部门中存在着垄断程度极高的垄断组织，各垄断组织为了巩固自己的地位，获得更多的垄断利润，它们也必然会参与竞争。所以，垄断的形成不仅没有消除竞争，反而使竞争更加复杂和激烈。

　　垄断竞争是以垄断资本为主体而展开的竞争，它与自由竞争的区别主要表现在：①竞争的目的和性质发生了变化。自由竞争条件下，各部门企业数量多，规模较小，资本间的竞争相对平等与自由。竞争的目的是获得平均利润和超额利润。垄断竞争是建立在生产和资本高度集中的基础上，竞争的目的不是平均利润，而是为了获得高额的垄断利润。垄断资本和非垄断企业及中小企业资本的关系不再是平等、自由的竞争关系。②竞争的内容和手段发生了变化。自由竞争是以价格竞争为主要内容的，基本手段是改进技术，降低生产成本，提高劳动生产率。而垄断竞争则以争夺生产和销售上的控制权为主要内容，竞争手段多样化，以非价格竞争为主，如促销竞争、产品质量竞争、服务质量竞争、人才的竞争、优惠贷款等方面的竞争更加激烈。③竞争的范围不同。自由竞争的范围主要是国内经济领域，而垄断竞争的范围，从国内扩大到国外，从经济领域延伸到政治、军事、文化等各领域。并且竞争的后果也更为严重，影响也更为广泛和深刻。

　　（二）垄断竞争的形式

　　1.垄断组织内部的竞争

　　每个垄断组织都由若干个大企业联合组成，它们为了共同操纵市场，保持垄断价格，攫取高额垄断利润，可以达成暂时的协定。但同时，由于各自的私利，它们又会围绕市场配额、产销份额、利润、领导权等进行激烈的斗争。特别是在成员企业间实力对比发生变化时，斗争尤为尖锐。

　　2.垄断组织之间的竞争

　　为了争夺有利的投资场所，获得稳定的原料来源，控制商品的销售市场，操纵某个经济部门或地区，各垄断组织之间进行着激烈的竞争。如当某个垄断组织与另一个提供原材料或半成品的垄断组织发生纵向经济联系时，它们之间就会形成双边垄断竞争关系。垄断组织的垄断地位不是一成不变的，有的垄断组织在竞争中积累了大量财富后，需要向其他垄断组织控制的部门投资时，会发生争夺投资场所的竞争。由于垄断组织不仅自身拥有雄厚的经济实力，而且背后往往还有大银行的支持，竞争更为激烈。发展到现代，大垄断组织之间的混合兼并成为竞争的主要形式。

　　3.垄断组织与非垄断企业之间的竞争

　　垄断组织依靠其雄厚实力，形成强大的垄断壁垒，阻碍着非垄断企业的进入，并且控制本部门或相关部门的中小企业。垄断组织通过和中小企业订立购销合同，转包生产任务，把中小企业纳入自己的生产体系。利用中小企业因专业化分工而带来的生产效率和较廉价的劳动力，以降低自己的生产成本，提高利润率。或通过压低价格，收购中小企业的原材料或半成品。但是，中小企业既然作为资本存在，绝不会甘心受制于垄断组织的支配。因此，垄断组织与它们之间也存在着控制与反控制的斗争。

　　4.非垄断的中小企业间的竞争

　　非垄断的中小企业或一些较大的企业，在垄断组织尚未触及的"夹缝"市场和生产领域里围绕原材料采购、商品销售、劳动力等进行着激烈的竞争。它们之间的竞争是自由竞争，只不过在垄断占统治地位的条件下，这种自由竞争不仅意义有限，而且常常会被垄断组织用来作为控制、分裂非垄断企业的手段。

　　综上所述，竞争产生垄断，垄断加剧竞争，自由竞争过渡到垄断并没有改变资本主义的性质。恰恰相反，垄断与竞争的同时并存，使资本主义所固有的各种矛盾更加尖锐和突出。资本主义社会的各个领域、各个方面也由此打上了垄断的烙印，以垄断为基础发生了相应的改变。

第二节　国家垄断资本主义

第二次世界大战以前，垄断资本主义的经济特征是私人垄断。第二次世界大战以后，国家在经济生活中的作用越来越大，资本主义垄断已由私人垄断为主转变为国家垄断为主，资本主义进入国家垄断资本主义阶段。

一、国家垄断资本主义的产生与发展

（一）国家垄断资本发展的四个阶段

国家垄断资本主义是国家资本同私人垄断资本相结合的一种垄断资本主义。这种结合形成的新型垄断资本，高于一般私人垄断资本，是在社会再生产过程中形成的新的垄断资本主义生产关系体系，成为现代资本主义国家的经济基础。自由竞争发展为垄断，私人垄断发展为国家垄断，这是资本主义发展的一般规律。

国家垄断资本主义从开始萌芽到整个经济生活中占据统治地位，经历了一个复杂的发展过程。这个过程大致可分为四个阶段。

第一阶段，19世纪末到第一次世界大战爆发以前，国家垄断资本主义尚处于萌芽状态。这时的国有经济主要是国营铁路、兵工厂及某些公共事业和基础设施等。而这些早就是国家的财产，只是在私人垄断确立后他们才转变成国家垄断资本主义的一种早期形式。

第二阶段，第一次世界大战爆发到20世纪30年代大危机以前，国家垄断资本主义开始出现。战争期间，各交战国空前地加强了国家对经济的干预，对生产和分配普遍实行了国家监管，一些交战国还由国家投资建立钢铁厂和兵工厂。事实上，这是一种战争时期发展起来的军事性国家垄断资本主义，以德国的情况最为典型。战争结束后，这种国家垄断资本主义也就削弱了。

第三阶段，20世纪30年代到第二次世界大战结束初期，国家垄断资本主义不稳定发展时期。1929—1933年的世界资本主义经济危机，严重冲击了资本主义制度。为了渡过危机，摆脱经济困难，各国纷纷颁布干预经济的法令，成立各种管制经济的机构，加强了国家对经济的干预和调节，国家垄断资本主义再度有了显著发展。例如，美国推行"罗斯福新政"；英法等国对私人企业实行国有化的举措。第二次世界大战后，国家垄断资本主义又一次得到广泛的发展，各交战国普遍建立了许多直接管理经济的专门机构，国家调节几乎包括了所有经济部门。但是，这个时期的国家垄断资本主义是同经济危机和战争相联系的，具有行政性和不稳定性。随着经济危机和战争的结束，国家垄断资本主义又退回到私人垄断资本主义。

第四阶段，20世纪50年代开始直到现在，国家垄断资本主义进入全面、持续、迅速发展的阶段。国家垄断资本主义遍及经济发展的各个领域，涉及所有发达资本主义国家，成为当代资本主义国家经济基础最重要的组成部分，它标志着垄断资本主义发展到一个新的阶段。第二次世界大战后国家垄断资本主义迅速而稳定的发展，是因为战后科学技术革命的迅速发展促进了生产社会化程度不断提高，这就要求在全社会范围内对国民经济进行宏观管理。同时，战后主要资本主义国家面临国内外经济和政治斗争形势的变化，也极大地促进了国家垄断资本主义的发展。

（二）第二次世界大战后国家垄断资本主义迅速发展的原因

第二次世界大战后，国家垄断资本主义得到了迅速而持续的发展，最根本的原因是生产社会化的发展，导致资本主义基本矛盾加剧的结果。战后，由于新的科学技术革命极大地推动了社会生产力的发展，生产社会化程度有了很大的提高，使其与垄断资本主义私人占有的矛盾尖锐起来，由此而引起的一系列矛盾日益加剧。这些矛盾是私人垄断资本所不能解决和缓和的，这就促使垄断资本同国家机器结合起来，凭借资本主义国家的力量，对社会经济生活进行干预和调节，以暂时解决或缓和这些矛盾，保证资本主义再生产正常进行和高额垄断利润的获得。因此，从私人垄断资本主义过渡到国家垄断资本主义，意味着在资本主义关系内部可能的范围内进行的一种自我调整，它是垄断资本主义发展的必然趋势。

第二次世界大战后，垄断资本所面临的需要由资产阶级国家出面加以解决的矛盾，主要表现在以下方面：①市场问题日趋严重。在现代科学技术革命推动下，急剧膨胀起来的社会生产力，使社会产品大幅度增加，而国内外市场日益相对狭小。要缓和和解决这一矛盾，就要借助国家的力量进行干预和调节，开拓国内市场，刺激需求增长，对过度膨胀的生产加以控制。同时，随着经济的全球化，国际市场的竞争更加激烈，需要依靠国家的力量来争夺国际市场。②规模巨大的社会化大生产和一系列新兴工业的建立以及对传统工业进行大规模的设备更新和技术改造等，都需要投入巨额的资本，单靠私人垄断资本是不能承担的，特别是有些新兴工业部门，如航天工业，投资大、风险大，需要由国家资助和进行投资。③随着新科学技术的发展，生产社会化程度日益提高，客观上要求对整个国民经济的结构进行调整，尤其是国民经济中新兴工业部门不断增多，各部门之间的联系日益错综复杂，需要进行社会规模的调节与协调，这只有国家干预经济才能实现。④科学技术开发与研究的社会化，使私人垄断资本无力承担开发与研究项目。某些科学技术的开发和研究，往往需要跨学科、跨部门的数量众多的科研人员的协同配合，某些不能直接获利的基础理论研究，防止和消除现代化生产对自然环境的污染等，往往都是私人垄断资本所不能或者不愿意承担的，只能由国家来承担。上述种种矛盾和问题的解决是垄断资本利益的需要，但必须借助于国家的力量。因此，私人垄断资本主义便逐渐发展成为国家垄断资本主义。

二、国家垄断资本主义的形式

国家垄断资本主义的具体形式是多种多样的。在不同的国家、不同的历史阶段表现出来的形式也因政治经济条件不同，而有很大的差异。但不论采取什么形式，其本质都是相同的，即都是资产阶级国家与垄断资本的结合。这种结合包含两重含义：第一，国家直接占有垄断资本。就是国家与垄断资本已融合为一体，形成一种新型的垄断资本，即国有垄断资本。国家是国有垄断资本的所有者，并以真正的总垄断资本家的身份参与再生产的全部过程。第二，国有垄断资本与私人垄断资本在再生产过程中的结合运动。国有垄断资本一经形成，就成为社会总资本的一个有机组成部分，在社会总资本的再生产过程中与私人垄断资本紧密地结合在一起混合运动。

由于国家与私人垄断资本结合的渠道不同、程度不同，就形成了国家垄断资本主义的三种不同的形式。

（一）国有垄断资本

国有垄断资本是国家财政资金中转化为资本的那个部分。国家集中的财政资金并不全部转化为资本，如其中用于维持国家机关的行政开支，因没有投入价值增殖过程，就不能称作国有垄断资本。

国有垄断资本的组织形式，是国家所有制企业，即国有企业。它包括国家直接经营的国有企业事业，租让供私人垄断组织经营的国有企业。国有企业一般是通过两个途径建立起来的：一是"国有化"，即国家用高价收购或其他补偿损失的办法，把某些私人企业收归国有；二是国家用财政拨款直接投资建立的新企业。在国有企业里，国家已经是生产资料、垄断资本的直接所有者，国有企业的各种经营活动由国家调节，在社会资本再生产过程中，同私人垄断企业的各种经营活动相结合。

战后，英、法、意等西欧国家先后对电力，煤炭、铁路运输等许多部门或企业实行"国有化"，建立了不少的国有企业。但也有一些国家，如美国、日本等则没有实行"国有化"。一个国家是否实行国有化，要取决于国有化能否保证垄断资本的利润，当"国有化"能保证垄断资本获得高额利润时，可以实行国有化；反之，则可以将国有企业私营化。

（二）国私共有的垄断资本

国私共有垄断资本是国有垄断资本和私人垄断资本在一个企业范围内的结合，即国家以资本所有者的身份与私人垄断资本合作。这种国家垄断资本主义的建立形式，可以通过国家购买私人垄断企业的部分股票；或私人垄断组织购买国有企业的部分股票；或国家和私人垄断企业共同出资建立新企业。不论通过什么途径建立起来的国私共有垄断资本，它们都包含了国家资本和私人资本的结合。

国私共有垄断资本在形式上表现为股份公司，但它不同于单纯私人垄断资本组成的股份公司。因为，这种股份公司有国家的参与，国家便直接干预了私人资本的再生产过程。可见，国私共有的垄断资本实质上不过是国家为私人垄断资本追求高额利润提供了国家的保证。

（三）国私密切联系的垄断资本

国私密切联系的垄断资本是指与国家有密切联系的私人垄断本。这种资本在外部形式上表现为现代资本主义经济中的大量私人垄断资本，但是这些私人垄断资本在资本的整个运动过程中，却不能没有国有垄断资本的参与，国家垄断资本对私人垄断资本起着支持和保证的作用。

首先，从可变资本再生产的参与来看。在现代条件下，工人的收入一部分是资本家支付的工资；另一部分是国家支付的社会费用。如国家支出的劳动者的训练与教育经费，社会救济基金与保险费、卫生保健费等。这些费用多是私人不愿意或无力承担的，只好由国家来解决。而国家则要从全社会范围来保障符合垄断资本需要的劳动力供给，要从整个资产阶级的根本利益考虑，来支出这些费用。这些费用虽然采取的是政府支出的形式，但它最终的来源还是广大劳动群众创造的剩余价值的一部分。它反映了可变资本再生产形式在资本关系限度内的社会化。

其次，从不变资本投资的参与来看。这主要指的是国家投资和补贴，其目的是为私人资本的扩大再生产提供有保障的外部条件。如国家投资建设基础设施，国家投资进行的科研等。如果没有这些投资，或是这些基础设施和科研项目无法开展，那么，就要由私人资本预付更大的资本价值。国家无论是无偿或低价向私人资本提供生产要素或基础设施，都意味着国家投资代替了部分私人投资。

国家的补贴有直接补贴和间接补贴两种。直接补贴是国家无偿地给私人企业一定的资金，间接补贴是指减免税收、加速折旧等。间接补贴的作用在于降低企业成本、增加利润或增加企业自己支配的资本。

国家的投资和补贴代替一部分私人资本的投资和成本支出，这意味着不变资本再生产方式在资本界限内的社会化。

最后，国家垄断资本还参与了私人垄断资本剩余价值的分配和使用。如国家通过各种税收政策、财政金融政策、工资政策等影响剩余价值在企业内的分配以及在国家与企业之间的分割等。

以上这些都说明了在现代垄断资本主义条件下，私人垄断资本已经不能离开国家垄断资本而独立完成它的再生产运动了。国家垄断资本的三种形式，构成了国家垄断资本主义生产关系总体，这就意味着垄断资本主义已经发生了部分质变。

三、国家垄断资本主义的宏观调控

现实表明市场机制不是万能的，它存在着市场失灵。市场失灵主要表现在：①难以解决外部性问题；②市场主体行为目标具有短视性；③市场调节具有自发性、盲目性和滞后性；④市场调节只以效率原则为标准，会造成个人收入分配不公；⑤市场调节不能解决社会资本再生产的矛盾。这就需要资产阶级国家对经济进行调节，主要是通过各种强制手段来进行的，具体有以下几个方面：

（一）实行财政政策

财政政策调节是指资本主义国家通过财政收支调节社会需求，以维持经济的稳定增长。其特点是资产阶级政府根据经济周期的需要，经常调整经济政策，以直接影响消费需求和投资需求，使总需求与总供给达到平衡。如在经济萧条时期，总供给超过总需求，政府一方面增加财政支出，包括增加政府的商品劳务采购、公共工程投资等，以促进企业投资，直接扩大总需求水平；另一方面实行减免税收，让居民留下较多的可支配收入，来增加消费，使得总需求扩大。这两方面都有助于应对经济萧条。反之，如果当经济过度膨胀，出现总需求大于总供给时，政府则实行增税和缩减财政开支，包括减少政府购买、减少公共工程等，同时限制了公司的投资，以降低过旺的需求，最终使总供给与总需求趋于平衡。

但是应当看到，资产阶级政府的财政收支和税收的变动，总是有一定局限性的。如国家财政支出的增加，势必增加广大劳动人民的赋税负担，使得他们有支付能力的需求相对缩小，从而不可避免地进一步加深生产与消费的矛盾，为新的经济衰退埋下了伏笔。财政调节的过程实际上是充满矛盾和困难的过程，它使资产阶级政府陷入进退维谷的困境。

（二）货币政策

这是指资产阶级国家通过参与金融活动控制货币供给量来影响社会再生产。资产阶级国家通过建立以中央银行为中心的货币金融体系，作为直接控制国民经济体系的神经中枢。中央银行主要是通过调节货币供给量和伸缩信用规模，间接影响投资，改变需求水平，从而对整个再生产过程产生影响。其过程大体上是这样的：当经济出现过度膨胀或萎缩时，中央银行则相应地减少或增加货币供应量，从而促使信贷收缩或扩张，最终使总需求与总供给达到平衡，整个经济活动受到抑制或趋于活跃。实行金融调节也是矛盾重重的。首先由于资本主义国家经济的不稳定性，使得确定金融政策本身就十分困难。货币与信用的扩大和收缩在一定时期内对生产有相当影响，但它无法阻止经济危机的爆发。每当经济出现剧烈波动时，资产阶级政府便进退两难，束手无策。其次，中央银行的货币政策也无法完全左右信贷规模，因为信贷规模归根结底要受再生产过程的制约。

（三）收入政策

它的基本内容是国家通过工资政策，调节工资、利润和其他收入之间的比例关系，克服物价与工资的螺旋式上涨，做到所谓"公平"分配。这方面的问题同样是很多的。国家要达到充分就业、稳定物价的目标，本身就是与垄断资本攫取高额垄断利润的愿望相违背的。就业人数增加，企业工资支出也必然增加，这必然引起物价上涨。如要稳定物价，就要控制工资的增长，否则工人要求增加工资，企业就要提高物价，所谓"公平"分配，事实上是很难做到的。

（四）计划管理

这也是战后资本主义国家普遍采用的一种调节经济的方式。计划调节是指主要资本主义国家通过编制短期、中期和长期计划及其实施来对整个国民经济实行综合调节。

资本主义国家的经济计划不是指令性的，而是指导性和参考性的。它对资本主义各个私人企业没有法律约束力。国家计划只是通过种种经济杠杆和各种经济措施去诱导和影响私人企业，把私人企业的生产经营活动纳入国家计划的轨道。资本主义国家计划只不过是运用市场机制的作用，对资本、劳动力、物资在全社会范围内进行的一种调度。计划调节的目的是维持整个垄断资产阶级的利益。如果计划对垄断资产阶级不利，计划是得不到贯彻的。由于资本主义生产社会化发展的客观要求，国家计划对不同国家不同历史时期在缓和资本主义生产无政府状态带来的各种矛盾，以及对资本主义经济的发展起了一定的作用，但从根本上说来，资本主义经济同国家计划管理是根本对立的，它不可能根本消除资本主义生产的盲目性和无政府状态。

四、国家垄断资本主义对经济发展的影响

国家垄断资本主义的形成和发展表明私人垄断向国家垄断的转变，垄断资本在全国

范围内确立了统治，这对资本主义经济的发展起了重要的作用。

（一）国家垄断资本主义对经济发展的促进作用

第二次世界大战后国家垄断资本主义的迅速发展，有力地促进了资本主义经济的发展。

（1）国家垄断资本主义为社会再生产的顺利进行创造了必要的宏观环境。一是政府运用其掌握的巨额资本投入社会资本再生产过程，可以兴办那些私人垄断资本无力兴办的、适应新科技发展要求的巨大新兴工业企业，从而部分地克服了社会化大生产与私人垄断资本之间的矛盾；二是政府通过财政、货币政策刺激或抑制有效需求，增加或减少社会供给，在一定程度上有助于缓和社会生产的无政府状态；三是政府利用经济法规有效地调整和规范了私营企业的利益与行为，使社会再生产得以保持相对平稳地顺利进行；四是国家经济计划在一定程度上为私营企业调整经营决策提供参考，并对产业结构和地区结构的规模、方向做出调整，减少私营企业投资的盲目性。可见，国家调节是私人垄断企业获取高额利润的必要外部条件。

（2）国家垄断资本主义对科学技术进步产生巨大的推动作用。国家垄断资本主义通过税收等途径在全国范围集中了大量的资金投入科技研究，投入私人无力承担或不愿承担的大型工程或耗资巨大、技术密集的新兴工业部门，使战后新技术、新产业迅速发展起来。国家垄断资本主义使竞争在更大的范围内展开，促使垄断资本加强科技的研究和在生产中的应用，提高产品质量，降低成本，加强竞争能力，以便在竞争中立于不败之地，从而加快了资本主义经济的发展。

（3）国家垄断资本主义还在一定时期内和一定程度上缓和了劳资矛盾、垄断资本与中小资本的矛盾。垄断资产阶级国家通过财政政策对国民收入进行再分配，通过社会福利制度对工资收入者的收入进行再分配，这种福利制度使劳动人民在一定程度上得到基本生活保障，使那些无劳动能力和低收入的家庭生活有所改善，起到缓和劳资矛盾的作用，有利于维护资本主义雇佣劳动制度。

（4）战后垄断资本对发展中国家的垄断统治方式也发生了重大变化，即从野蛮侵略转变为经济投资。虽然剥削的实质没有变，但是对发展中国家发展民族经济，促进国际经济合作与交流有一定的正面作用，也有利于国际经济活动的专业化协作。

（二）国家垄断资本主义对经济发展的局限性

国家垄断资本主义是适应私人垄断资本利益的需要、为维护和巩固资本主义制度而产生的，因而国家垄断统治必然会加深资本主义社会的经济矛盾。

（1）国家垄断导致生产技术的停滞趋向。国家垄断可以通过制订国家垄断价格，通过限制产量，通过政府的商品和劳务的采购等办法，使垄断资本家获得有保障的可靠的高额利润，因此推动技术进步的动因就在一定程度上消失了，甚至有可能通过收买科技发明，将它封存不用等办法，人为地阻止技术的进步，结果导致经济停滞，甚至倒退的趋势。

（2）国家垄断资本的积累归根结底是使无产阶级和其他劳动人民遭受更加沉重的剥削。这不仅限制了广大劳动人民消费的增长，加深了生产与消费的矛盾，还必然加深无产阶级同资产阶级的矛盾。

（3）国家垄断资本主义与帝国主义国家的国民经济军事化密切地联系在一起，使国家大量的人力、物力和财力用于军事方面，大量的社会财富游离于社会再生产过程之外，造成社会财富的巨大浪费，影响资本积累和经济发展。

◼ 本章小结

（1）资本主义在经历了自由竞争资本主义后，生产力得到迅速发展。伴随着资本主义生产的发展，生产社会化的程度不断提高，生产集中的趋势也不断加强。

（2）资本主义生产集中和资本的集中，私人垄断资本主义产生，产生了各种各样的垄断组织，如托拉斯、辛迪加、康采恩等垄断组织。

（3）资本家通过建立垄断组织，攫取垄断利润。垄断是作为自由竞争的直接对立物而发展起来的。但是，垄断并没有消除竞争，而与竞争并存，存在四种垄断竞争的形式。

（4）第二次世界大战以后，国家在经济生活中的作用越来越大，资本主义垄断已由私人垄断为主转变为国家垄断为主，资本主义进入国家垄断资本主义阶段。国家垄断资本主义从开始萌芽到在整个经济生活中占据统治地位，大致可分为四个阶段。

（5）国家垄断资本主义的具体形式是多种多样的，但不论采取什么形式，其本质都是相同的，即都是资产阶级国家与垄断资本的结合。国家垄断资本主义通过对经济的宏观调控手段，对资本主义经济发展起着巨大的推动作用，但从长远看对社会进步起着阻碍作用。

◼ 复习思考题

1.资本主义垄断是怎样形成的？
2.简述垄断竞争的形式。
3.简述国家垄断资本主义的形式。
4.简述资本主义国家宏观调控的手段。
5.简述国家垄断资本主义对经济发展的影响。

第七章

社会主义经济制度及其根本任务

学习目标

知识目标：

1.熟悉社会主义的根本任务。

2.掌握社会主义的本质。

3.熟悉社会主义初级阶段的内涵和基本经济特征。

能力目标：

能够区分社会主义和资本主义的本质区别。

素养目标：

关注社会主义的本质和根本任务，形成社会主义核心价值观。

以上各章，我们分析了资本主义生产关系发展变化的规律性。从本章开始，我们将分析社会主义生产关系发展变化的规律性。本章主要阐述社会主义经济制度建立的必然性，社会主义的根本任务，中国社会主义发展的初级阶段理论，中国社会主义初级阶段的所有制结构等问题。

第一节　社会主义经济制度的建立和发展

一、社会主义经济制度建立的理论依据

社会主义经济制度是在马克思主义理论指导下建立和发展的。早在19世纪40年代，马克思、恩格斯在批判性地继承空想社会主义理论成果的基础上，创立了科学社会主义理论。科学社会主义克服了空想社会主义仅仅从人类公平、正义等理性原则出发，批判资本主义并在此基础上构想未来理性王国的缺陷，依据辩证唯物主义和历史唯物主义的科学世界观和方法论，通过对生产力和生产关系矛盾运动的深刻分析，揭示了资本主义制度的内在矛盾，揭示了人类社会发展的规律和方向，从而使社会主义从空想变为科学。

马克思、恩格斯指出，应当避免像空想社会主义那样，热衷于空洞地设计和描绘未

政治经济学

来社会的细节。他们认为，谈共产主义的细节而"同时既不堕入空想社会主义又不流于空泛词藻几乎是不可能的"①。马克思明确指出"我们的任务不是推断未来和宣布一些适合将来任何时候的一劳永逸的决定"②，而是希望在批判旧世界中发现新世界。恩格斯指出："我们对未来非资本主义社会区别于现代社会的特征的看法，是从历史事实和发展过程中得出的确切结论；不结合这些事实和过程加以阐明，就没有任何理论价值和实际价值。"③

马克思、恩格斯根据历史唯物主义原理描绘了未来社会总的趋势，他们指出，未来共产主义社会从其产生、发展到成熟需要一个相当长的历史过程，期间主要经历共产主义社会第一阶段及社会主义社会，以及共产主义社会的高级阶段即真正的共产主义社会。马克思、恩格斯并没有对这两个阶段作更详细的论述，而只是做了科学的构想和大致的描述。根据他们的有关论述，在经济方面可以概括为以下几点：

（一）以公有制为主体

在马克思、恩格斯的设想中，未来社会将是"一个集体的、以生产资料公有制为基础的社会"④，它"在实行全部生产资料公有制（先是国家的）基础上组织生产"⑤。他们认为，生产资料私有制是一切剥削制度的经济根源。资本主义私有制是"建立在阶级对立上面、建立在一些人对另一些人的剥削上面的产品生产和占有的最后而又最完备的表现"⑥，因此，他们始终把所有制问题即消灭私有制代之以公有制作为无产阶级解放运动的"基本问题"⑦。在《共产党宣言》中，他们指出："共产党人可以把自己的理论概括为一句话：消灭私有制。"⑧他们设想的生产资料公有制应当"使生产资料受联合起来的工人阶级支配"⑨，"使整个社会直接占有一切生产资料——土地、铁路、矿山、机器等等，让它们供全体成员共同使用，并为了全体成员的利益而共同使用"⑩。在《资本论》中，马克思指出："从资本主义生产方式产生的资本主义占有方式，从而资本主义的私有制，是对个人的、以自己劳动为基础的私有制的第一个否定。但资本主义生产由于自然过程的必然性，造成了对自身的否定。这是否定的否定。这种否定不是重新建立私有制，而是在资本主义时代的成就的基础上，重新建立个人所有制。"⑪恩格斯进一步解释说，这种个人所有制"是在土地和靠劳动本身生产的生产资

---

① 马克思，恩格斯.马克思恩格斯全集（第39卷）[M].中共中央马克思恩格斯列宁斯大林著作编译局，编译.北京：人民出版社，1974：189.
② 马克思，恩格斯.马克思恩格斯全集（第1卷）[M].中共中央马克思恩格斯列宁斯大林著作编译局，编译.北京：人民出版社，1956：416.
③ 马克思，恩格斯.马克思恩格斯文集（第10卷）[M].中共中央马克思恩格斯列宁斯大林著作编译局，编译.北京：人民出版社，2009：548.
④ 马克思.哥达纲领批判[M]//马克思恩格斯文集（第3卷）.中共中央马克思恩格斯列宁斯大林著作编译局，编译.北京：人民出版社，2009：433.
⑤ 恩格斯.恩格斯致奥托·冯·伯尼克[M]//马克思恩格斯文集（第10卷）.中共中央马克思恩格斯列宁斯大林著作编译局，编译.北京：人民出版社，2009：588.
⑥ 马克思，恩格斯.共产党宣言[M]//马克思恩格斯文集（第2卷）.中共中央马克思恩格斯列宁斯大林著作编译局，编译.北京：人民出版社，2009：45.
⑦ 马克思，恩格斯.共产党宣言[M]//马克思恩格斯文集（第2卷）.中共中央马克思恩格斯列宁斯大林著作编译局，编译.北京：人民出版社，2009：66.
⑧ 马克思，恩格斯.共产党宣言[M]//马克思恩格斯文集（第2卷）.中共中央马克思恩格斯列宁斯大林著作编译局，编译.北京：人民出版社，2009：45.
⑨ 马克思.1848至1850年的法兰西阶级斗争[M]//马克思恩格斯文集（第2卷）.中共中央马克思恩格斯列宁斯大林著作编译局，编译.北京：人民出版社，2009：319.
⑩ 恩格斯.美国工人运动[M]//马克思恩格斯文集（第2卷）.中共中央马克思恩格斯列宁斯大林著作编译局，编译.北京：人民出版社，2009：319.
⑪ 马克思.资本论（第1卷）[M]//马克思恩格斯文集（第5卷）.中共中央马克思恩格斯列宁斯大林著作编译局，编译.北京：人民出版社，2009：874.

108

料的社会所有制的基础上重新建立"①。"这就是说，社会所有制涉及土地和其他生产资料，个人所有制涉及产品，也就是涉及消费品。"②

（二）实行计划经济

在马克思、恩格斯的设想中，未来社会将实行有计划的生产。"由于生产者不交换自己的产品；用在产品上的劳动，在这里也不表现为这些产品的价值，不表现为这些产品所具有的某种物的属性，因为这时，同资本主义社会相反，个人的劳动不再经过迂回曲折的道路，而是直接作为总劳动的组成部分存在着。"③恩格斯也指出："一旦社会占有了生产资料，商品生产就将被消除，而产品对生产者的统治也将随之消除。社会生产内部的无政府状态将为有计划的自觉的组织所代替。"④在生产资料的社会化和由此而来的管理的社会化的基础上，每一个行业的生产以及这种生产的增加都不再通过价值规律和市场机制调节，而是直接由社会需要调节和控制，由社会"按照一个统一的大的计划协调地配置自己的生产力"。⑤

（三）生产力高度发展

马克思、恩格斯认为，生产力的巨大提高和高速发展，是建立共产主义社会"绝对必需的实际前提"⑥。如果没有生产力的巨大发展，共产主义社会"将没有任何物质基础，它将建立在纯粹的理论上面，就是说，将是一种纯粹的怪想"⑦。没有生产力的巨大提高和普遍交往的发展，"那就只会有贫困的普遍化，而在极端贫困的情况下，就必须重新开始争取必需品的斗争，全部陈腐污浊的东西又要死灰复燃"⑧。因此，在共产主义社会的第一阶段即社会主义社会，无产阶级的主要任务将是"尽可能快地增加生产力的总量"⑨。共产主义制度的建立不仅以高度发展的生产力为基础，而且将使未来社会的生产力得到更大的发展。恩格斯指出："摆脱了私有制压迫的大工业的发展规模将十分宏伟，相形之下，目前的大工业状况将显得非常渺小，正像工场手工业和我们今天的大工业相比一样。工业的这种发展将给社会提供足够的产品以满足所有人的需要。农业在目前由于私有制的压迫和土地的小块化而难以利用现有改良成果和科学成就，而在将来也同样会进入崭新的繁荣时期，并将给社会提供足够的产品。"⑩

（四）共产主义将分为不同阶段

马克思、恩格斯提出了共产主义社会发展阶段的设想。马克思指出："我们这里所

---

① 恩格斯.反杜林论 [M] //马克思恩格斯文集（第9卷）.中共中央马克思恩格斯列宁斯大林著作编译局，编译.北京：人民出版社，2009：138.
② 恩格斯.反杜林论 [M] //马克思恩格斯文集（第9卷）.中共中央马克思恩格斯列宁斯大林著作编译局，编译.北京：人民出版社，2009：138.
③ 马克思.哥达纲领批判 [M] //马克思恩格斯文集（第3卷）.中共中央马克思恩格斯列宁斯大林著作编译局，编译.北京：人民出版社，2009：433-434.
④ 恩格斯.反杜林论 [M] //马克思恩格斯文集（第9卷）.中共中央马克思恩格斯列宁斯大林著作编译局，编译.北京：人民出版社，2009：300.
⑤ 恩格斯.反杜林论 [M] //马克思恩格斯文集（第9卷）.中共中央马克思恩格斯列宁斯大林著作编译局，编译.北京：人民出版社，2009：313.
⑥ 马克思，恩格斯.德意志意识形态 [M] //马克思恩格斯文集（第1卷）.中共中央马克思恩格斯列宁斯大林著作编译局，编译.北京：人民出版社，2009：538.
⑦ 马克思，恩格斯.德意志意识形态 [M] //马克思恩格斯文集（第1卷）.中共中央马克思恩格斯列宁斯大林著作编译局，编译.北京：人民出版社，2009：539.
⑧ 马克思，恩格斯.德意志意识形态 [M] //马克思恩格斯文集（第1卷）.中共中央马克思恩格斯列宁斯大林著作编译局，编译.北京：人民出版社，2009：538.
⑨ 马克思，恩格斯.共产党宣言 [M] //马克思恩格斯文集（第2卷）.中共中央马克思恩格斯列宁斯大林著作编译局，编译.北京：人民出版社，2009：52.
⑩ 恩格斯.共产主义原理 [M] //马克思恩格斯文集（第1卷）.中共中央马克思恩格斯列宁斯大林著作编译局，编译.北京：人民出版社，2009：688.

说的是这样的共产主义社会，它不是在它自身基础上已经发展了的，恰恰相反，是刚刚从资本主义社会中产生出来的，因此它在各方面，在经济、道德和精神方面都还带着它脱胎出来的那个旧社会的痕迹。所以，每一个生产者，在做了各项扣除以后，从社会领回的，正好是他给予社会的。他给予社会的，就是他个人的劳动量……他从社会领得一张凭证，证明他提供了多少劳动（扣除他为公共基金而进行的劳动），他根据这张凭证从社会储存中领得一份耗费同等劳动量的消费资料。"①因此，在共产主义社会第一阶段，个人生活资料还只能根据个人的劳动量实行按劳分配。而"在共产主义社会高级阶段，在迫使个人奴隶般地服从分工的情形已经消失，从而脑力劳动和体力劳动的对立也随之消失之后；在劳动已经不仅仅是谋生的手段，而且本身成了生活的第一需要之后；再随着个人的全面发展，他们的生产力也增长起来，而集体财富的一切源泉都充分涌流之后——只有在那个时候，才能完全超出资产阶级权利的狭隘眼界，社会才能在自己的旗帜上写上：各尽所能，按需分配！"②

（五）国家将消亡

马克思、恩格斯认为，在未来社会阶级将被消灭，国家将自行消亡。他们认为，无产阶级在消灭旧的生产关系的同时，"也就消灭了阶级对立的存在条件，消灭了阶级本身的存在条件，从而消灭了它自己这个阶级的统治"③。"当阶级差别在发展进程中已经消失而全部生产集中在联合起来的个人的手里的时候，公共权力就失去政治性质。"④恩格斯指出："随着社会生产的无政府状态的消失，国家的政治权威也将消失。人终于成为自己的社会结合的主人，从而也就成为自然界的主人，成为自身的主人——自由的人。"⑤"只是从这时起，人们才完全自觉地自己创造自己的历史……这是人类从必然王国走向自由王国的飞跃。"⑥马克思、恩格斯指出："代替那存在着阶级和阶级对立的资产阶级旧社会的，将是这样一个联合体，在那里，每个人的自由发展是一切人的自由发展的条件。"⑦

马克思、恩格斯关于未来社会的科学构想，为建立社会主义制度提供了重要的理论依据。但必须看到，马克思、恩格斯提出的未来社会的总体原则和构想，是基于在发达资本主义国家进行社会主义革命而提出来的，是根据社会发展的趋势所作的一种预见，并非未来社会的详细蓝图，不应该被看作是一成不变的教条，而应该根据各国实践和不同的历史条件加以具体化。建立共产主义社会是一个漫长的历史过程，其间还要经历发展水平不同的许多阶段。对于如何在实践中探索和完善社会主义制度，正如恩格斯曾经明确指出的："我认为，所谓'社会主义社会'不是一种一成不变的东西，而应当和任

① 马克思.哥达纲领批判［M］//马克思恩格斯文集（第3卷，中共中央马克思恩格斯列宁斯大林著作编译局，编译. 北京：人民出版社，2009：434.
② 马克思.哥达纲领批判［M］//马克思恩格斯文集（第3卷）.中共中央马克思恩格斯列宁斯大林著作编译局，编译. 北京：人民出版社，2009：435-436.
③ 马克思，恩格斯.共产党宣言［M］//马克思恩格斯文集（第2卷）.中共中央马克思恩格斯列宁斯大林著作编译局，编译. 北京：人民出版社，2009：53.
④ 马克思，恩格斯.共产党宣言［M］//马克思恩格斯文集（第2卷）.中共中央马克思恩格斯列宁斯大林著作编译局，编译. 北京：人民出版社，2009：53.
⑤ 恩格斯.社会主义从空想到科学的发展［M］//马克思恩格斯文集（第3卷）.中共中央马克思恩格斯列宁斯大林著作编译局，编译. 北京：人民出版社，2009：566.
⑥ 恩格斯.社会主义从空想到科学的发展［M］//马克思恩格斯文集（第3卷）.中共中央马克思恩格斯列宁斯大林著作编译局，编译. 北京：人民出版社，2009：564-565.
⑦ 马克思，恩格斯.共产党宣言［M］//马克思恩格斯文集（第2卷）.中共中央马克思恩格斯列宁斯大林著作编译局，编译. 北京：人民出版社，2009：53.

何其他社会制度一样，把它看成是经常变化和改革的社会。"①

按照马克思、恩格斯的设想，社会主义革命可能首先在资本主义经济最发达的一些国家同时发生。恩格斯曾经指出："共产主义革命将不仅是一个国家的革命，而将在一切文明国家至少在英国、美国、法国、德国同时发生。在这些国家的每一个国家中，共产主义发展得较快或较慢，要看这个国家是否工业发达，财富积累较多，以及生产力较高而定。"②然而，社会主义实践却超出了马克思、恩格斯的预想，社会主义革命首先在资本主义较不发达的俄国取得胜利，苏联成为第一个建立社会主义经济制度的国家。苏联的经验证明，在帝国主义时期，由于资本主义经济政治发展的不平衡，社会主义革命能够突破资本主义世界体系的薄弱环节，在一个或几个国家首先取得胜利。革命首先胜利的国家，不一定是资本主义最发达的国家。后来，中国革命的经验则证明，像旧中国这样半殖民地半封建社会的经济落后国家，在无产阶级政党的领导下，就可以不经过资本主义充分发展的阶段，在民主革命胜利以后领导全体劳动人民走上社会主义道路。

社会主义经济制度的建立之所以没有按照马克思、恩格斯所设想的那样发生，这是因为资本主义生产社会化、国际化发展把世界各国的经济紧密联系在一起，生产关系和生产力的矛盾不仅在工业发达国家，而且会在经济落后国家得到充分反映。因此，社会主义经济制度取代资本主义经济制度虽然是历史的必然，但这一历史必然实现的途径和形式却没有固定的模式。而且社会主义经济制度首先在哪些国家建立，需要从世界范围考察生产力和生产关系的矛盾运动。

二、社会主义经济制度在中国的建立和发展

（一）社会主义改造与社会主义制度的建立

中国社会主义经济制度的建立，不能照搬马克思、恩格斯的模式，而必须从中国自己的实际出发，走有中国特色的社会主义道路。因此，从1949年10月中华人民共和国成立到1956年，我国在完成民主革命遗留任务的同时，有步骤地实现从新民主主义到社会主义的转变，迅速恢复了国民经济并开展了有计划的经济建设，在全国绝大部分地区基本上完成了对生产资料私有制的社会主义改造。

新中国创造性地开辟了一条具有中国特色的社会主义改造道路。对资本主义工商业，创造了委托加工、计划订货、统购包销、委托经销代销、公私合营、全行业公私合营等一系列从低级到高级的国家资本主义的过渡形式，最后实现了马克思和列宁曾经设想、其他社会主义国家未能实行的对资产阶级的和平购买。对个体农业，遵循自愿互利、典型示范和国家帮助的原则，创造了从临时互助组和常年互助组，发展到半社会主义性质的初级农业生产合作社，再发展到社会主义性质的高级农业生产合作社的过渡形式。对于个体手工业的改造，也采取了类似的方法。在改造过程中，国家资本主义和合作经济表现出了明显的优越性。社会主义改造的胜利，为中国全面进行社会主义建设奠定了基础，开辟了道路。农业和手工业由个体所有制转变为社会主义集体所有制，私营工商业

---

① 恩格斯.恩格斯致奥托·冯·伯尼克［M］//马克思恩格斯文集（第10卷）.中共中央马克思恩格斯列宁斯大林著作编译局，编译. 北京：人民出版社，2009：588.
② 马克思，恩格斯.马克思恩格斯全集（第1卷）［M］. 中共中央马克思恩格斯列宁斯大林著作编译局，编译. 北京：人民出版社，1969：221.

由资本主义所有制转变为社会主义所有制，这就使社会生产力从旧的生产关系的束缚中解放出来，为在社会主义条件下取得比资本主义更快更好的现代化发展铺平了道路。

当然，由于缺乏经验和工作中的急躁情绪，在1955年夏季以后，农业合作化以及对手工业和个体商业的改造要求过急，工作过粗，改变过快，形式也过于简单划一，以致遗留了一些问题，需要在长时期内加以解决。中国的经验表明，走社会主义道路，既不能把书本当教条，也不能照搬外国模式，必须以马克思主义为指导，从自己的实际出发，走一条有中国特色的社会主义道路。虽然对生产资料私有制改造的过程中出现了一些问题，但是，通过社会主义改造，促进了整个国民经济的发展，在中国建立起了社会主义经济制度。

（二）社会主义经济在实践中的曲折发展

中国社会主义基本制度从1956年确立到其后几十年的发展，在实践中经历了艰辛的探索。

社会主义改造基本完成后，中国开始转入大规模的社会主义建设阶段，国民经济发展日新月异，政治社会结构发生了根本变化，计划经济体制得以建立并在社会主义建立初期的实践中发挥了重要作用。1956年4月，毛泽东同志发表《论十大关系》，初步总结了我国社会主义建设的经验，提出"以苏为鉴"，积极探索适合我国国情的社会主义建设道路。在社会主义经济建设方面，毛泽东同志强调，要实行以农业为基础、以工业为主导的方针，正确处理重工业、轻工业和农业的关系，以农、轻、重为序发展国民经济；在优先发展重工业的条件下，坚持工业和农业并举、重工业和轻工业并举、中央工业和地方工业并举、大中小企业并举等"两条腿"走路的方针；正确解决好综合平衡的问题，处理好积累和消费、生产和生活的问题，处理好国家、集体和个人的关系，统筹兼顾、适当安排。1956年9月，党的第八次全国代表大会召开，党的八大正确分析了社会主义改造完成后中国社会的主要矛盾和主要任务。大会指出：社会主义制度在我国已经基本上建立起来；国内主要矛盾已经不再是工人阶级和资产阶级的矛盾，而是人民对于经济文化迅速发展的需要同当前经济文化不能满足人民需要之间的矛盾；全国人民的主要任务是集中力量发展社会生产力，实现国家工业化，逐步满足人民日益增长的物质和文化需要；虽然还有阶级斗争，还要加强人民民主专政，但其根本任务已经是在新的生产关系下面保护和发展生产力。党的八大路线是正确的，为今后一段时期中国的经济社会发展指明了方向。

到1966年"文化大革命"发生前的十年中，中国建立并实行了国民经济计划管理体制，集中使用有限的物力和财力进行重点建设，取得了很大的成就，为社会主义现代化的建设打下了坚实的物质技术基础。但这十年的发展过程，也经历了曲折，在指导方针上有过"左"的失误，发生过脱离中国国情、违背经济规律的"大跃进"运动，使国民经济遭受过严重损失，这些都成为社会主义建设进程中的深刻教训。

1966年5月至1976年10月的"文化大革命"，是一场给党、国家和各族人民带来严重灾难的内乱，使社会主义经济建设遭到严重挫折。由于全党和广大人民群众的共同努力，国民经济在十分困难的条件下仍然取得了一定的发展，粮食生产保持了比较稳定的增长，工业交通、基本建设和科学技术方面都取得了一定成就。

1978 年 12 月，党的十一届三中全会召开，这是中华人民共和国成立以来党的历史上具有深远意义的伟大转折。这次会议重新确立了马克思主义的思想路线、政治路线和组织路线，坚持解放思想、实事求是，以巨大的政治勇气和理论勇气，科学评价毛泽东同志和毛泽东思想，彻底否定"以阶级斗争为纲"的错误理论和实践，作出把党和国家的工作重心转移到经济建设上来、实行改革开放的历史性决策，确立社会主义初级阶段基本路线，吹响了建设中国特色社会主义的时代号角。党的十一届三中全会的召开，开辟了中国改革开放和社会主义现代化建设的新时期。从那以后，全国人民以一往无前的进取精神和波澜壮阔的创新实践，谱写了中华民族自强不息、顽强奋进的新的壮丽史诗，中国人民的面貌、社会主义中国的面貌、中国共产党的面貌发生了历史性变化。

（三）中国特色社会主义经济

以党的十一届三中全会召开为标志，中国开始进入探索中国特色社会主义的新的历史时期。以邓小平同志为核心的党的第二代中央领导集体坚持把马克思主义基本原理同当代中国实际和时代特征结合起来，总结社会主义建设中正反两方面的经验教训，开辟了中国特色社会主义道路，形成了邓小平理论。在经济建设上，推进了经济体制改革的理论和实践。1981 年 6 月，党的十一届六中全会《关于建国以来党的若干历史问题的决议》中，首先提出了"在公有制基础上实行计划经济，同时发挥市场调节的辅助作用"。1982 年 9 月，党的十二大明确提出"计划经济为主，市场调节为辅"的原则。这些提法不再把计划经济同商品经济对立起来，允许市场调节存在并发挥作用，为推进经济体制改革开辟了道路。1984 年 10 月，党的十二届三中全会通过了《中共中央关于经济体制改革的决定》，首次提出了"有计划的商品经济"这一新概念，明确肯定商品经济的充分发展是社会主义经济发展不可逾越的阶段，是实现我国社会主义现代化的必要条件。"有计划的商品经济"这一新概念将商品经济作为社会主义经济运行的基础框架，这是对社会主义经济理论的一次重大突破。邓小平同志高度评价这个决定，"是马克思主义基本原理和中国社会主义实践相结合的政治经济学"[①]。1987 年 10 月，党的十三大提出了社会主义初级阶段理论，阐明社会主义有计划商品经济的体制应该是计划与市场内在统一的体制，进一步发展了有计划商品经济理论。这一时期对经济理论的深化和实践发展表明，中国的经济体制改革，不是对原有计划经济体制细枝末节的修补，而是在坚持社会主义基本制度的前提下，自觉地变革生产关系和上层建筑中不适应生产力要求的那些环节和方面，从根本上改革束缚生产力发展的经济体制，是一场全面而深刻的社会经济变革。

党的十三届四中全会，是在国际局势深刻变化，我国改革开放进入一个关键时期召开的一次重要会议。党的十三届四中全会以后，以江泽民同志为核心的党的第三代中央领导集体高举邓小平理论伟大旗帜，坚持解放思想、实事求是、与时俱进，创立了"三个代表"重要思想，丰富和发展了中国特色社会主义理论体系。在经济建设上，进一步确立了经济体制改革的目标。1992 年 12 月，党的十四大明确提出了我国经济体制改革的目标是建立社会主义市场经济体制，提出在社会化大生产和存在复杂经济关系的条件

---

① 邓小平.在中央顾问委员会第三次全体会议上的讲话［M］//邓小平文选（第 3 卷）.北京：人民出版社，1993：83.

下，市场经济对促进经济发展具有更强的适应性、更显著的优势和较高的效率；市场经济对促进经济发展具有更强的适应性、更显著的优势和较高的效率；市场经济作为资源配置的一种方式本身不具有社会制度的属性，它与社会主义制度相结合可以体现社会主义的基本特征。1993年11月，党的十四届三中全会作出的《中共中央关于建立社会主义市场经济体制若干问题的决定》，明确提出了建立社会主义市场经济体制的基本框架和基本要求。1997年9月召开的党的十五大确立了以公有制为主体、多种所有制经济共同发展的社会主义初级阶段的基本经济制度。1999年9月，党的十五届四中全会通过的《中共中央关于国有企业改革和发展若干重大问题的决定》，对国有经济的改革作出了全面部署。之后党的历届大会的决策部署继续深化和发展中国特色社会主义理论，进一步完善了社会主义市场经济体制，为发展中国特色社会主义经济开辟了广阔道路。

第二节　社会主义的根本任务

一、社会主义的基本矛盾

生产力和生产关系之间的矛盾，以及在这一矛盾基础上产生的经济基础和上层建筑之间的矛盾，是人类社会的基本矛盾。正是这一矛盾的运动和发展，推动着人类社会不断前进，推动着人类社会从低级形态向高级形态发展。社会主义制度建立后，社会基本矛盾仍然是生产力和生产关系、经济基础和上层建筑之间的矛盾，这一基本矛盾贯穿于社会主义社会的始终，成为社会主义社会发展的根本动力。

但是，社会主义社会的基本矛盾与资本主义社会相比具有根本不同的性质。资本主义社会的基本矛盾具体表现为生产社会化和资本主义私人占有之间的矛盾，这一矛盾又集中体现为经济危机的周期性爆发、无产阶级和资产阶级的对抗。而在社会主义条件下，生产资料公有制的主体地位，工人阶级领导的、以工农联盟为基础的人民民主专政国家政权，从根本上消除了阶级对立和大规模阶级斗争，在此基础上形成了人民群众根本利益的一致性，这也决定了社会主义社会基本矛盾的性质是非对抗性的，它的解决不需要像资本主义社会那样采取剧烈的阶级斗争方式，而是可以依靠社会主义制度自身的力量，在社会主义制度的自我完善中得到解决。

在社会主义社会，生产关系基本适应生产力的发展，但也有不适合的环节和方面，二者之间仍然会存在矛盾。正是这些矛盾推动社会主义社会向前发展。判断一种生产关系和生产力是否相适应，主要看它是否适应一定历史阶段生产力发展的水平和要求，能否推动生产力进一步向前发展。实践证明，一些即使是社会主义性质的生产关系，如果超越了社会主义初级阶段的生产力水平，也会阻碍生产力的发展；而一些就其性质来说不是社会主义的生产关系，只要适应社会主义初级阶段的生产力水平，能够推动生产力的发展，也应当允许其存在和发展。同样，在社会主义社会，上层建筑与经济基础基本适应，但仍然存在一些不相适应的方面和环节，会对社会主义经济基础产生阻碍作用。这就需要着力推进经济体制、政治体制、文化体制、社会体制的改革创新，使之与社会主义经济基础更加适应。

正确理解和认识社会主义社会的基本矛盾有着重要意义。社会基本矛盾在运动中出现的必然性是人类社会发展的普遍的客观规律，人们只有在认识和掌握这些规律的基础上按照客观规律办事，才能有效地发挥自身的主观能动性。中华人民共和国成立后，我们进行社会主义革命、社会主义建设和改革开放，正是以社会主义的基本矛盾及其运动规律为客观依据的。这对于保证社会主义革命和社会主义建设、社会主义经济体制改革和对外开放、社会主义和谐社会建设等的顺利进行都具有十分重要的意义。

二、社会主义的物质基础

一定社会的物质基础，是指一定社会经济制度赖以建立的物质技术条件。生产力决定生产关系，生产力是生产关系建立和发展的物质基础。社会主义生产关系是在一定的物质基础上建立起来的，而且只有进一步发展与它相适应的物质基础，才能最后战胜旧的生产关系，并得到巩固和发展。因此，无产阶级在夺取政权、建立起社会主义制度之后，面临的迫切任务就是加速建立和发展社会主义的物质基础。

社会主义需要建立什么样的物质基础？一般地说，社会化大生产就是社会主义的物质基础。从理论上说，社会主义是比资本主义更高级的社会发展阶段，社会主义的物质基础理应以资本主义的物质基础为起点。资本主义的物质基础是18世纪60年代至19世纪中期经过工业革命建立起来的机器大生产，从资本主义脱胎出来的社会主义的物质基础的起点也应是机器大工业。正是从这样的意义上，列宁指出："社会主义的物质基础只能是同时也能改造农业的大机器工业。"①19世纪60年代至20世纪初，随着科学技术的发展，资本主义的物质基础已由以蒸汽为动力的大机器生产发展为以电力为动力的大机器生产，进入了电气化时代。列宁又进一步把实现电气化作为建立社会主义物质基础的任务，并提出了"共产主义就是苏维埃政权加全国电气化"的著名公式。②由此可见，社会主义应该是建立起比资本主义更为发达的物质基础。

但是，由于实践中的社会主义不是产生于发达的资本主义国家，而是产生于经济文化相对落后的不发达国家，所以，现实的社会主义物质基础的形成和发展一般需要经过三个阶段：第一阶段，以无产阶级夺取政权之前旧社会里所形成的社会化大生产作为社会主义最初的物质基础。第二阶段，在此基础上建立起比旧社会更先进的、遍及工业、农业和国民经济一切部门的社会化大生产，基本上实现现代化。只有达到这样的社会生产力水平，才能保证人民生活水平比旧社会有较大的提高，才能较充分地显示社会主义的优越性。第三阶段，经过长期努力建立起比发达资本主义国家更先进的社会化大生产。只有这样的物质基础，才能保证有比发达资本主义国家更高的劳动生产率。

建立强大的社会主义物质基础，是巩固和发展社会主义经济制度的物质前提。有了强大的物质基础，才可以顺利地改造小生产，不断完善社会主义生产关系并最终战胜资本主义；才可以使社会生产不断增长和完善，最大限度地满足人民日益增长的物质和文化生活需要；才可以不断促进人的全面发展，缩小社会差别，以致最终消灭工农差别、

---

　　① 列宁.关于俄共策略的报告提纲［M］//列宁专题文集·论社会主义.中共中央马克思恩格斯列宁斯大林著作编译局，编译.北京：人民出版社，2009：238.
　　② 列宁.全俄中央执行委员会和人民委员会关于对外对内政策的报告［M］//列宁专题文集·论社会主义.中共中央马克思恩格斯列宁斯大林著作编译局，编译.北京：人民出版社，2009：181.

城乡差别、体力劳动和脑力劳动的差别，为向共产主义过渡奠定物质基础。

三、社会主义的本质和根本任务

（一）社会主义的本质

社会主义的本质是指社会主义制度不同于封建主义和资本主义制度等社会制度的最根本的特征。社会主义的本质特征可以从生产力和生产关系两个方面来认识。邓小平同志在1992年南方谈话中，全面、深刻、精辟地概括了社会主义的本质。他指出："社会主义的本质特征，是解放生产力，发展生产力，消灭剥削，消除两极分化，最终达到共同富裕。"[①]

邓小平同志在领导我国改革开放和现代化建设的过程中，不断提出和反复思考的首要的基本的理论问题，就是什么是社会主义，如何建设社会主义。1985年，他提出："我们冷静地分析了中国的现实，总结了经验，肯定了从建国到一九七八年三十年的成绩很大，但做的事情不能说都是成功的。我们建立的社会主义制度是个好制度，必须坚持。我们马克思主义者过去闹革命，就是为社会主义、共产主义崇高理想而奋斗。现在我们搞经济改革，仍然要坚持社会主义道路，坚持共产主义的远大理想，年轻一代尤其要懂得这一点。但问题是什么是社会主义，如何建设社会主义。我们的经验教训有许多条，最重要的一条，就是要搞清楚这个问题。"[②]搞清楚什么是社会主义、如何建设社会主义，关键就是要在坚持社会主义基本制度的基础上，认清社会主义的本质。邓小平同志根据马克思主义的基本原理，总结国内外几十年来社会主义实践正反两个方面的经验教训，对社会主义的本质作出了科学的回答。

社会主义本质的基本内涵包括以下两个方面：

第一，把解放和发展生产力概括为社会主义的本质。把解放和发展生产力纳入到社会主义的本质之中，是邓小平同志在认真总结社会主义建设的历史经验，科学地把握中国的具体国情和时代特征的基础上提出来的。中国的社会主义制度并没有像马克思、恩格斯所预言的那样建立在生产力高度发达的基础上，而是建立在生产力较为低下的半殖民地、半封建社会的基础上。因此，在建立社会主义制度后，我们面临的重要任务就是要大力发展生产力，为社会主义现代化的建设打下坚实的物质技术基础。而在这一过程中，由于我们对什么是社会主义、如何建设社会主义的认识不够清楚，以致出现了一些错误的做法，反过来束缚了生产力的发展。所以，要想发展生产力，还存在解放生产力的问题。所以，邓小平强调，只讲在社会主义条件下发展生产力，没有讲还要通过改革解放生产力，不完全，应该把解放生产力和发展生产力两个讲全了。

第二，强调消灭剥削，消除两极分化，突出了最终达到共同富裕这一社会主义的目标。要实现共同富裕，除了要解决如何解放和发展生产力，不断增加社会物质财富的问题外，从生产关系方面来说，还有一个消灭剥削，消除两极分化，使社会生产力发展的成果为全体人民所享有的问题。而这又是在坚持社会主义公有制和按劳分配为主体的条

① 邓小平.在武昌、深圳、珠海、上海等地的谈话要点［M］//邓小平文选（第3卷）.北京：人民出版社，1993：373.② 邓小平.政治上发展民主，经济上实行改革［M］//邓小平文选（第3卷）.北京：人民出版社，1993：115-116.

件下才能实现的。所以，邓小平一再强调，一个公有制占主体，一个共同富裕，这是我们必须坚持的社会主义的根本原则；社会主义有两个非常重要的方面，一是以公有制为主体，二是不搞两极分化。在中国的具体条件下，在社会生产力还没有得到充分发展以前，仍然会在一定范围内和一定程度上存在剥削现象和出现两极分化的可能性。社会主义的本质和优越性将伴随着社会生产力的发展和社会主义社会由低级到高级、由不完善到逐步完善的发展过程而逐步得到充分体现。

（二）社会主义根本任务的决定因素

社会主义的根本任务是发展生产力，这是由社会主义的本质决定的。具体说来，是由以下原因决定的：

第一，是由社会主义社会的基本矛盾所决定的。社会主义社会的基本矛盾仍然是生产力和生产关系、经济基础和上层建筑之间的矛盾。当然，这些矛盾已不具有阶级对抗的性质。一方面，社会主义生产关系更加适合生产力发展的要求，更能够容纳和推动生产力的发展。另一方面，在建立起社会主义生产关系后，必须用极大的努力来发展生产力，才能建立起社会主义的物质基础。只有社会主义物质基础建立起来，社会主义生产关系才能得以巩固和发展。

第二，是社会主义最终战胜资本主义的客观要求。马克思主义认为，一种新的社会制度能否最终战胜旧的社会制度，归根到底就是看这种新的社会制度能否为生产力的发展开辟广阔的道路，从而创造出更高的劳动生产率。列宁曾精辟地指出："劳动生产率，归根到底是使新社会制度取得胜利的最主要的东西……资本主义可以被最终战胜，而且一定会被最终战胜，因为社会主义能创造新的高得多的劳动生产率。"[①]社会主义只有大力发展生产力，才能在各方面显示出与资本主义相比的优越性，才能最终战胜资本主义。正如邓小平同志所说："社会主义的优越性归根到底要体现在它的生产力比资本主义发展得更快一些、更高一些，并且在发展生产力的基础上不断改善人民的物质文化生活。"[②]特别是在当今世界，社会主义和资本主义两种社会制度在相当长的时期内并存和竞争，而竞争又集中体现为经济实力和以经济实力为基础的综合国力的竞争，这就更加要求进一步加快生产力的发展。

第三，是实现社会主义共同富裕的目标和为将来过渡到共产主义社会创造物质条件的需要。实现共同富裕最根本的前提条件就是有发达的社会生产力，从而生产出丰富的物质财富。社会主义是共产主义的低级阶段，人类社会最终要进入共产主义的高级阶段。共产主义的高级阶段是物质文明和精神文明高度发达的社会，是"三大差别"被消灭的社会，是每个社会成员都得到全面发展、"各尽所能，按需分配"的社会。这一切都必须以生产力高度发展、社会产品极大丰富为物质前提。正如邓小平所说："我们讲社会主义是共产主义的初级阶段，共产主义的高级阶段要实行各尽所能、按需分配，这就要求社会生产力高度发展，社会物质财富极大丰富。所以社会主义阶段的最根本的任务就是发展生产力。"[③]

① 列宁.伟大的创举［M］//列宁专题文集·论社会主义.中共中央马克思恩格斯列宁斯大林著作编译局，编译. 北京：人民出版社，2009：151.
② 邓小平.建设有中国特色的社会主义［M］//邓小平文选（第3卷）.北京：人民出版社，1993：63.
③ 邓小平.建设有中国特色的社会主义［M］//邓小平文选（第3卷）.北京：人民出版社，1993：63.

第三节　社会主义初级阶段

一、社会主义初级阶段理论的形成和发展

关于社会发展阶段的探索一直是马克思主义者的一项重要任务。早在民主革命时期，毛泽东就指出："认清中国的国情，乃是认清一切革命问题的基本的根据。"[①]认清国情，最重要的是搞清楚现实社会的性质和发展阶段，认识社会主要矛盾和它的变化。正是由于以毛泽东为核心的党的第一代中央领导集体全面、准确地把握了我国处于半殖民地半封建社会这一基本国情，才正确地解决了新民主主义革命的对象、任务、性质、动力和前途等一系列基本问题，引导中国革命取得了胜利。社会主义制度建立以后，也有一个如何认清国情、正确判断我国社会所处历史方位的问题。像中国这样一个脱胎于半殖民地半封建社会、经过新民主主义革命和时间不长的社会主义改造建立起来的社会主义社会，对它的基本国情应该怎样认识？党一直进行着极其艰苦和有益的探索，但直到党的十一届三中全会以前，总的来说处于不完全清醒的状态。我国社会主义初级阶段，是中国共产党和邓小平对当代中国基本国情的科学判断。

我国确立社会主义制度后，毛泽东曾比较正确地提出我国社会主义发展的阶段问题，他在1956年1月召开的知识分子问题会议上提出了我国的社会主义已经进入、尚未完成的思想。后来，他又明确指出，我国社会主义制度只是"刚刚建立"，还没有"完全建成"，需要经过一段时间建立起现代工业和现代农业的基础，生产力得到比较充分的发展后，我们的社会主义经济制度和政治制度才算获得了比较充分的物质基础，社会主义社会才算从根本上建成了。但由于我国当时刚刚进入社会主义社会，没有足够的经验使我们对社会主义建设和发展的规律具有很清楚的认识。因此，关于社会主义发展阶段的思想没有能够得到坚持和进一步的发展。20世纪50年代末60年代初，在初步总结社会主义建设的经验教训后，毛泽东意识到了在中国建设社会主义的艰巨性、复杂性和长期性。他在读苏联《政治经济学教科书》时提出了一个重要的观点，认为："社会主义这个阶段，又可能分为两个阶段，第一个阶段是不发达的社会主义，第二个阶段是比较发达的社会主义。后一阶段可能比前一阶段需要更长的时间。"[②] "在我们这样的国家，完成社会主义建设是一个艰巨任务，建成社会主义不要讲得过早了。"[③]他在纠正"大跃进"的错误时，批评急于向共产主义过渡的人是误认为社会主义为共产主义、按劳分配为按需分配、集体所有制为全民所有制，同时他还批评了否认价值规律和等价交换等错误思想倾向。毛泽东对社会主义发展阶段的划分，对混淆社会主义同共产主义的区别，对否认价值规律和等价交换等观点的批评，为后来我国社会主义社会发展阶段的探索提供了十分有益的启示。但是，20世纪60年代党的指导思想方面"左"的倾向不断发展，进而把社会主义理解为"从资本主义社会到共产主义社会的革命转变时期"，中断了探索我国社会主义发展阶段的正确之路。

---

①　毛泽东.毛泽东选集（第3卷）[M].北京：人民出版社，1991：633.
②　中共中央文献研究室.毛泽东文集（第8卷）[M].北京：人民出版社，1999：116.
③　中共中央文献研究室.毛泽东文集（第8卷）[M].北京：人民出版社，1999：116.

党的十一届三中全会以后，以邓小平同志为核心的党的第二代中央领导集体，深刻总结中国社会主义建设曲折发展的历史经验和教训，深刻分析当代中国经济社会发展状况，作出了中国处于社会主义初级阶段即不发达社会主义阶段的科学判断，第一次提出了"社会主义初级阶段"这一具有特定内涵的科学范畴，形成了社会主义初级阶段理论，丰富和发展了马克思主义。党的十一届三中全会召开不久，邓小平同志就强调，过去搞民主革命，要适合中国情况，现在搞建设，也要适合中国情况，要从中国底子薄、人口多、耕地少的特点出发，不要离开现实和超越阶段。[①]1981年6月，党的十一届六中全会通过的《关于建国以来党的若干历史问题的决议》，第一次提出"我们的社会主义制度还是处于初级阶段"，并指出"我们的社会主义制度由比较不完善到比较完善，必然要经历一个长久的过程"。1987年党的十三大召开前夕，邓小平同志强调指出："我们党的十三大要阐述中国社会主义是处在一个什么阶段，就是处在初级阶段，是初级阶段的社会主义。社会主义本身是共产主义的初级阶段，而我们中国又处在社会主义的初级阶段，就是不发达阶段。一切都要从这个实际出发，根据这个实际来制定规划。"[②]党的十三大把社会主义初级阶段提高到全局的高度加以全面论述，指出"正确认识我国社会现在所处的历史阶段，是建设有中国特色社会主义的首要问题，是我们制定和执行正确的路线和政策的根本依据。对这个问题，我们党已经有了明确的回答：我国正处在社会主义的初级阶段"。这一系统论述，标明了党对社会主义和中国国情认识的一次飞跃。1997年，党的十五大报告具体阐述了社会主义初级阶段的九个特征，论述了我国社会主义初级阶段的基本纲领。之后，历届党的代表大会均对社会主义初级阶段理论作出了进一步的丰富和深化。

社会主义初级阶段理论，是对中国特色社会主义发展阶段进行科学概括的理论，是马克思主义中国化的重大成果，在中国特色社会主义理论体系中处于基础性地位，是中国共产党制定正确的路线、方针和政策的基本依据。改革开放四十多年来，正是由于中国共产党科学认识和准确把握社会主义初级阶段基本国情，才领导全国各族人民走出了一条成功的新道路即中国特色社会主义道路，社会主义在中国才展现出蓬勃的生机和活力。

二、社会主义初级阶段的内涵及基本经济特征

初级阶段理论，是我们党对马克思主义关于社会主义发展阶段理论做出的重大贡献。这一理论，无论对我国的社会主义建设，还是对国际共产主义运动，都具有非常重要的理论意义和实践意义。

应当指出的是，我们这里所说的初级阶段，不是泛指各个国家取得革命胜利后都要经历的阶段，而是特指我国从半殖民地半封建的旧中国脱胎出来的社会主义必须经历的阶段。因此，我国社会主义初级阶段有特定的含义。党的十三大报告指出，社会主义初级阶段包括两层含义：一是我国已经是社会主义社会，我们必须坚持而不能离开社会主

① 邓小平.坚持四项基本原则［M］//邓小平文选（第2卷）.北京：人民出版社，1994：163-164；312.
② 邓小平.一切从社会主义初级阶段的实际出发［M］//邓小平文选（第3卷）.北京：人民出版社，1993：252.

义。二是我国的社会主义还处在初级阶段。我们必须从这个实际出发而不能超越这个阶段。社会主义初级阶段具有与社会主义高级阶段不同的特征，若没有这些特征，它就不可能成为社会主义发展过程中的一个独立的阶段。根据我国的实际情况，党的十五大报告对我国社会主义初级阶段的基本特征和历史任务作了以下概括：

社会主义初级阶段是逐步摆脱不发达状态、基本实现社会主义现代化的历史阶段；是由农业人口占很大比重、主要依靠手工劳动的农业国，逐步转变为非农业人口占多数、包含现代农业和现代服务业的工业化国家的历史阶段；是由自然经济半自然经济占很大比重，逐步转变为经济市场化程度较高的历史阶段；是由文盲半文盲人口占很大比重、科技教育文化落后，逐步转变为科技教育文化比较发达的历史阶段；是由贫困人口占很大比重、人民生活水平比较低，逐步转变为全体人民比较富裕的历史阶段；是由地区经济文化很不平衡，通过有先有后有发展，逐步缩小差距的历史阶段；是通过改革的探索，建立和完善比较成熟的充满活力的社会主义市场经济体制、社会主义民主政治体制和其他方面体制的历史阶段；是广大人民牢固树立建设有中国特色社会主义共同理想，自强不息，锐意进取，艰苦奋斗，勤俭建国，在建设物质文明的同时努力建设精神文明的历史阶段；是逐步缩小同世界先进水平的差距，在社会主义基础上实现中华民族伟大复兴的历史阶段。

中华人民共和国成立以来，特别是改革开放以来，党领导全国各族人民不懈奋斗，中国经济总量已跃升到世界第二位，社会生产力、经济实力、科技实力迈上一个大台阶，人民生活水平、居民收入水平、社会保障水平迈上一个大台阶，综合国力、国际竞争力、国际影响力迈上一个大台阶，国家面貌发生新的历史性变化。我们应充分认识并牢牢把握社会主义初级阶段在当代中国的最大国情，推进任何方面的改革发展都要牢牢立足于这个最大实际。同时，不仅在经济建设中要始终立足初级阶段，而且在政治建设、文化建设、社会建设、生态文明建设中也要牢记初级阶段；不仅在经济总量低时要立足初级阶段，而且在经济总量提高后仍然要牢记初级阶段；不仅在谋划长远发展时要立足初级阶段，而且在日常工作中也要牢记初级阶段。党在社会主义初级阶段的基本路线是党和国家的生命线。我们在实践中要始终坚持"一个中心、两个基本点"不动摇，既不偏离"一个中心"，也不偏废"两个基本点"，把践行中国特色社会主义共同理想和坚定共产主义远大理想统一起来，坚决抵制抛弃社会主义的各种错误主张，自觉纠正超越阶段的错误观念和政策措施。只有这样，才能真正做到既不妄自菲薄，也不妄自尊大，扎扎实实夺取中国特色社会主义新胜利。

总之，社会主义初级阶段，是逐步摆脱不发达状态，基本实现现代化的历史阶段；是逐步缩小同世界先进水平的差距，在社会主义基础上实现中华民族伟大复兴的历史阶段。这样的历史进程，至少需要一百年时间。至于巩固和发展社会主义制度，那还需要更长的时间，需要几代人、十几代人甚至几十代人坚持不懈的努力奋斗。

三、社会主义初级阶段的主要矛盾和基本路线

（一）社会主义初级阶段的主要矛盾

在生产资料私有制的社会主义改造基本完成后，社会主义的主要矛盾是什么？这是

社会主义理论的一个重要课题。1956年党的第八次全国代表大会曾经正确地指出：在生产资料私有制的社会主义改造完成之后，国内的主要矛盾已经不再是工人阶级和资产阶级的矛盾，而是人民对于经济文化迅速发展的需要同当前经济文化不能满足人民需要的状况之间的矛盾。依据这一矛盾，党和国家把工作重点转移到经济建设上来。但是，这个正确的认识没有多久，就被"左"的思想倾向所否定。1957年反右派斗争，我们党犯了扩大化的错误，对当时阶级斗争作了过于严重的估计，因而，对八大关于主要矛盾的论述产生了怀疑。在党的八届三中全会上，毛泽东同志就正式批评了八大关于主要矛盾的提法，认为社会主义的主要矛盾是无产阶级和资产阶级的矛盾，社会主义道路和资本主义道路的矛盾。1962年党的八届十中全会上，毛泽东同志提出了"以阶级斗争为纲"的基本路线。毛泽东同志对主要矛盾的分析，导致了领导工作的失误，给社会主义事业带来了严重的后果。

1978年党的十一届三中全会以后，我们党逐步纠正了过去20年的错误倾向，对社会主义主要矛盾的认识也进入了一个新的阶段。1979年3月，邓小平对我国社会主义的主要矛盾作了明确的论述："我们的生产力发展水平很低，远远不能满足人民和国家的需要，这就是我们目前时期的主要矛盾。"[①]1981年党的十一届六中全会以历史决议的形式肯定了这一论断，并明确地表述为："在社会主义改造基本完成以后，我国所要解决的主要矛盾，是人民日益增长的物质文化生活的需要同落后的社会生产之间的矛盾。"

社会主义改造基本完成后，社会主义的主要矛盾，是人民日益增长的物质文化需要同落后的社会生产之间的矛盾。这是由我国社会主义初级阶段的性质和特点所决定的。社会主义生产资料公有制决定了社会主义生产目的是满足人民日益增长的物质和文化生活需要。满足人民群众日益增长的物质文化生活需要，就必须不断地发展社会生产。这一矛盾规定和制约着社会主义其他社会矛盾的运动，因而构成社会主义初级阶段的主要矛盾。

实践在发展，社会的主要矛盾也在变化。2017年10月，习近平总书记在党的十九大报告中指出，中国特色社会主义进入新时代，我国社会主要矛盾已经转化为人民日益增长的美好生活需要和不平衡不充分的发展之间的矛盾。这一论断的提出，有着重大理论意义和实践意义。第一，作为习近平新时代中国特色社会主义思想的重要组成部分，实现了马克思主义关于社会矛盾的基本原理与新时代中国实际相结合的新飞跃。第二，突出人民日益增长的美好生活多层次、多内涵的需要，强化以人民为中心的发展思想。第三，确认矛盾的一方从"落后的生产"转化为"不平衡不充分的发展"，不仅使理论更加符合实际，而且强化了创新、协调、绿色、开放、共享的新发展理念。第四，为构建中国特色社会主义政治经济学理论体系和话语体系提供了创新的范畴和理论。第五，为在全面建成小康社会基础上，分两步走在21世纪中叶建成社会主义现代化强国提供了坚实的理论基础和行动指南。

我国社会主要矛盾的转化，是关系全局的历史性变化，对新时代改革开放和现代化建设必然提出许多新要求。要牢牢把握社会主义初级阶段这个基本国情，立足于社会主义初级阶段这个最大实际，在继续推动经济社会健康持续发展的基础上，着力解决好发

展不平衡不充分的问题，大力提升发展质量和效益，更好满足人民在经济、政治、文化、社会、生态等方面日益增长的需要，更好推动人的全面发展、社会全面进步，为把我国建设成为富强、民主、文明、和谐、美丽的社会主义现代化强国而奋斗。

（二）社会主义初级阶段的基本路线

社会主义根本任务的完成，要有路线上的保证。党的十三大对党在社会主义初级阶段的基本路线作了科学的概括："我们党的建设有中国特色的社会主义的基本路线是：领导和团结全国各族人民，以经济建设为中心，坚持四项基本原则，坚持改革开放，自力更生、艰苦创业，为把我国建成富强、民主、文明的社会主义现代化国家而奋斗。"党的基本路线的主要内容，可以简要地概括为"一个中心、两个基本点"。

一个中心，即以经济建设为中心，这是党的基本路线的核心内容。以经济建设为中心，也就是以发展生产力为中心。党和国家的各项工作都必须服从于和服务于这个中心，而不能离开这个中心，更不能干扰这个中心。除了爆发大规模的战争外，全党同志都必须始终坚持这个中心，集中力量进行经济建设。只有这样，我们的社会主义才能立于不败之地。

两个基本点，一个是坚持四项基本原则，即坚持社会主义道路，坚持人民民主专政，坚持中国共产党的领导，坚持马列主义毛泽东思想。四项基本原则是马列主义同中国革命和建设的实践相结合的产物，是我国的立国之本。四项基本原则充分体现了全国劳动人民的根本利益和共同意志，是我国革命和建设事业能够沿着正确的方向发展的可靠保证。

另一个基本点是坚持改革开放。改革是社会主义生产关系的自我完善和发展，是生产力发展的内在要求，也是社会主义制度发展的内在要求。对外开放是实现我国四个现代化的必要条件。在当代经济生活日益国际化、科技进步日新月异的情况下，整个世界经济形成一个整体，任何一个国家都不可能在封闭状态下发展本国的经济，必须通过对外开放，广泛吸收各国的优秀成果，才能促进本国的经济发展和社会进步。改革开放是强国之路。

总之，党的基本路线规定了我国社会主义建设的方向、目标，确定了实现目标的方法、途径和领导力量、依靠力量，是内容完整而科学的路线。

四、社会主义初级阶段的基本纲领

党在社会主义初级阶段的基本纲领，是对十一届三中全会以来特别是十四大以来我国改革开放和现代化建设主要经验的科学总结。1979年，叶剑英在庆祝建国30周年大会的讲话中，提出了全面实现社会主义现代化的简要纲领。此后，邓小平反复强调，建设中国特色社会主义的任务很多，要在以经济建设为中心的前提下，坚持社会主义社会的全面发展和全面进步。为此，他提出了一系列"两手抓"的战略思想和方针。1991年，江泽民在庆祝中国共产党成立70周年的讲话中，对中国特色社会主义经济、政治、文化的基本内容以及这些方面建设所遵循的基本原则、基本方针作出了分析和论述，奠定了党在社会主义初级阶段基本纲领的雏形。党的十四大之后，伴随着社会主义市场经济体制目标的确立，中国的改革进入攻坚阶段，新的深层次矛盾出现，干部群众中产生了种种困惑，社会上也出现了一些新的错误倾向的干扰。党在此期间召开的几次中央全会所做的决议，特别是江泽民对我国社会主义现代化建设全局的十二个重大关系的深刻论述，进一步明确了我国现阶段的经济体制、经济和社会发展战略、精神文明建设等方面的基本目标、基本政策，初步回答了什么是社会主义初级阶段的经济、政治和文化以及如何建设这样的经济、政治和文化，为党在社会主义初级阶段基本纲领的制定奠定了基础。党的十五大根据社会主义初级阶段基本路线的要求，围绕社会主义现代化建设的总题目，制定了党在社会主义初级阶段的基本纲领。党的十七大进一步丰富了基本纲领的内容。

建设中国特色社会主义经济，就是在社会主义条件下发展市场经济，不断解放和发展生产力，实现国民经济又好又快发展，保证人民共享改革和发展成果。

建设中国特色社会主义政治，就是在中国共产党带领下，在人民当家作主的基础上，依法治国，发展社会主义民主政治，实现社会安定、政府廉洁高效、全国各族人民团结和睦、生动活泼的政治局面。

建设中国特色社会主义文化，就是以马克思主义为指导，以培育有理想、有道德、有文化、有纪律的公民为目标，发展面向现代化、面向世界、面向未来的，民族的、科学的、大众的社会主义文化，建设社会主义核心价值体系，推动社会主义文化大发展大繁荣。

构建社会主义和谐社会，就是要按照民主法治、公平正义、诚信友爱、充满活力、安定有序、人与自然和谐相处的总要求和共同建设、共同享有的原则，以改善民生为重点，解决好人民最关心、最直接、最现实的利益问题，努力形成全体人民各尽其能、各得其所而又和谐相处的局面。

■ 本章小结

（1）社会主义经济制度代替资本主义经济制度，是生产关系一定要适应生产力发展规律作用的必然结果，是资本主义基本矛盾尖锐化的必然结果。我国从1952年到1956年的社会主义改造基本完成了从新民主主义社会到社会主义社会的转变，建立了以生产资料公有制为基础的社会主义经济制度。

（2）社会主义的初级阶段，不是泛指各个国家取得胜利后都要经历的阶段，而是特指我国从半殖民地半封建的旧中国脱胎出来的社会主义必须经历的阶段。社会主义初级阶段包含两层含义：一是我国已经是社会主义，我们必须坚持而不能放弃；二是我国的社会主义还处在初级阶段。

（3）社会主义初级阶段的主要矛盾已经由人民群众日益增长的物质文化需要同落后的社会生产之间的矛盾转化为新时代人民日益增长的美好生活需要和不平衡不充分的发展之间的矛盾。社会主义初级阶段的基本路线可以概括为"一个中心、两个基本点"。社会主义初级阶段的基本纲领，是指建设有中国特色的社会主义的经济、政治、文化的基本目标和基本政策，三者有机统一，不可分割。

■ 复习思考题

1.怎样理解中国社会主义经济制度产生的必然性？

2.社会主义初级阶段的含义是什么？其基本经济特征是什么？

3.社会主义的本质是什么？为什么说社会主义的根本任务是发展生产力？

第八章

经济体制改革和社会主义市场经济体制

学习目标

知识目标：

1.把握经济制度与经济体制的含义。

2.掌握中国建立社会主义市场经济体制的必然性。

3.熟悉中国经济体制改革的特征。

4.熟悉社会主义市场经济体制的基本框架。

能力目标：

能够区分社会主义市场经济与资本主义市场经济的异同。

素养目标：

养成分析问题和解决问题的经济学思维方式。

市场经济是我国社会主义经济发展的必经阶段，建立社会主义市场经济体制，是中国特色社会主义经济充满生机活力的根本原因之一。本章主要阐明社会主义发展市场经济的必然性；中国经济体制改革的特征和主要经验；完善社会主义市场经济体制的目标和任务。

第一节　社会主义经济体制改革

一、中国经济体制改革的历程

中华人民共和国成立初期，中国逐步建立起高度集中的计划经济体制，这种体制曾经起过重要作用。但是，由于这种经济体制存在权力过分集中，忽视甚至排斥商品经济，忽视甚至排斥市场作用等弊端，越来越不适应现代化生产发展的要求，严重束缚生产力的发展。所以，对这种高度集中的计划经济体制进行根本性的改革势在必行，否则就难以实现中国的社会主义现代化。

1978年，党的十一届三中全会开启了改革开放历史新时期，经济体制改革率先在农村展开。农村改革，首先废除了实行二十多年的"三级所有、队为基础"的人民公社经济体制，确立了以家庭承包经营为基础、统分结合的双层经营体制，废除了农副产品的统购统销制度，为推动改革的深入进行奠定了重要基础。在农村进行改革的同时，城市中的改革试验也开始起步，开展扩大企业自主权试点，逐步推进"划分收支、分级包干"的财政体制改革，推行两步"利改税"，设立深圳、珠海、汕头、厦门四个经济特区等等。

1984年，以城市为重点的整个经济体制改革迈出重大步伐。党的十二届三中全会通过了《中共中央关于经济体制改革的决定》，确定社会主义经济是"公有制基础上的有计划的商品经济"，提出改革的目标是建立具有中国特色的、充满生机和活力的社会主义经济体制。1987年10月，党的十三大进一步提出"社会主义有计划商品经济的体制，应该是计划和市场内在统一的体制"，"新的经济运行机制，总体上说应当是'国家调节市场，市场引导企业的机制'"。这从理论上确认了市场机制的作用，为进一步深化改革指明了方向。此外，围绕着国有企业改革是经济体制改革的中心环节，进行了计划体制、价格体制、商业经营管理体制、财政体制、银行体制等多方面的改革，进一步扩大了对外开放，在若干方面都取得了一系列重大进展。

1992年，邓小平南方谈话后，特别是1992年10月党的十四大提出建立社会主义市场经济体制的改革目标后，中国的经济体制改革取得了新的重大突破。1993年12月，党的十四届三中全会作出了《中共中央关于建立社会主义市场经济体制若干问题的决定》，系统阐明了建立社会主义市场经济的总体框架和具体任务，以建立社会主义市场经济体制为目标的经济体制改革全面深入地展开。之后，党的历届重要会议均对进一步深化经济体制改革作出了重要部署。

二、中国经济体制改革的特点

（一）改革的性质是社会主义经济制度的自我完善

中国的经济体制改革，在本质上是社会主义制度的自我完善和发展。这一改革不是对原有经济体制的细枝末节的修补，而是对束缚生产力发展的经济体制进行全面而深刻的变革，建立充满生机和活力的社会主义新经济体制。因此，从解放生产力、扫除发展生产力的障碍这个意义上来说，从政策的重新选择、体制的重新构建这个转变的深刻性和广泛性来说，这一改革是一场新的革命，邓小平同志把它称作"第二次革命"。说改革是第二次革命，是相对于第一次革命而言的。中国共产党领导的第一次革命，把一个半殖民地半封建的旧中国变成了一个社会主义新中国；中国共产党领导的第二次革命，将把一个经济文化比较落后的社会主义中国变成一个现代化的社会主义国家。改革就其解放被束缚的生产力这一根本性质和作用来说，同过去所进行的推翻旧政权和建立新社会制度的第一次革命有相同之处。

但是，从另一个意义上说，它又不同于以前的第一次革命。因为改革是在中国共产党领导下自觉进行的，是一种自觉革命、自我革命，是社会主义制度的自我完善和发展。中国的改革，其前提是巩固而不是削弱中国共产党的领导，是坚持而不是放弃社会主义基本制度，改革推进也是在党和政府的领导下，有计划、有步骤、有秩序地进行的。这主要表现在：从改革的社会性质看，不是改变整个社会的根本性质，而是赋予社会主义新的生机和活力，发挥社会主义的优越性，增强社会主义的吸引力，使社会主义社会趋于健全和成熟；从改革的社会力量看，不是一个阶级推翻另一个阶级，而是把坚持党的领导与充分依靠广大人民群众结合起来，目的是让人民群众富裕起来，给人民群众带来更多福祉；从改革的内容看，不是改变社会基本制度，而是变革现存生产关系和上层建筑中不适应生产力发展的那些方面和环节，变革不适应生产力发展的各项具体制度安排。

（二）改革的目标是建立充满活力的社会主义市场经济体制

邓小平同志在改革开放初期就指出，中国经济体制改革的目标是建立充满生机和活力的社会主义市场经济体制。但是，这种经济体制的具体形式、目标模式是什么，在当时不能说十分清晰。在实践中，中国实际上已经开始走上一条市场取向的改革之路，逐步从计划经济体制向社会主义市场经济体制转变。党的十二大提出了"计划经济为主，市场经济为辅"；十二届三中全会指出商品经济是社会主义市场经济发展不可逾越的阶段，我国社会主义市场经济是公有制基础上的有计划的商品经济；党的十三大提出社会主义有计划商品经济体制应该是计划与市场内在统一的体制；十三届四中全会以后，提出建立适应有计划商品经济发展的计划经济与市场调节相结合的经济体制和运行机制等改革目标。

对中国经济体制改革目标的清晰认识，是在1992年邓小平同志南方谈话和党的十四大前后形成的。1992年，江泽民同志在中央党校的讲话和党的十四大报告中明确提出："中国经济体制改革的目标是建立社会主义市场经济体制，以利于进一步解放和发展生产力。"建立社会主义市场经济体制改革目标的提出，解决了关系我国经济体制改革的方向性重大问题，彻底消除了改革开放多年来在理论和实践中的困惑，确定了市场在国家宏观调控下对配置资源起基础性作用的地位，使我国的经济体制改革进入新的阶段。由计划经济体制向社会主义市场经济体制的转变，实现了改革开放新的历史性突破，打开了我国经济、政治、文化和社会全面发展的崭新局面。

（三）改革的方式是渐进式改革

我国在确定社会主义市场经济体制改革目标的前提下，对从传统的计划经济体制向市场经济体制的转变，采取了渐进式的改革方式。其主要表现为：改革从农村开始，逐步转向城市；保持了历史的延续性，实行双轨过渡、增量改革；试点先行，从局部到整体，逐步推进；将国有经济的体制内改革与体制外推进相结合。

总之，对中国这样一个拥有十三亿多人口的发展中社会主义国家来说，渐进式改革是唯一正确的选择，全盘西化、全面私有化的激进式休克疗法在中国是根本行不通的。中国必须走有自己特色的社会主义道路，必须坚持渐进式改革才能取得成功。

在肯定渐进式改革取得巨大成果的同时，也应看到这种改革模式是在逐渐改革旧体制的同时，逐步引入市场经济体制的。这种做法具有稳健的一面，但也由于改革过程中新旧体制的交叉并存，人们利益关系的变动与摩擦，不可避免地会引起一些矛盾与问题，改革不可能一帆风顺，一蹴而就。因此在经济改革过程中，必须统筹兼顾改革、发展、稳定，统筹兼顾各方面的利益关系。

三、中国经济体制改革的基本经验

不断总结实践经验，把实践经验上升为科学理论，推进马克思主义基本原理同中国具体实际和时代特征的紧密结合，开拓马克思主义中国化的新境界，是十一届三中全会以来党和国家事业发展的鲜明特征。从新时期一开始，中国共产党就特别重视总结社会主义建设的历史经验。党的十一届三中全会及其以后召开的十一届六中全会，对新中国成立以后正反两方面的历史经验进行了深刻总结，认真清理重大历史是非，深刻汲取"文化大革命"的教训，为彻底改变过去"以阶级斗争为纲"的错误思路，把党和国家的工作重心转移到经济建设上来，作出改革开放的伟大决策，奠定了重要的思想认识基础。

从经济体制改革方面看，我国改革开放以来的基本经验主要表现在以下几个方面：

（一）坚持在实践基础上的理论创新

改革开放是一项全新的事业，马克思主义经典作家没有讲过，其他社会主义国家也没有干过，只能在干中学，在实践中摸索。实践基础上的理论创新是推动中国的改革不断深化的强大动力。改革开放以来，中国共产党人创立了邓小平理论、"三个代表"重要思想、科学发展观和习近平新时代中国特色社会主义思想。在改革理论方面，提出了关于农村改革、城市改革、国有企业改革的理论，提出了建立现代企业制度、推进行政管理体制改革、加快财税金融体制改革、加快公共财政体系改革、完善金融监管体制改革、建设现代市场体系等理论和政策，提出了坚持和完善社会主义初级基本经济制度、分配制度，完善国家对经济的宏观调控以及提高改革决策的科学性、增强改革措施的协调性、正确处理改革发展稳定的关系等一系列理论和方法，形成了中国特色社会主义关于社会主义改革的系统理论，为改革的不断深化和顺利进行提供了理论支撑。可以说，改革开放每一步前进都是理论创新的结果。一部改革开放的历史，就是党在新时期实践探索和理论创新的历史，就是中国特色社会主义理论体系形成和发展的历史。

（二）坚持社会主义的改革方向

改革的目的是巩固和完善社会主义制度，在社会主义制度下发展生产力，因此必须坚持社会主义方向。如果失去了正确的方向，不仅会使改革本身变质，而且会葬送社会主义。20世纪80年代末，一些国家的共产党放弃了对社会主义基本原则的坚持，政治上取消党的领导和执政地位，结果"改革"变成了"改向"，在很短的时间内倒向了资本主义，使这些国家付出了沉重的代价，一些国家因此分裂，有的还引发了内战，造成许多难以消除的创伤和遗留问题。我国的经济体制改革把坚持社会主义基本制度同发展市场经济紧密结合起来，既坚定不移地进行以市场为取向的经济体制改革，又坚持中国共产党的领导、坚持社会主义道路；既在广泛而深刻的变革中创造性地发展社会主义制度和体制，又在坚持社会主义基本制度基础上更好地发挥社会主义制度和市场机制两方面的优势，使改革有利于社会主义制度的巩固和发展。

（三）坚持妥善处理改革发展稳定的关系

妥善处理改革发展稳定的关系，是顺利推动改革的一个十分重要的问题。改革、发展、稳定好比现代化建设棋盘上的三个紧密关联的战略性棋子，每一个棋子都下好了，相互促进，就会全局皆活；如果有一个下不好，其他两个也会陷入困境，就可能全局受挫。在经济体制改革过程中，必须坚持妥善处理改革发展与稳定的关系，坚持兼顾三方面的要求，把改革的力度、发展的速度和社会可承受的程度统一起来，在社会稳定中推进改革和发展，通过改革和发展促进社会稳定。

（四）坚持中国共产党的领导与尊重群众首创精神相结合

中国共产党是中国特色社会主义事业的领导核心。要把几十亿人的思想和力量统一和凝聚起来，齐心协力发展中国特色社会主义，没有中国共产党的坚强统一领导是不可想象的。全心全意为人民服务是中国共产党的根本宗旨。经济体制改革是为了人民群众，更要依靠人民群众。中国改革开放初期的农村改革之所以见效，就是因为调动了农民的积极性。要坚持把尊重人民群众首创精神同加强和改善党的领导结合起来，始终代表中国最广大人民的根本利益，紧紧依靠人民，最广泛地调动人民的积极性、主动性、创造性，坚持问政于民、问需于民、问计于民，既通过提出和贯彻正确的理论和路线方针政策带领人民前进，又从人民的实践创造和发展要求中获得前进动力，使改革赢得广泛而深厚的群众基础。

第二节　社会主义市场经济体制的建立

一、对社会主义市场经济的认识历程

社会主义制度建立后，选择什么样的经济体制，是一个重大的理论和实践问题。

马克思、恩格斯曾对资本主义社会基本矛盾以及由此导致的社会生产无政府状态的弊病做了深刻剖析，并在此基础上提出，社会一旦占有生产资料，商品生产就将消除，社会将对全部的生产进行有计划的调节。但是，由于受历史条件所限，计划调节究竟在什么情况、什么范围和什么形式下实行，当时并没有也不可能描述得很具体。

世界上第一个社会主义国家苏联建立以后，基于当时苏联所处的国际环境、国内历史条件以及苏联共产党对建设社会主义的认识水平，实行的是高度集中的计划经济体制，国家对经济进行统一管理和调度，甚至直接控制企业和个人的经营活动，排斥市场机制，限制商品货币关系。随着社会主义建设的推进和实践的发展，苏联领导人开始认识到完全排斥价值规律、不承认商品生产的做法是行不通的。在《苏联社会主义经济问题》一书中，斯大林明确肯定了社会主义社会存在商品生产和商品交换，价值规律还要发挥作用。他认为，在商品交换领域特别是个人消费品的交换过程中，价值规律发挥着一定的调节作用；价值规律还对消费品的生产产生着影响，在生产过程中，企业要利用价值规律进行经济核算，计算成本、价格和盈利。但斯大林不承认生产资料是商品，不承认价值规律对生产过程的调节作用，不承认全民所有制内部的产品交换也具有商品的性质。

中华人民共和国成立后，由于缺乏社会主义建设的实践经验，中国主要参照苏联实行了高度集中的计划经济体制。其后虽然发现这种体制不利于调动生产者的积极性，不利于生产力的发展，也提出"以苏为鉴"，多次尝试对这种体制进行调整，但总的来看，在改革开放以前，对这种计划经济体制没有进行实质性的改革，对市场经济的态度基本是排斥的。在"文化大革命"的特殊时期，市场经济和市场调节甚至被视作资本主义特征受到彻底否定。

改革开放以后，随着经济体制改革的不断深化和对外开放的逐步扩大，计划经济体制的弊端日益显现，人们认识到必须从理论上和实践上重新认识市场的作用。1979年，邓小平同志指出："说市场经济只存在于资本主义社会，只有资本主义的市场经济，这肯定是不正确的。社会主义为什么不可以搞市场经济，这个不能说是资本主义。我们是计划经济为主，也结合市场经济，但这是社会主义的市场经济。"[1]1992年年初，邓小平同志在南方谈话时进一步指出："计划多一点还是市场多一点，不是社会主义与资本主义的本质区别。计划经济不等于社会主义，资本主义也有计划；市场经济不等于资本主义，社会主义也有市场。计划和市场都是经济手段。"[2]这一精辟论述，从理论上破除了计划经济和市场经济是社会制度属性的陈旧观念，从根本上摆脱了把计划经济和市场经济作为社会基本制度范畴的思想束缚，为形成社会主义市场经济理论奠定了坚实基础。

在社会主义条件下发展市场经济，是前无古人的伟大创举，是中国共产党人对马克思主义和社会主义的历史性贡献，体现了我们党坚持理论创新、与时俱进的巨大勇气。社会主义市场经济适应了现代商品经济发展的需要，适应了我国走向世界、参与国际经济竞争的需要，适应了我国转变经济发展方式、提高经济发展质量的需要，是我国经济体制改革的必然选择。社会主义市场经济体制是已经被实践证明了的具有生机和活力的经济体制。

二、社会主义市场经济的基本特征

社会主义基本制度与市场经济的这种结合使社会主义市场经济具有了不同于资本主义市场经济的新特点和新优势，其基本特征是：

第一，在所有制结构上，实行以公有制为主体、多种所有制经济共同发展。在以公有制为主体的前提下，公有制企业与其他企业在市场经济中平等竞争、共同发展，国有经济在国民经济中发挥主导作用。坚持公有制为主体，有利于实现经济的稳定协调和有计划的发展，有利于建立平等和谐的生产关系。多种所有制经济的共同发展，则有利于形成各种所有制之间独立自主的市场竞争关系，发挥市场机制的基础性调节作用，保证市场经济的活力和效率。

第二，在分配制度上，实行以按劳分配为主体、多种分配方式并存。运用包括市场在内的各种调节手段，既鼓励先进，促进效率，合理拉开收入差距，又防止两极分化，注重社会公平，逐步实现共同富裕。坚持以按劳分配为主体，有利于调动劳动者的积极性，消灭剥削，消除两极分化；多种分配方式并存，有利于调动各个经济主体的积极性和创造性，发挥各种生产要素的作用，把提高经济效率与促进公平结合起来。

① 邓小平.社会主义也可以搞市场经济［M］//邓小平文选（第2卷）.北京：人民出版社，1994：236.
② 邓小平.武昌、深圳、珠海、上海等地的谈话要点［M］//邓小平文选（第3卷）.北京：人民出版社，1993：373.

第三，在宏观调控上，发挥计划与市场两种手段的长处。把人民的当前利益与长远利益、局部利益与整体利益结合起来，自觉地统筹重大比例关系，不断提高驾驭社会主义市场经济的能力，使社会主义市场经济的发展服从国家发展战略和总体规划、计划，服务于最广大人民群众的根本利益。

从市场经济运行的一般规律和要求看，社会主义市场经济与资本主义市场经济具有共性，所以发达资本主义国家在发展市场经济过程中一切有益的做法和经验都值得借鉴和吸收。但社会主义市场经济与资本主义市场经济又是两种不同社会制度与市场经济的结合，表现出不同的特征。江泽民同志指出："我们搞的市场经济，是同社会主义基本制度紧密结合在一起的。""'社会主义'这几个字是不能没有的，这并非多余，并非画蛇添足，而恰恰相反，这是画龙点睛。所谓'点睛'，就是点明我们的市场经济的性质。"[①]

三、社会主义市场经济体制的基本框架

在社会主义条件下搞市场经济，是一项前所未有的事业，尤其是我国当前正处在业已残损的集中性计划经济体制与正在初步形成的市场经济体制的交替时期，情况复杂，困难重重，需要做的工作很多，但关键的是要搞好那些对社会主义市场经济体制建设起决定性作用的基本点建设。

（一）建立和完善以公有制为主体、多种经济成分共同发展的所有制结构

一方面，应进一步发展包括国有经济、集体经济和乡镇企业以及公有资产占主体的股份制经济在内的公有制经济，尤其应注重公有制经济的运行效率及其在基础产业和关系国计民生的重要领域的控制力和影响力；另一方面，在集中搞好公有制经济的同时，还应继续鼓励非公有制经济的发展，进一步创造非公有制经济发展的良好外部环境，使公有制经济、非公有制经济能在大体相同的政策环境、法律环境、市场环境和社会环境下平等竞争、共同发展。

（二）建立现代企业制度

建立以企业财产所有权明确界定为基础，以产权清晰、权责明确、政企分开、管理科学为特征的现代企业制度，是国有企业改革的方向，也是社会主义市场经济体制建设的关键所在。要对国有大中型企业实行规范化的公司制改革，使企业成为适应市场的法人实体和竞争主体；要把国有企业的改革同改组、改造、加强管理结合起来，以资本为纽带，通过市场形成具有较强竞争力的跨地区、跨行业、跨所有制和跨国经营的大企业集团；采取改组、联合、兼并、租赁、承包经营和股份合作制、出售等形式，加快放开搞活国有中小型企业的步伐；要推进企业技术进步，鼓励、引导企业和社会资金投向技术改造，形成面向市场的新产品开发和技术创新机制。

（三）培育和完善市场体系

建立统一开放、平等竞争、规则健全、运转有序的市场体系和价格形成机制，是建立社会主义市场经济体制的重要内容。为此，应继续配合价格体制改革和其他相关改革

---

① 江泽民.社会主义市场经济体制是同社会主义基本制度结合在一起的［M］//论社会主义市场经济.北京：中央文献出版社，2006：202-203.

的推进，在发展商品市场和生产资料市场的同时，积极培育和发展以资本、劳动、技术、知识为重点的生产要素市场，完善生产要素的价格形成机制；改革流通体制，健全市场规则，调整有关的管理机构和组织机构，加强市场管理，清除市场障碍，打破地区封锁、部门垄断，尽快建成统一开放、竞争有序的市场体系，进一步发挥市场对资源配置的基础性作用。

（四）建立间接宏观调控体系

建立以实现宏观经济总量平衡和整体经济结构优化为主要任务、以经济政策和经济杠杆为主要调控手段的间接宏观调控体系，建立符合社会主义市场经济规律的结构合理、职责明确、精干高效的经济管理机构，是保证市场经济健康运行的重要条件。为此，要继续实现政府管理职能与方式的转变，最重要的是要解决经济管理中长期存在的政企不分、"两权"不分的问题。政府主要通过制定国民经济长期发展战略和产业政策，运用财政、货币、收入政策和利率、汇率、税率、财政贴息等经济手段和相关的法律手段，搞好国民经济的总量平衡，引导生产力的合理布局，促进经济结构的优化，保证市场经济公平竞争，调节收入分配。

（五）建立合理的个人收入分配制度和社会保障制度

建立社会主义市场经济体制，还必须建立和完善以按劳分配为主体、多种分配方式并存的收入分配制度，体现效率优先、兼顾公平的原则。引入竞争机制，打破平均主义，坚持让一部分地区、一部分人先富起来，逐步实现共同富裕。建立包括社会保险、社会救济、社会福利、优抚安置和社会互助、个人储蓄积累保障等多层次、多形式的社会保障体系，社会保障水平要与中国国情相适应。

（六）加强法治建设

市场经济从一定意义上来说是一种法治经济。建立严谨、科学、统一、完备的市场经济法规体系和经济监督体系，是市场经济有序发展的重要保证。一整套规范而科学的市场经济法规，是实现公平竞争、公平交易和正当经营，从而维护市场经济健康运行和发展的法制基础。我们已经建立了一些很好的法规，有的还在逐步建立和不断完善。我们要将一些收效好、成熟的改革措施，尽可能以法律的形式确定下来，逐步建立一套与社会主义市场经济相适应的法律法规，以保证社会主义市场经济的有序运行。

以上主要环节是相互联系和相互制约的有机整体，构成社会主义市场经济体制的基本框架。我国的经济体制改革就是围绕这些主要环节，从实际出发，整体推进，重点突破，循序渐进，注重制度建设和创新，积极而有步骤地全面进行改革。

第三节　社会主义市场经济体制的不断完善

一、完善社会主义市场经济体制是一个长期的过程

党的十一届三中全会召开以来，我国经济体制改革在理论和实践上取得了重大进展。社会主义市场经济体制初步建立，公有制为主体、多种所有制经济共同发展的基本经济制度已经确立。国有经济布局和结构的战略性调整积极推进，控制力、影响力和带

动力不断增强。非公有制经济迅速发展。市场机制的基础性作用显著增强。绝大多数商品和服务价格已由市场决定。宏观调控体系逐步健全，部门间协调机制逐步形成，计划规划、财政、金融、产业政策等方面的协同作用明显增强，调控方式实现了由直接调控向间接调控的转变，调控手段实现了由主要依靠行政手段向主要依靠经济和法律手段的转变。

但是，必须看到，中国经济体制改革的任务并没有完成。目前形成的社会主义市场经济体制还不完善，生产力发展仍面临诸多体制性障碍。其主要有：一是长期形成的结构性矛盾和增长方式粗放问题仍然突出。投资与消费关系不协调，投资率持续偏高；二、三产业发展不协调，工业特别是重工业比重偏大，服务业比重偏低；自主创新能力不强，经济增长的资源环境代价过大；经济增长内生动力不足，部分行业产能过剩矛盾突出，结构调整难度加大；经济发展的外部经济环境更加严峻，不确定因素显著增多。二是市场机制未充分发挥作用，表现为城乡体制分割，产权制度不完善，国有企业建立现代企业制度和国有经济布局调整的任务还未完成。资本等要素市场发育滞后，垄断部门的改革滞后。农业基础仍然薄弱，农业稳定发展和农民持续增收难度加大，城乡、区域发展差距扩大的趋势尚未扭转。三是宏观调控体系不够健全。随着市场经济体制在我国的初步确立，市场经济所固有的内在缺陷和诸多矛盾也逐步显现，表现为失业增加、经济出现波动、收入差距拉大等。四是市场秩序不够规范，市场监管和执法不到位，信用缺失现象比较严重，个人信用、企业信用、商业信用等尚未很好建立，严重阻滞着社会经济发展，并影响到我国的对外开放形象。食品安全事件和安全生产重特大事故接连发生，给人民群众生命财产造成重大损失。

适应经济全球化和科技进步加快的国际环境，适应全面建设小康社会的新形势，必须加快推进经济体制改革，完善社会主义市场经济体制，进一步解放和发展生产力，为经济发展和社会全面进步注入强大动力。

二、完善社会主义市场经济体制的目标和任务

完善我国社会主义市场经济体制的目标是：不断深化对社会主义市场经济规律的认识，按照统筹城乡发展、统筹区域发展、统筹经济社会发展、统筹人与自然和谐发展、统筹国内发展和对外开放的要求，更大程度地从制度上保证更好地发挥市场在资源配置中的基础性作用，增强企业活力和竞争力，完善政府社会管理和公共服务职能，形成有利于科学发展的宏调控体系，为全面建设小康社会提供强有力的体制保障。

完善我国社会主义市场经济体制必须坚持的原则是：坚持社会主义市场经济的改革方向，注重制度建设和体制创新；坚持尊重群众的首创精神，充分发挥中央和地方积极性；坚持正确处理改革发展稳定的关系，有重点、有步骤地推进改革；坚持统筹兼顾，协调好改革进程中的各种利益关系；坚持以人为本，树立全面、协调、可持续的发展观，促进经济社会和人的全面发展。

完善我国社会主义市场经济体制的主要任务是：完善以公有制为主体、多种所有制经济共同发展的基本经济制度；建立有利于逐步改变城乡二元经济结构的体制；形成促进区域经济协调发展的机制；建设统一开放、竞争有序的现代市场体系；完善宏观调控

体系、行政管理体制和经济法律制度;健全就业、收入分配和社会保障制度;建立促进经济社会可持续发展的机制。具体而言,主要包括以下几个方面:

（一）进一步完善基本经济制度

社会主义初级阶段的基本经济制度问题,实质上是所有制问题。要坚持和完善公有制为主体、多种所有制经济共同发展的基本经济制度,毫不动摇地巩固和发展公有制经济,毫不动摇地鼓励、支持、引导非公有制经济发展,以现代产权制度为基础,发展混合所有制经济。坚持平等保护物权,形成各种所有制经济平等竞争、相互促进的新格局。深化国有企业和国有资产管理体制改革,以增强国有经济活力、控制力、影响力为着眼点,深化国有企业公司制股份制改革,加快建设国有资本经营预算制度,进一步推动国有经济布局和结构战略性调整。切实落实国家对非公有制经济发展的方针政策,进一步消除非公有制经济发展的体制障碍,重点解决非公有制经济发展面临的行业准入难、融资难等突出问题,改进对非公有制企业的服务,依法保护企业合法权益。同时,加强引导和管理,促进非公有制经济依法经营。

（二）加快形成统一开放、竞争有序的现代市场体系

门类齐全、功能完善、统一开放、竞争有序的现代市场体系,是社会主义市场经济体制的重要组成部分。加快形成现代市场体系,重点有两个:一是发展各类生产要素市场,包括发展多层次资本市场,建立健全统一规范的劳动力市场,规范发展土地市场以及发展技术咨询市场等。二是完善反映市场供求关系、资源稀缺程度、环境损害成本的生产要素和资源价格形成机制,以生产要素和资源产品价格改革为重点,深化价格改革,使它们的价格能更好地反映市场供求关系和资源稀缺程度。加快建成现代市场体系,还要进一步发展商品市场,整顿和规范市场秩序,打击各种商业欺诈和哄抬物价行为。建立健全信用体系,加快建设和完善企业和个人诚信系统,建立有效的信用激励和失信惩戒制度,强化全社会信用意识和诚信行为,营造诚实守信、公平竞争的市场环境。

（三）深化财税、金融等体制改革,完善宏观调控体系

20世纪90年代以来,我国财税改革不断推进,有力地推动了经济社会发展,但仍然存在一些问题。实行分税制改革后,中央政府的收入比重有了提高,但原有的支出结构尚未调整到位,还不能满足实现基本公共服务均等化的需要。现行以增值税为主体的财税体制,很难避免一些地方不顾资源和环境条件、盲目发展财政增收效应大的加工业尤其是重化工业。这就要求深化财税体制改革,进一步界定好中央和地方的事权和财权,按主体功能区的要求采取有区别的经济政策,消除行政力量干预经济发展的利益动因,使国民经济实现又好又快发展。要围绕推进基本公共服务均等化和主体功能区建设,完善公共财政体系。深化预算制度改革,强化预算管理和监督,健全中央和地方财力与事权相匹配的体制,加快形成统一规范透明的财政转移支付制度,提高一般性转移支付规模和比例,加大公共服务领域投入。推进金融体制改革,发展各类金融市场,形成多种所有制和多种经营形式、结构合理、功能完善、高效安全的现代金融体系。在总结宏观调控基本经验的基础上,适应经济社会发展的新需要,改进宏观调控手段,提高宏观调控水平,更好地发挥宏观调控的作用。

（四）深化农村改革，完善农村经济体制

我国人口大部分生活在农村，劳动力的一半在农业就业，农业和农村经济的发展制约着整个国民经济的发展。农业、农村、农民问题是关系我国现代化进程的根本问题。当前，我国城乡二元经济结构还没有改变，传统部门（如农业）比重过大、现代经济部门发展不足，城乡差距十分明显。这种状态既是发展中国家的经济结构存在的突出矛盾，也是相对贫困和落后的重要原因。发展中国家的现代化进程，可以说在很大程度上就是实现城乡二元经济结构向现代经济结构的转换。深化农村改革，要把土地家庭承包经营作为农村基本经营制度的核心，长期稳定并不断完善以家庭承包经营为基础、统分结合的双层经营体制，依法保障农民对土地承包经营的各项权利。统筹推进城乡改革，建立有利于改变城乡二元经济结构、有利于实现基本公共服务均等化的体制。完善农村土地制度，深化农村户籍制度改革，建立城乡统一的建设用地市场和人力资源市场。健全农业社会化服务、农产品市场和对农业的支持保护体系。改善农村富余劳动力转移就业的环境，实现农村富余劳动力在城乡之间双向流动就业。

（五）坚持实施互利共赢的开放战略

我国已经初步形成了全方位、多层次、宽领域的对外开放格局。随着我国对外贸易和吸收外资不断增加，对外开放进入了商品和要素全面双向流动的新阶段，国内外经济联系日益紧密，相互影响不断加深，经济利益互相交织，我国对外经济关系正在发生重大变化。要坚持统筹国内国际两个大局，更好地利用国际国内两个市场、两种资源，完善开放型经济体系，促进经济发展方式转变和国民经济又好又快发展。要坚持把"引进来"和"走出去"更好地结合起来，加快转变外贸增长方式，立足以质取胜，调整进出口结构，促进加工贸易转型升级，大力发展服务贸易，进一步提高吸收外资的质量和水平，更好地吸收国外先进技术、管理经验、高素质人才和资金。鼓励有条件的企业"走出去"，积极开展国际化经营，完善支持企业对外投资合作的财税、信贷、外汇、保险等政策。加强双边和多边经贸合作，积极开展国际能源资源互利合作，推进区域和次区域经济合作；完善公平贸易政策，推进贸易和投资自由化、便利化，实施自由贸易区战略，努力形成与世界各国特别是发展中国家互利互补的关系。适应开放型经济的要求，建立统筹内外经济的调控和应对机制，更好地处理国内发展与对外开放的关系，把握关键领域和敏感行业对外资开放的程度，又好又快发展。要坚持把"引进来"和"走出去"更好地结合起来，加快转变外贸增长方式，立足以质取胜，调整进出口结构，促进加工贸易转型升级，大力发展服务贸易。进一步提高吸收外资的质量和水平，更好地吸收国外先进技术、管理经验、高素质人才和资金。鼓励有条件的企业"走出去"，积极开展国际化经营，完善支持企业对外投资合作的财税、信贷、外汇、保险等政策。加强双边和多边经贸合作，积极开展国际能源资源互利合作，推进区域和次区域经济合作；完善公平贸易政策，推进贸易和投资自由化、便利化，实施自由贸易区战略，努力形成与世界各国特别是发展中国家互利互补的关系。适应开放型经济的要求，建立统筹内外经济的调控和应对机制，更好地处理国内发展与对外开放的关系，把握关键领域和敏感行业对外资开放的程度，防范国际经济风险，维护国家经济安全。

总之，建立和完善社会主义市场经济体制是一个长期发展的过程，是一项艰巨复杂的社会系统工程，既要做持久的努力，又要有紧迫感；既要坚定方向，又要从实际出发，区别不同情况，积极推进。

■ 本章小结

（1）为了使生产关系适应生产力的发展水平，中国于1978年的十一届三中全会之后开始了经济体制改革。中国的经济体制改革是社会主义制度的自我完善和发展，改革的目标是建立社会主义市场经济体制，采取的是循序渐进的改革方式。

（2）社会主义市场经济具有了不同于资本主义市场经济的新特点和新优势，其基本特征是：在所有制结构上，实行以公有制为主体、多种所有制经济共同发展；在分配制度上，实行以按劳分配为主体、多种分配方式并存；在宏观调控上，发挥计划与市场两种手段的长处。

（3）目前我国的社会主义市场经济体制还不够健全和成熟，还需要一个长期的、逐渐完善的过程，下一步的主要目标和任务是：进一步完善公有制为主体、多种所有制共同发展的基本经济制度；加快形成统一开放、竞争有序的现代市场体系；深化财税、金融等体制改革，完善宏观调控体系；深化农村改革，完善农村经济体制；坚持实施互利共赢的开放战略。

■ 复习思考题

1. 谈谈对中国经济体制改革性质的认识。
2. 中国经济体制改革有哪些基本经验？
3. 中国社会主义市场经济体制的基本特征和基本框架是什么？
4. 如何进一步完善社会主义市场经济体制？

第九章

社会主义初级阶段的基本经济制度

学习目标

知识目标：

1.熟悉社会主义初级阶段的基本经济制度。

2.掌握社会主义公有制的主体地位和作用。

3.掌握社会主义全民所有制的主导地位和作用。

4.熟悉社会主义公有制的实现形式。

5.掌握非公有制经济是社会主义市场经济的重要组成部分。

能力目标：

1.能够客观认识非公有制经济的利和弊。

2.能够正确对待公有制经济与非公有制经济之间的关系。

素养目标：

从所有制的角度树立社会主义市场经济的价值观。

本章着重考察社会主义初级阶段的生产资料所有制结构，揭示社会主义初级阶段实行以公有制为主体、多种所有制经济共同发展这一基本经济制度的客观必然性，说明社会主义公有制是社会主义经济制度的基础，社会主义公有制经济的主体地位和实现形式，非公有制经济在社会主义市场经济中的重要地位和作用。

第一节 社会主义初级阶段的所有制结构

生产资料所有制结构是指各种所有制经济成分在一定社会经济关系总体中所占的比重，所处的地位以及它们之间的关系。我国社会主义初级阶段的所有制结构，概括地说，就是以公有制为主体、多种所有制经济共同发展。这一所有制结构，构成了我国社会主义初级阶段的基本经济制度。这一制度的确立是由我国的社会主义性质和社会主义初级阶段的基本国情所决定的。

一、公有制为主体、多种所有制经济共同发展的必然性

生产力决定生产关系，生产关系一定要适合生产力状况是人类社会发展的普遍规律。就一个社会或国家来说，考察其生产关系是否适应生产力发展的水平和性质，既需要从每一种生产资料所有制形式自身来考察，看其在现实经济中能否对该社会或该国家的生产力发展起促进作用，又必须对各种生产资料所有制形式在整个社会经济中所处的地位、所占的比重以及它们之间的相互关系进行分析，也就是要考察该社会或该国家的生产资料所有结构是否合理，是否能够使生产关系在整体上促进生产力的发展。这不仅是一个重大的理论问题，也是我国经济体制改革从一开始就面临的、需要切实加以解决的一个重大现实问题。

我国在社会主义初级阶段形成公有制为主体，多种所有制经济共同发展的生产资料所有制结构，是具有客观必然性的。按照生产关系一定要适合生产力状况这一人类社会发展的普遍规律，一个社会或国家应当形成怎样的所有制结构，归根到底不是取决于人们的主观意志和愿望，而只能取决于该社会或该国家现实的生产力发展状况。与此相联系，我们评价某种生产资料所有制形式是否具有优越性，一个社会或国家的生产资料所有结构是否合理，也不应脱离开生产力，孤立地仅仅从生产资料所有制形式和所有制结构本身得出结论，而必须坚持生产力标准，看其能否与现实的生产力状况相适应，能否促进社会生产力的迅速发展。如果某种所有制形式或某种所有制结构适应现实的生产力状况，能够促进生产力较快发展，那么，其存在和发展就具有客观必然性，也具有现实合理性。我国目前正处于社会主义发展的初级阶段，我国的社会主义是从旧中国半殖民地半封建社会中脱胎出来的，虽然几十年来的社会主义建设已经取得了巨大的成就，然而由于经济发展的起点较低，我国经济与当今世界发达国家相比仍然存在着很大的差距，经济总量虽已位居世界各国的前列，但人均国内生产总值仍很低下，生产力总体发展水平还比较低；城市与乡村之间，沿海地区与内陆边远省份之间，工业与农业之间，生产力发展很不平衡；既存在具有较高科技水平的社会化大生产，也存在社会化程度较低和各种半机械化、半手工操作的生产与经营活动，还存在落后的手工劳动方式的生产，生产力呈现出多层次性。生产力的这种水平低、不平衡、多层次的状况决定了在我国社会主义初级阶段，应当建立的必须是公有制为主体、多种所有制经济共同发展的所有制结构，唯有如此，才能使我国现阶段的生产关系从总体上与目前生产力水平低、不平衡和多层次的状况相适应，从而更好地调动起各方面的积极因素，促进各种社会资源的合理配置与充分利用，加速生产力的发展和整个国民经济的现代化进程。

此外，无论是从历史发展的角度来看还是从现实需要的角度来看，在我国现阶段形成多种所有制经济共同发展的所有制结构，都具有客观必然性。半殖民地半封建的旧中国存在着多种不同的生产资料私有制形式。在无产阶级夺取政权以后，为了建立起社会主义经济制度，就需要对这些私有制经济成分进行社会主义改造，变私有制经济为公有制经济占主体地位。由于我们对各种不同的私有制经济成分只能通过不同的途径和方式加以改造和变革，因而就必然形成不同的生产资料公有制形式，如全民所有制、劳动群众集体所有制等。同时，为了调动各方面的积极因素，更有利于社会生产力的发展，也

有必要保存并适当发展一定数量的个体经济和其他私有制经济成分。这样，在我国社会主义初级阶段这个相当长的历史时期，就必然存在着多种所有制经济并存和共同发展的局面。另外，为了加速我国的经济的发展，弥补我国在建设资金、先进科学技术和管理经验等方面的缺陷与不足，适应经济全球化发展的趋势，我们必须坚定不移地实行对外开放，积极发展对外经济关系，大力吸引和利用外资。与此相联系，"外资经济"这种非公有制经济成分在我国现阶段的存在和发展，也就是必然与合理的了。

二、公有制为主体、多种所有制经济共同发展是我国社会主义初级阶段的基本经济制度

一个社会经济形态的基本经济制度，就是指作为该社会生产关系基础的生产资料所有制的基本性质和该社会的生产资料所有制的基本结构。

社会主义公有制为主体、多种所有制经济共同发展，是我国社会主义初级阶段的基本经济制度，这一基本经济制度是中国特色社会主义制度的重要支柱，也是社会主义市场经济的根基，它的确立，从根本上说，是由我国的社会主义性质和社会主义初级阶段的基本国情所决定的。

第一，我国是社会主义国家，必须坚持以公有制作为社会主义经济制度的基础。社会主义制度是建立在生产资料社会主义公有制基础上的，公有制是社会主义的本质特征和根本标志，否定了公有制也就否定了社会主义。因此，要坚持和发展社会主义，就必须坚持公有制在整个国民经济中的主体地位，巩固和发展公有制经济。

第二，我国正处在社会主义初级阶段，需要在公有制为主体的条件下发展多种所有制经济。社会主义初级阶段是我国最基本的国情，初级阶段最显著的特征是生产力水平低、不平衡和多层次，整个国民经济正处在从不发达状态向现代化转变的过程中。与初级阶段生产力的这种多样性状况相适应，客观上必然要求建立多种所有制经济长期并存共同发展的所有制结构。

第三，一切符合"三个有利于"（有利于发展社会主义社会的生产力，有利于增强社会主义国家的综合国力，有利于提高人民的生活水平）的所有制形式都可以而且应该用来为社会主义服务，社会主义初级阶段的主要矛盾是人民群众日益增长的物质文化需要同落后的社会生产之间的矛盾，为解决这一矛盾，社会主义初级阶段的根本任务必然是解放和发展生产力。因此，必须在各项工作中始终坚持生产力标准，以"三个有利于"为尺度来检验和评价改革及各项具体工作的成败得失，来检验和评价对各种所有制经济乃至整个所有制结构的调整与变革。实践证明，改革开放以来，与我国现阶段的基本国情不相适应的那种公有制一统天下、"一大二公三纯"的所有制结构得到改革，逐步形成以公有制为主体，多种所有制经济共同发展的所有制结构，促进了我国社会生产力的快速健康发展。

总之，以公有制为主体，多种所有制经济共同发展的所有制结构，既体现了我国社会主义制度的性质和本质特征，又与我国社会主义初级阶段生产力的状况相适应，并与我国现阶段大力发展社会主义市场经济的客观要求相适应，能够促进我国生产力的较快发展。因此，必须把这·所有制结构作为我国现阶段的基本经济制度长期坚持下来，并

不断加以调整和完善。当前，我国以公有制为主体、多种所有制经济共同发展的基本经济制度已经确立，坚持公有制为主体，促进非公有制经济发展，统一于社会主义现代化建设的进程中，不能把这两者对立起来。各种所有制经济完全可以在市场竞争中发挥各自的优势，相辅相成、相得益彰、相互促进、共同发展。

三、多种所有制经济共同发展的作用

我国改革开放的实践已经证明，以公有制为主体、多种所有制经济共同发展的所有制结构，是适应我国现阶段生产力状况的，能够有力地促进我国社会生产力的较快发展和综合国力的不断提高，使得我国改革开放以来的这40多年，成为中华人民共和国成立以来经济发展最快、综合国力增强最快、人民生活水平提高最快的时期，在这三个方面都上了一个大台阶。这种所有制结构已经显示出并且还将继续显示出它的巨大作用和优越性。具体来说，这种所有制结构对我国现阶段社会经济的发展有以下几方面重要作用：

第一，它有利于充分调动各方面的积极因素，加快我国经济发展的进程。为了加快我国的经济发展，需要充分调动各方面的积极因素，动员一切可能的力量去从事经济建设。而确立多种所有制经济长期并存、共同发展的所有制结构，有利于充分调动各方面发展经济的积极性，合理配置与充分利用各种社会资源，从而能够起到促进社会经济发展、增强综合国力的作用。

第二，它有利于推动我国社会主义市场经济的发展和社会主义市场经济体制的建设。确立以公有制为主体、多种所有制经济共同发展的所有制结构，客观上将促进我国商品生产和交换的发展，使市场机制更充分地发挥其调节功能。通过各种经济成分在市场上展开平等竞争，实现企业之间的优胜劣汰，市场机制促进社会资源配置不断趋于合理和优化的作用能够有效发挥出来，从而推动我国社会生产力的更快发展。

第三，它有助于保持整个经济和社会的稳定，加强社会建设。多种所有制经济的发展，可以扩大劳动就业，缓解整个社会的就业压力；可以增加财政收入、发展公共服务事业；可以增加城乡居民收入，提高人民生活水平，为促进经济社会稳定和推进以改善民生为重点的社会建设作出重要贡献。

第四，它有利于通过多种渠道促进我国对外开放的发展，在吸引外资和国外先进科技及管理经验，使我国经济走向国际市场，更好地利用国内国际两方面资源等方面，都发挥出重要的积极作用。

第五，它有利于我国面向市场的宏观调控体系的建设以及相应的政府职能的转变。公有制为主体，多种所有制的并存，使国民经济运行逐步活跃，市场经济日益发展，从而促使政府管理经济的模式和职能发生根本性变革，推动我国面向市场的以间接调控为主的宏观调控体系逐步确立和完善。

第二节　社会主义公有制的主体地位及其实现形式

一、坚持社会主义公有制的主体地位

生产资料社会主义公有制，是生产资料归社会主义劳动者共同所有和支配的所有制形式，在我国现阶段多种所有制经济共同发展的所有制结构中，必须始终坚持社会主义公有制经济的主体地位。邓小平强调指出："我们始终坚持两条根本原则，一是以社会主义公有制经济为主体，一是共同富裕。"①坚持社会主义公有制的主体地位，既是我国现阶段生产力状况的客观要求，也是由我国的社会主义性质所决定的。

第一，社会化大生产以及作为其集中代表和体现的现代机器大工业，已经在我国社会主义初级阶段的生产力中占据主要地位，我国已经建立起门类比较齐全的现代工业体系和国民经济体系。因此，与这种社会化大生产相适应的生产资料社会主义公有制，也就必然和应当在我国现阶段的所有制结构中占据主体地位，这是适应生产力状况和发展的客观必然要求。坚持公有制的主体地位，必然有利于推动社会化大生产的发展，促进经济的快速增长。

第二，生产资料社会主义公有制，是社会主义经济制度的基础，是社会主义在经济上的本质特征和根本标志。任何一种社会经济制度区别于其他社会经济制度的根本标志，都在于生产资料所有制的性质以及与之相联系的生产资料与劳动者的结合方式。资本主义生产资料私有制以及资本与雇佣劳动相结合的方式，是资本主义经济制度的根本标志。同样，生产资料的社会主义公有制以及劳动者作为主人与生产资料直接相结合的方式，也是社会主义经济制度的根本标志。所以，只有建立起生产资料社会主义公有制并使之在所有制结构中占据主体地位，才标志着社会主义经济制度真正建立起来。只有坚持公有制在所有制结构中的主体地位，才能够巩固和发展社会主义经济制度。如果否定了公有制的主体地位，就意味着动摇了社会主义的经济基础，社会主义制度就将不复存在。要坚持社会主义，就必须始终坚持生产资料社会主义公有制在整个所有制结构中的主体地位。

第三，社会主义公有制决定了，在公有制范围内，劳动者在生产资料占有关系上处于完全平等的地位，决定了劳动者在生产过程中的主体地位，决定着劳动者之间在社会生产和社会经济生活中形成一种互助互利的合作关系，决定着生产成果按照符合劳动人民利益的原则进行分配。因此，坚持社会主义公有制的主体地位，才能保证劳动者以生产资料主人的身份共同参与生产、分配、交换、消费等社会经济生活过程。

第四，社会主义生产的目的，是最大限度地满足人民群众的物质文化生活需要，促进人的全面发展，坚持公有制的主体地位，是实现社会主义生产目的、消灭剥削、防止两极分化、最终实现共同富裕的基本条件和根本保证。

第五，我国经济体制改革的性质，是社会主义经济制度内部的自我调整和完善。因此，必须始终坚持社会主义公有制在所有制结构中占据主体地位，这样才能保证我国的

---

① 邓小平.邓小平文选（第三卷）[M].北京：人民出版社，2001：142.

改革是在坚持社会主义方向的前提下解放和发展生产力，从而进一步巩固和发展社会主义。我国公有制的主体地位主要体现在下述两个方面：

一是公有资产在社会总资产中占优势。公有资产在社会总资产中占优势，这是就全国而言的，有的地方、有的产业可以有所差别。

二是国有经济掌握和控制国民经济命脉以及关系国家安全的领域，对整个国民经济的发展起主导作用。国有经济对经济发展的主导作用，应当主要体现在它对国民经济发展全局的控制力和影响力上。

二、社会主义全民所有制的主导地位和作用

在我国现阶段，生产资料的社会主义公有制有社会主义全民所有制和社会主义劳动群众集体所有制这两种形式。而坚持社会主义公有制的主体地位，首先必须坚持社会主义全民所有制在整个社会经济运行中的主导地位和发挥它的主导作用，不断增强全民所有制经济的活力、控制力和影响力。

（一）全民所有制经济的主导地位和作用

社会主义全民所有制是生产资料归全体劳动人民共同所有的一种公有制形式，它是在消灭资本主义私有制的基础上建立起来的，并且随着社会主义国民经济的发展而不断发展壮大。社会主义全民所有制是与社会化大生产相适应的社会主义公有制形式，在全民所有制经济中，劳动者对生产资料的所有权是完全平等的，产品归社会全体劳动者共同占有和分享，从而形成了全体劳动者共同的经济利益和共同的生产目的。由于全民所有制实现了劳动者对生产资料在全社会范围内的共同占有，实现了生产资料全社会范围内的公有化，因而它是公有化程度比较高的公有制形式。社会主义全民所有制经济拥有现代机器大工业和比较先进的科学技术水平，支配着国家的主要经济资源和自然资源，具有雄厚的经济技术实力，掌握着国民经济命脉，对国民经济的全局具有控制力。社会主义全民所有制是社会主义生产关系的主要组成部分，是社会主义经济制度的主要经济基础，它决定着整个国家的社会主义性质和发展方向，是整个国民经济的领导力量和主要支柱，因而它在社会主义国民经济中居于主导地位。

社会主义全民所有制经济在社会主义国家的国民经济中占据着主导地位，并发挥着主导作用，这种主导作用具体表现为：一是社会主义全民所有制经济的巩固和发展，对于发挥社会主义制度的优越性，增强我国的经济实力、国防实力和民族凝聚力，具有关键性作用，是保证我国经济和社会稳定的现实基础。二是社会主义全民所有制经济是社会主义国家物质产品、国民收入和财政收入的重要来源。社会主义全民所有制经济不仅为满足社会全体人民的物质文化需要提供了大量的、多样化的消费品，而且其上缴的税费也构成了社会主义国家经济建设资金的最重要来源。三是社会主义全民所有制经济是社会主义国家经济建设和社会发展的主要推动力量，它不仅为社会经济的发展提供了丰富的物质产品和大量的建设资金，而且为整个国民经济的技术进步和向现代化发展提供了强大的技术基础。四是在我国现阶段多种所有制经济并存的条件下，全民所有制经济对整个国民经济沿着社会主义方向发展起着重要的保证和领导作用。它自身的巩固和发展壮大，是保证集体所有制经济的社会主义性质并使其沿着社会主义方向前进，保证非

公有制经济成分真正有利于社会主义社会发展的决定性条件。

正是由于全民所有制经济在社会主义国家的整个国民经济中居于主导地位，是社会主义国家的主要经济基础，它的巩固和发展，对发展和壮大社会主义经济，实现国民经济现代化，巩固社会主义经济制度，坚持社会主义方向和发展道路，都具有决定性的意义，所以，要巩固和发展社会主义制度，保证改革和发展的社会主义性质和方向，就不仅要坚持社会主义公有制在所有制结构中的主体地位，而且必须强调使全民所有制经济在整个国民经济中始终居于主导地位，发挥对整个国民经济的主导作用。

（二）全民所有制采取国家所有制形式

我国现阶段的全民所有制采取了国家所有制的形式，也就是通常所说的国有经济，这有其历史的和现实的客观必然性。第一，从历史上看，我国的全民所有制经济是在中华人民共和国成立以后，运用国家政权的力量消灭和改造了各种类型的资本主义私有制经济，并以此为基础逐步建立和发展起来的，这样建立起来的全民所有制，相应地采取了国家所有制的形式。第二，从现实来看，一方面，全民所有制经济的各个部门、各个企业之间存在着相互联系、相互制约的关系，这在客观上要求有一个社会中心来统一指挥和协调它们之间的经济关系，这样才能保证全民所有制经济乃至整个国民经济的正常运转，而这一社会中心，在现阶段只能是社会主义国家，因而全民所有制采取了社会主义国家的所有制形式。另一方面，全民所有制的生产资料归全体劳动者共同占有，并不意味着每个劳动者都单独占有一部分社会生产资料，而是指全体劳动者作为一个统一的整体对生产资料实行共同占有，这在实践上就要求由全体劳动者共同利益的代表者来代表全体劳动者去行使对生产资料的所有权。显然，在社会主义发展的现阶段，全体劳动者共同利益的代表者只能是社会主义国家。只有由社会主义国家属于全民所有的生产资料，代表全体人民行使对生产资料的所有权，才能很好地把劳动人民的长远利益和眼前利益、整体利益和局部利益有机地结合起来，从而使全民所有制的生产资料真正为实现全体劳动者的共同利益和根本利益服务。

但是，现阶段的社会主义全民所有制采取国家所有制的形式，并不意味着必须由社会主义国家去直接经营和管理所有的全民所有制企业。社会主义国家经济建设的实践已经证明，国有经济并不等于国家直接经营，因为社会主义全民所有制生产资料的所有权和经营权是可以也应该适当分离的。一是由于社会需要复杂多变，企业之间的条件千差万别，企业之间的经济联系错综复杂，任何国家机构都不可能全面了解和迅速适应这些情况，进而作出正确的决策。如果全民所有制企业都由国家机构直接经营管理，就不可避免地会产生严重的主观主义和官僚主义，造成大量经营决策上的失误以及由此导致的资源的不合理配置和损失浪费。二是由国家经济管理机构直接经营管理全民所有制的生产资料，不仅会使企业成为政府行政系统的附属物，从而严重压抑企业的主动性和创新精神，使企业丧失生机和活力，而且随着国民经济向市场经济方向的发展，还会造成政府经济管理部门和机构与企业之间的政企不分，并可能滋生以权谋私、权钱交易等腐败现象。因此，对全民所有制的生产资料实行所有权与经营权的适当分离，赋予全民所有制企业以自主经营、自我发展的充分权力并使其承担相应的自负盈亏、自我约束、自我积累的经济责任，才能既在整体上保证国民经济发展的统一性，又在局部上保证各全民所有制企业生产经营上的多样性、灵活性和进取性，从而使我国的全民所有制经济具有充分的活力和持久的生机。三是企业生产资料所有权与经营权的分离是生产社会化发展所导致的一种必然的趋势。在资本主义经济发展的相当长时期里，资本家曾经既是生产资料的所有者，又是生产资料的直接经营管理者。但是，随着生产社会化程度的日益提高，随着股份公司等社会化资本形式的相继出现并日益普遍化，生产资料所有权与经营权的分离就越来越成为一种普遍的发展趋势。生产资料所有权与经营管理权的适当分离，实际上是生产社会化发展的一种必然要求和必然结果，而建立在社会化大生产基础上的社会主义全民所有制经济，要能够正常运转并取得良好的经济效益，必须按照社会化大生产发展的这种客观要求，实行生产资料所有权与经营管理权的适当分离，扩大企业的经营自主权。

三、社会主义集体所有制

社会主义劳动群众集体所有制，是由一部分劳动者共同占有一定范围内的生产资料劳动产品所形成的一种社会主义公有制形式，与全民所有制相比，它的生产资料公有度较低，在城乡集体所有制经济中，劳动者在一个集体的范围内共同占有生产资料，实现了在生产资料占有关系上的平等地位。但是由于各个集体经济组织在占有的生产资料数量和质量上还存在着明显差别，从而各个集体经济组织在劳动成果的占有和个人收入分配上也存在着明显差别，这是集体所有制区别于全民所有制的一个重要特点。在社会主义现阶段，我们必须承认并允许这种差别存在，而绝不能企图通过人为地搞"一平二调"来缩小或消灭这种差别，否定这种差别也就意味着在实际上否定了集体所有制。

我国现阶段的集体所有制，是社会主义公有制性质的经济成分，在我国现阶段的所有制结构中坚持公有制的主体地位，也就是要坚持包括全民所有制和集体所有制在内的公有经济成分在我国现阶段的所有制结构中居于主体地位，以此作为巩固和发展社会主义经济制度的经济基础。

集体所有制经济一般来说规模较小，它的建立所需资金基本上由劳动者自行筹集，不需要国家投资；它实行自主经营和自负盈亏，经营状况与集体中每个劳动者的利益密切相关；它的经营方式比较灵活多样，能够适应和容纳手工生产、半机械化生产、机械化生产等不同层次的生产力；对市场的适应性比较强，能够较好地调动起劳动者的生产积极性和主动创新精神。大力发展各种形式的城乡集体所有制经济，对于充分调动各方面的积极因素，动员一切可能利用的人力、财力和物力资源加快国民经济发展，广集建设资金，繁荣经济，满足人民多方面需要，扩大就业渠道，实现共同富裕的目标，具有十分重要的作用。我国改革开放的实践表明，城乡集体所有制经济的蓬勃发展，成为推动我国经济和社会发展的强大力量。

我国现阶段的集体所有制经济按其所在地域划分，可分为农村集体所有制经济和城镇集体所有制经济。农村集体所有制经济是目前我国农村中主要的所有制形式，占全国人口多数的广大农民的生产和生活是与农村集体所有制经济紧密联系在一起的，全国90%以上的粮食和经济作物是由农业集体经济组织生产的。农业是我国整个国民经济的基础，没有农业和农村经济的稳定和发展，就谈不上整个国民经济的稳定和发展。因此，坚持并不断大力发展和完善农村集体所有制经济，对于我国国民经济的发展和现代化进程的加速具有十分重大的意义。

我国城镇中的集体所有制经济，在整个国民经济中也具有重要的地位和作用。我国的城镇集体经济，一部分是在20世纪50年代对个体手工业和小商贩进行社会主义改造的基础上建立起来的，大部分则是随着中华人民共和国成立后的大规模经济建设发展起来的。特别是党的十一届三中全会以来，在各地地方政府和国有企事业单位的大力扶持下，我国的城镇集体经济有了长足的发展，成为国民经济中的一支重要经济力量。由于城镇集体经济具有投资少、见效快、易于兴办、适应性强、能吸收较多劳动力等特点，它的存在和发展对促进城镇经济繁荣、推动城镇化建设、满足人民物质文化需要、缓解就业压力、提高人民生活水平等，都具有十分重要的作用。

四、社会主义公有制的实现形式

生产资料所有制和生产资料所有制的实现形式，是两个既相联系又相区别的概念。生产资料所有制一般是指生产资料的归属，即生产资料归谁所有，它表明劳动者与生产资料的结合方式。而生产资料所有制的实现形式，是指一种所有制经济所采取的具体经营方式和组织形式。一种生产资料所有制可以采取多种实现形式，不同的所有制经济也可采用相同的实现形式。任何存在多种所有制经济的社会经济制度中，都有占主体地位的生产资料所有制，这种占主体地位的所有制如果发生变化，社会性质也就相应发生变化。但是，这种占主体地位的所有制却可以采取多种实现形式，即多种经营方式和组织形式。一定的生产资料所有制不会因其实现形式的多样化而引起该种所有制本身性质的变化。

社会主义公有制的实现形式可以而且应当多样化。一切反映社会化生产规律的经营方式和组织形式都可以采用。要通过改革努力寻求能够极大促进生产力发展的公有制实现形式，继续探索有效的国有资产经营体制和方式。

我国改革开放以来，社会主义公有制已经出现了多种实现形式，初步形成了公有制实现形式多样化的局面，如承包制、租赁制、股份制、股份合作制、委托经营制等。

股份制是现代企业的一种资本组织形式，是我国公有制的主要实现形式。它有利于所有权和经营权的分离，有利于提高企业和资本的运作效率，有利于企业筹集资金，增强竞争实力。股份制本身并不反映社会经济制度的性质，资本主义可以用，社会主义也可以用。不能笼统地说股份制是公有还是私有，关键要看控股权掌握在谁手中。显然，只要股份公司的控股权掌握在国家和集体手中，它就具有明显的公有性，有利于扩大公有资产的支配范围，增强公有制在国民经济中的主体地位和作用。

我国农村中的集体经济过去曾经长期采取人民公社的经营组织形式。实践证明，这种政社合一的经营组织形式不适应现阶段我国农村生产力的状况，不能很好地调动广大农民的生产积极性，不利于农业生产的发展。改革开放以来，我国农村集体经济中普遍建立了以家庭承包经营为基础、以集体统一经营和农户承包分散经营为特征的统分结合的双层经营体制。家庭承包经营是在土地、水利设施等基本生产资料集体经济公有的基础上，由农户承包使用土地等生产资料的农村集体经济的经营组织形式。双层经营体制是指一家一户办不到，必须由农村集体组织从事经营的项目，如农田水利建设、乡镇企业等，由集体统一经营，除此以外，各种经常性的农业生产活动，都由承包农户分散进行，要赋予农民对承包地占有、使用、收益、流转及承包经营抵押、担保的权能。这种以家庭承包经营为基础、统分结合的双层经营体制是中国农民的伟大创造，极大地调动了广大农民的生产积极性，推动了我国农业和整个农村生产力的发展。它是我国现阶段农村中的一项基本经营制度，必须依法维护农民土地承包经营权，稳定农村土地承包关系保持长久不变。

要推进农业经营组织形式和农业经营体制机制的创新，构建集约化、专业化、组织化、社会化相结合的新型农业经营体系。在坚持和稳定农村土地家庭承包经营的基础上，发展多种经营组织形式。完善土地所有权、承包权、经营权的"三权分置"，依法推进土地经营权有序流动，通过代耕代种、联耕联种、土地托管、股份合作等方式，实现多种形式的农业适度规模经营。要培养新型农业经营主体，扶持和发展专业种养大户、家庭农场、农民合作组织。

我国目前城乡中大量出现的多种多样的股份合作制经济，是劳动者的劳动与劳动者的资本相结合的社会主义集体所有制经济。实践证明，它有利于充分调动劳动者的积极性，提高城乡集体所有制企业的运作效率。因此，要积极加以扶持和引导，使之逐步完善。对于那种以劳动者的劳动联合和劳动者的资本联合相结合为主要特征的集体经济组织，尤其要大力提倡和鼓励。股份合作制经济的基本特征是：由企业内部的劳动者按照大致等额的原则投资入股，持有本企业的股份，企业的劳动者同时也就是本企业的出资人和资产的所有者。劳动者的收入一方面来自按劳分配的劳动所得，另一方面来自投资入股的股息分红收益。通过股份合作制这种企业的组织形式，企业劳动者的利益与所在企业的经济效益能够更紧密地结合起来，使企业劳动者从股权收益方面更多地关心和参与本企业的生产经营活动。这就为进一步调动劳动者的生产积极性、推动劳动者参与企业的民主监督管理、增强企业的活力、强化企业内部的各种监督制约机制创造出必要的体制条件。

第三节　非公有制经济

一、个体所有制经济

劳动者个体所有制经济（简称个体经济）是一种生产资料归劳动者个人所有，由劳动者个人及其家庭成员直接支配和使用其生产资料从事生产经营活动的小私有制经济形式。在任何社会中，劳动者个体所有制经济总是依附于该社会占统治地位的所有制经济，作为其附属和补充而存在的。我国现阶段是在社会主义公有制占主体地位的情况下，允许个体经济在社会主义国家的指导和监督下发展。

在我国社会主义初级阶段，个体经济的存在和适当发展是有其客观必然性的。个体经济具有规模小、经营分散、劳动工具简单、主要依靠手工劳动等特点，它适应了我国目前总体生产力发展水平还比较落后、使用工具简单、进行手工操作的生产力状况。个体经济的适当发展，能够更好地利用各种社会资源，增加社会供给，活跃流通，方便群众生活从多方面满足人民物质文化生活的需要。个体经济的发展，还有利于增加国家财政收入，积累建设资金和安排劳动就业。个体所有制经济中的劳动者同时也是生产资料的所有者，不存在剥削关系和劳动者与生产资料所有者之间经济利益的对立。个体所有制经济作为一种小私有制经济成分，与社会主义公有制经济之间存在着一定的矛盾。具体表现在，个体经济从事生产经营活动的直接目的是其自身的物质经济利益，个体经济不受约束地盲目经营与发展，有可能会在一定程度上损害国家和社会的整体利益。因此，社会主义国家有必要对个体经济的经营活动进行适当的引导、调节和监管。

二、私营经济

私营经济是一种生产资料属于私人所有、存在着雇佣劳动和剥削关系的私有制经济成分。从本质上说，它属于资本主义性质的经济成分。在我国社会主义初级阶段，在公有制已经居于主体地位并需要大力发展社会主义市场经济以加快生产力发展的特定历史条件下，允许私营经济在一定范围内存在和适当发展，不仅是必要的，而且是有益的，它同个体经济一样，也是社会主义市场经济的重要组成部分。

我国现阶段私营经济的存在和适当发展，不仅不会导致资本主义，而且有利于社会主义经济的发展。它有利于扩大社会生产，活跃市场搞活经济；有利于安排社会就业，增加国家财政收入；有利于更好地满足人民多方面的需要，提高人民生活水平。私营经济在一定条件下甚至可以成为推动某些地区经济迅速发展的重要经济增长点。正因为如此，在我国现阶段，私营经济是可以与社会主义公有制经济实现长期并存、共同发展的。国家对私营经济本着兴利除弊的原则，鼓励、支持和引导私营经济发展，保护其合法的权利和利益，并加强对它的服务、监督和管理。

三、外资经济

中外合资经营企业、中外合作经营企业和外商在华独资经营企业，简称"三资企业"，它们是党的十一届三中全会以来，随着我国实行对外开放政策，积极发展对外经济关系，大力引进外资而迅速发展起来的重要经济形式。三资企业中的外商投资，就是外资经济。

在我国现阶段，外资经济的存在和发展是具有客观必然性的。它们的存在和发展，从总体上看有利于弥补我国经济建设资金的不足，有利于引进和消化吸收国外的先进科学技术和管理经验，有利于提高我国企业的经营管理水平，有利于提高我国经营管理人员、科技人员和职工队伍的素质，有利于我们更快地熟悉国际惯例，更广泛地参与国际分工，增强竞争实力，从而促进我国社会生产力的迅速发展。

三资企业中的外资部分（即外资经济）属于资本主义性质的经济成分。它作为我国实行改革开放政策的产物，其存在和活动范围要受到社会主义国家的规范和调控，一切经营活动都要遵守我国的有关法律和法规。在社会主义公有制经济在国民经济中占据主体地位的情况下，大力吸收外资，鼓励其存在和适当发展，保护其合法的经营权和收益权，不仅不会削弱和动摇我国的社会主义制度，反而能够促进社会主义社会生产力的更快发展，加快我国经济走向现代化的历史进程。当然也应看到，外资经济的存在和发展，不可避免地会给我国的经济和社会生活带来某些消极影响，使我们在国民经济管理和社会经济发展中遇到许多新的矛盾和问题，对此必须有充分的认识并妥善加以解决。为了更好地吸引外资而对它实行一定的优惠政策，并不意味着对外资经济可以放任自流，放弃必要的监督和管理。必须依照法律和政策对其经济活动进行监督管理和必要的宏观调控，维护劳动者的合法权益，将其纳入社会主义市场经济正常秩序的轨道。

我国现阶段的国内公私合营经济及中外合营经济，都是混合所有制经济。这些混合所有制经济中的非公有制成分，都属于非公有制经济。

四、非公有制经济是社会主义市场经济的重要组成部分

发展社会主义市场经济，要适应我国社会主义初级阶段的基本国情和生产力的发展状况，鼓励和支持有利于社会经济发展的各种经济成分的存在和发展，在坚持社会主义公有制主体地位的前提下，充分发挥各种非公有制经济的作用。

一般来说，个体经济、私营经济、外资经济等非公有制经济的市场导向较为明确，经营机制比较灵活，同市场的兼容性较强，有利于提供多样化的产品和服务，繁荣市场和流通，支撑经济增长，促进科技创新，满足多方面的需求，扩大就业机会，增加国家税收。各种非公有制经济都能在其适应的市场经济领域发挥不可替代的作用。

非公有制经济的发展使得市场主体多元化，有利于在社会主义市场经济的发展中打破垄断，形成多元化竞争格局，发挥市场竞争机制的作用，从而有利于提高经济效率，改善经营管理，调整产业结构，使资源合理流动，促进社会经济的发展和市场经济体制的完善。

非公有制经济的存在和发展，对处于主体地位的公有制经济形成了加快市场化改革的动力和压力，促使公有制经济完善市场经营机制，积极参与市场竞争，使企业的产、供、销等各环节加快形成适应市场经济的运行机制和经营管理体制。

改革开放以来，我国非公有制经济有了很大发展，目前非公有制经济创造了超过60%的国内生产总值，超过80%的社会就业，超过65%的固定资产投资，超过67%的对外直接投资，为我国经济发展作出了重大贡献，是我国重要的经济增长点，成为社会主义市场经济的重要组成部分。

国家保护非公有制经济的合法权益，鼓励、支持和引导非公有制经济的发展，坚持权利平等、机会平等、规则平等的原则，激发非公有制经济的活力和创造力。进入21世纪，非公有制经济的发展更加受到党和政府的高度关注。在2018年11月召开的民营企业座谈会上，中共中央总书记、国家主席、中央军委主席习近平强调，"民营经济是我国经济制度的内在要素，民营企业和民营企业家是我们自己人""我国民营经济只能壮大、不能弱化，不仅不能'离场'，而且要走向更加广阔的舞台"。这为民营企业和民营企业家安心谋发展吃下了定心丸。

■ 本章小结

（1）公有制为主体、多种所有制经济共同发展是我国的基本经济制度。实行这一经

济制度是由我国的社会主义性质和社会主义初级阶段的基本国情所决定的：我国是社会主义国家，必须坚持以公有制作为社会主义经济制度的基础；我国正处在社会主义初级阶段，需要在以公有制为主体的条件下发展多种所有制经济；一切符合"三个有利于"的所有制形式都可以而且应该用来为社会主义服务。

（2）公有制经济在社会主义经济中占主体，全民所有制经济在国民经济中发挥主导作用。公有制占主体，主要是指其在社会总资产中占主体，个别地方、个别行业可以有所差别；全民所有制的主导作用主要体现在控制力上，即其控制着国民经济的命脉和关键领域。公有制的实现形式可以而且应当多样化。

（3）非公有制经济主要包括个体经济、私营经济和外资经济，是社会主义市场经济的重要组成部分。本着公平原则，政府鼓励和支持非公有制经济的健康发展。

复习思考题

1.为什么要把公有制为主体、多种所有制经济共同发展确立为我国社会主义初级阶段的基本经济制度？

2.为什么要坚持公有制的主体地位？这种主体地位是如何体现的？

3.如何认识国有经济的主导地位和作用？

4.怎样认识社会主义公有制的实现形式？

5.为什么说我国现阶段的非公有制经济是社会主义市场经济的重要组成部分？

第十章

社会主义初级阶段的分配制度和社会保障制度

学习目标

知识目标：

1.了解初次分配与再分配的含义。

2.掌握社会主义初级阶段按劳分配为主体、多种分配方式并存的必要性。

3.熟悉社会保障制度及其主要内容。

4.了解建立社会保障制度的必要性。

能力目标：

1.能够客观认识当前中国的社会保障与发达国家社会保障的差异。

2.能够从合理因素与不合理因素两个方面正确看待当前中国的收入差距。

素养目标：

关注收入差距问题，形成家国天下的情怀。

国民收入分配过程包括初次分配和再分配两个阶段，生产过程中所创造出的国民收入经过初次分配和再分配形成最终收入；社会保障是社会化大生产的产物，它既是经济发展和社会进步的标志，又是市场经济运行的安全网和稳定器。本章从国民收入分配入手，分析社会保障制度的建立及其主要内容。

第一节　社会主义初级阶段的分配制度

一、国民收入的分配

国民收入从形成到使用要经历比较复杂的分配过程，这个过程分为初次分配和再分配两个阶段。经过初次分配形成的收入是原始收入，经过再分配形成的收入是最终收入。

（一）国民收入的初次分配

中国现阶段是以公有制为主体，多种所有制经济共同发展的所有制结构。因此，国民收入的初次分配是在国有企业、集体企业和非公有制经济的范围内以不同的形式进行的。

国有企业创造的国民收入，是企业总产值扣除生产资料消耗后的那部分净产值，也就是企业劳动者当年创造的新价值。这部分新价值在初次分配中被分解为三个部分：①上缴国家的税金形成国家集中的纯收入，由国家统筹在全社会范围内使用；②以企业基金的形式归企业支配，用于生产发展和企业内福利；③企业员工的工资，这部分以按劳分配方式进行分配。

城镇集体所有制企业创造的国民收入经过初次分配形成四种原始收入：①上缴国家的税金；②集体企业上缴集资单位，形成内部合作基金；③集体企业内部留利，用于企业的发展和福利；④集体企业的员工工资。

农村集体经济单位创造的国民收入经过初次分配后形成三种原始收入：①农村集体经济单位的提留，以形成公积金和公益金，这部分收入的形成方式在改革中正在进行规范；②以管理费形式提留给乡级政府组织，这部分会随着农村基层政府组织的改革进行调整；③农民家庭的纯收入。

私营企业创造的国民收入经过初次分配也形成三种原始收入：①上缴国家的税金；②企业主支配的收入；③分配给企业员工的工资。

个体生产者创造的国民收入经过初次分配形成两种原始收入：上缴国家的税金和个体生产者自行支配的纯收入。

"三资"企业创造的国民收入经过初次分配形成四种原始收入：①上缴国家的税金；②按股权或契约分配给外国投资者的利润；③企业基金；④企业员工的工资。

由此可见，国民收入经过初次分配形成的各种原始收入，确定了物质生产领域的劳动者、企业、国家之间的利益分配关系。

（二）国民收入的再分配

国民收入再分配是在初次分配的基础上，由国家把集中的收入按照一定的原则和规范进行统筹使用。

进行国民收入再分配的原因有四个方面：①满足非物质生产部门发展的需要；②满足重点建设的需要；③建立和发展社会保障体系的需要；④为防范不确定的偶发事件和自然灾害，建立社会后备基金的需要。

国民收入再分配通过以下途径最终完成：

①国家预算。国家预算是国民收入再分配的主要途径。国家预算是国家的基本财政收支计划，通过这一途径，国家把集中的收入以预算支出的方式用于生产性和非生产性建设的需要，在非生产性支出中，有相当比例的预算支出形成国家保障制度的资金来源。

②价格杠杆。价格杠杆是再分配的重要渠道。在市场经济体制中，价格变动是对各方经济利益的再调整，从而引起国民收入的再分配。

国民收入经过初次分配和再分配，形成积累基金和消费基金两大部分。积累基金主要包括：扩大再生产基金、非生产性建设基金和社会后备基金。消费基金主要包括社会消费基金和个人消费基金。

二、社会主义初级阶段的个人收入分配

（一）按劳分配及其在社会主义初级阶段的特点

1.按劳分配是社会主义社会的分配原则

1875年马克思在《哥达纲领批判》一文中最早提出在共产主义社会的第一阶段，即社会主义社会阶段，要实行按劳分配原则。在这篇文献中，马克思第一次明确区分了共产主义社会的第一阶段和高级阶段，并对第一阶段的分配问题进行了阐述。他把未来社会的全部劳动所得，即社会总产品的分配划分为三个部分：一是为了满足社会再生产需要而进行的必要扣除，包括用来补偿消耗的生产资料部分，用来扩大再生产的追加部分，用来应付不幸事故、自然灾害等的后备基金或保险基金。二是满足社会的公共需求而进行的必要扣除，包括同生产没有直接关系的一般管理费用，用来满足共同需要的部分，如学校、保健设施等，以及为丧失劳动能力的人而设立的基金。三是在做了上述必要的扣除之后进行的个人消费品的分配。

在共产主义社会的第一阶段和高级阶段，个人消费品的分配有着重要的区别。在共产主义社会的高级阶段，旧式分工已经消失，每个人实现了自由全面的发展，社会对物质产品的分配实行"各尽所能，按需分配"的原则。但是在共产主义社会的第一阶段，由于还要保留旧式分工，个人还不可能得到自由全面的发展，劳动还是一种谋生的手段，因此社会的产品在做了各项扣除之后，在个人消费品的分配上还要遵循等量劳动相交换的原则。"这里通行的是商品等价物的交换中通行的同一原则，即一种形式的一定量劳动同另一种形式的同量劳动相交换。"①马克思所说的共产主义社会第一阶段的分配原则就是后来所说的按劳分配。

在社会主义社会中，实行按劳分配制度是由生产资料公有制所决定的。在生产资料公有制的范围内，一方面，生产资料归社会占有，人们在生产资料的占有上处于平等地位，任何人都不能凭借对生产资料的垄断占有获得特殊的经济利益，劳动成了他们占有生产资料和获得社会产品的唯一根据；另一方面，由于存在社会分工，劳动还主要是一种谋生的手段，脑力劳动与体力劳动、简单劳动与复杂劳动等不同劳动之间存在着质的差别，劳动的能力还是一种个人"天赋"的权利，因此劳动者之间的关系是一种等量劳动相交换的关系，对劳动产品的分配既不能实行按需分配，也不能实行平均主义的分配，必须实行按劳分配。这种以劳动为依据的分配，从一方面看，体现了人们在生产资料占有上的平等地位，体现了以劳动为尺度的公平分配；从另一方面看，它默认了劳动者个人的天赋和能力是他们天然的权利，承认人们在消费品占有上不平等的事实。

按劳分配是社会主义分配制度和利益关系的基础，它对社会主义经济制度的形成与发展，对提高社会主义经济的运行效率具有十分重要的意义。实行按劳分配，可以排除凭借对生产资料的占有而占有他人劳动成果的可能，从而对实现共同富裕的目标具有重要意义；按劳分配体现劳动者在分配领域中相互平等的关系，它能够把每个劳动者的劳动和报酬直接联系起来，从而使每个劳动者从物质利益上关心自己的劳动成果，这有利

① 马克思.哥达纲领批判［M］//中共中央马克思恩格斯列宁斯大林著作编译局.马克思恩格斯文集（第3卷）.中共中央马克思恩格斯列宁斯大林著作编译局，编译.北京：人民出版社，2009：434.

于促进社会生产力的发展；按劳分配既要求反对平均主义，又要求反对高低悬殊，实现了劳动平等和报酬平等，有利于实现社会分配的公平与公正，从而可以调动劳动者的积极性。从这样的意义上说，实行按劳分配是人类历史上分配制度的一场深刻革命。需要指出的是，在实行按劳分配的条件下，由于劳动者的劳动能力不同，家庭人口数量和构成不同，劳动者的收入水平和生活水平实际上存在一定差距，这在社会主义阶段是不可避免的。

2. 社会主义初级阶段按劳分配的特点

在社会主义初级阶段，集体所有制内部的按劳分配是通过劳动的直接计量来进行的，但是全民所有制即社会主义国有经济中，按劳分配的实现过程却与马克思的设想存在很大差别。马克思设想的公有制和按劳分配是以消灭商品货币和市场机制为前提的，个人劳动从一开始就直接成为社会总劳动中的一个部分，而不需要经过市场机制和价值关系这种曲折的形式来实现个人劳动向社会总劳动的转化，因而劳动时间是劳动支出直接的计量单位。但是在社会主义市场经济条件下，个别劳动不能直接转化为社会劳动，按劳分配不能通过社会直接计算劳动者的劳动时间来分配个人消费品，而只能通过市场机制和价值形式以迂回曲折的方式来间接地加以完成，按劳分配的实现过程和实现形式与马克思当年理论上设想的存在明显差别。现实中的按劳分配具有如下特点：

第一，由于存在市场机制的调节作用，个人消费品的按劳分配通过三个阶段实现。第一阶段，企业的总劳动在产品市场上实现。由于存在商品经济关系，劳动者的劳动必须经过商品交换才能转化为社会劳动，通过企业之间的竞争，对产品的市场价格进行客观评价。第二阶段，企业对劳动者按其劳动进行分配。由于国有企业是相对独立的商品生产者，劳动者的劳动收入分配是在各企业内部分别进行的，企业销售产品取得收入后，依据每个职工的实际劳动贡献进行分配，形成劳动者个人的劳动报酬。第三阶段，劳动者取得货币收入后，根据个人收入水平，在储蓄和消费之间分流，用于消费的部分在商品市场上购买消费品，实现个人消费。

第二，按劳分配还不能直接以每个劳动者的劳动时间为尺度，只能以社会承认的商品价值量所还原的劳动量为尺度。在市场经济条件下，劳动者提供的劳动不是直接社会劳动，而是个别劳动。只有企业劳动者生产的产品得到社会承认，个别劳动转变为社会劳动，实现其价值，才有可能进行按劳分配。

第三，按劳分配主要采取货币工资形式实现。按劳分配还不能通过劳动券直接进行实物分配，必须通过商品货币关系来实现。在市场经济条件下，按劳分配实现的形式，或劳动报酬的具体形式一般由工资、奖金和津贴构成。工资是按劳分配实现的主要形式；奖金是实现按劳分配的一种劳动报酬的辅助形式，它是对劳动者提供的超额劳动的奖励；津贴也是劳动报酬的一种辅助形式。

第四，劳动者的收入与企业的经营状况相关联。现阶段，企业是自主经营的生产者和经营者，不同企业拥有的生产要素不同，各个企业经营状况不同，因此劳动者的收入不仅取决于自己的劳动贡献，还取决于企业的生产经营状况，这必然会促使劳动者更加关心企业的生产经营状况。在企业经营状况存在差别的情况下，不同企业劳动者的劳动收入水平存在着一定的差距。

第五，按劳分配与其他分配方式并存。整个社会除按劳分配这一主体分配方式外，还有按生产要素分配的方式。

随着生产资料所有制结构的变化和市场经济的发展，分配主体、分配方式、分配渠道都会出现多元化，对此既不能以分配的多元化来否定按劳分配及其主体地位，也不能把各种不同性质的分配方式混淆起来。

（二）按劳分配以外的多种分配方式

在社会主义市场经济中，除了生产资料公有制范围内的按劳分配方式之外，还存在按生产要素分配的方式。按生产要素分配，是指在市场经济中，资本、土地等生产要素的所有者根据对生产要素的占有参与收入分配，获得相应的报酬。需要说明的是，生产要素所有者参与分配和生产要素是否创造价值是两个不同的问题。生产要素所有者之所以参与分配，是因为这是生产资料所有权在分配上的体现，同时，生产要素也是劳动创造价值所不可或缺的条件，没有它们的作用，劳动创造价值就不能实现，但是生产要素所有者参与分配并不意味着生产要素创造价值。各种收入的价值源泉归根结底都在于劳动者的抽象劳动所创造的价值。

按生产要素分配的主要方式有：

第一，按资本要素分配。按资分配是指资本所有者凭借其投入的资本来获得利润的分配方式。在现阶段，由于存在着私营企业、股份制企业和外商投资企业，相应地也就存在着凭资本获取利润的分配关系，这种收入称为经营性资本收入。

第二，按知识、技术、信息要素分配。知识、技术对生产经营活动具有重要影响，这些要素所有者理应从生产经营活动中取得报酬，如专利收益、技术入股的利润分红等。掌握信息对参与市场竞争具有重要意义，信息提供者往往也参与经营收入的分配。

第三，按管理要素分配。生产经营活动中的组织协调和指挥运筹等管理活动，对生产经营影响很大，直接参与经营收入的分配，比如给予企业经营管理者的承包经营薪酬、年薪、津贴等。

第四，按土地和其他自然资源分配。土地和其他自然资源是生产活动必不可少的因素，它们的供给具有稀缺性，也要求有收益回报。

此外，在个体经济中，劳动者既是生产资料的所有者，又是直接的生产者，他们的生产经营收入是个人创造的，因而是个体劳动所得。个体经济中的劳动者收入既是一种资本或财产收入，又是一种劳动收入。社会居民的存款、债券、股票、基金、私有住宅和某些固定资产，也可以获得利息、分红、租金等收益，属于财产收入。在私营企业和外资企业中，劳动者将自身劳动力的使用权转让给企业，以劳动力价值获取工资。

（三）按劳分配为主体、多种分配方式并存

在社会主义初级阶段，既存在按劳分配，也存在按生产要素分配，由此形成了按劳分配与多种分配方式并存的分配格局。按劳分配为主体、多种分配方式并存是社会主义初级阶段的分配制度。这一分配制度是随着我国社会主义经济体制改革的不断推进而确立的。

改革开放以前，我国经济理论把按劳分配当作社会主义分配的唯一原则，不承认按生产要素分配的合理性。这种认识主要是因为对我国处于并将长期处于社会主义初级阶段的基本国情认识不清晰，没有认识到生产关系、分配制度必须与生产力发展水平相适应。实践证明，坚持按劳分配为主体、多种分配方式并存的分配制度，有利于让一切劳动、知识、技术、管理和资本的活力竞相迸发，有利于让一切创造社会财富的源泉充分涌流，有利于维护广大群众的切身利益和调动他们的创造积极性。因此，国家对分配方式不断进行调整，使之更加符合社会主义初级阶段的实际，更好地适应现阶段的生产力发展状况，调动各种生产要素的活力和积极性。1997年党的十五大报告中明确指出"把按劳分配和按生产要素分配结合起来……允许和鼓励资本、技术等生产要素参与分配"。党的十六大报告再次指出，"确立劳动、资本、技术和管理等生产要素按贡献参与分配的原则，完善按劳分配为主体、多种分配方式并存的分配制度"。

按劳分配为主体包括两层含义：在公有制经济中，劳动者的按劳分配收入在个人收入总额中占主体地位；在整个社会分配方式中，按劳分配为主体，决定社会主义初级阶段分配的基本性质。

多种分配方式并存，主要是指在坚持按劳分配为主体的同时，允许按照资本、知识、技术、信息、管理、土地和其他自然资源等生产要素分配，它们与按劳分配一起共同存在于社会主义市场经济中。

在社会主义初级阶段，之所以必须坚持按劳分配为主体、多种分配方式并存的分配制度，把按劳分配和按生产要素分配结合起来，主要原因在于：

第一，公有制为主体、多种所有制经济共同发展的基本经济制度决定了必须坚持按劳分配为主体、多种分配方式并存的分配制度。分配方式是由生产方式决定的，一个社会的分配制度是由其基本经济制度决定的。公有制为主体的基本经济制度要求实行按劳分配为主体的分配方式，多种所有制经济共同发展要求多种分配方式并存。在非公有制经济中，生产资料是私人所有的，因此产品的占有必然要体现私人所有者的利益，按生产要素分配就是生产要素所有权在经济上的实现。

第二，社会主义市场经济中不同经济主体在产权关系上的独立性，决定了各种生产条件或生产要素无论归谁所有，都要通过市场进行配置。参与社会主义市场经济的各个经济主体，无论其生产资料的所有制性质是否相同，都是平等竞争的市场主体，都是按照统一的市场规则参与生产经营活动，因此也必须遵循统一的规则对资源进行配置，包括根据生产要素的贡献获得回报。产权上的独立性和排他性，决定了生产成果分配上的确定性。

第三，准确反映资源的稀缺状况、实现资源配置合理化的原则，要求实行按劳分配为主体、多种分配方式并存的分配制度。资本、土地、技术、管理等要素是商品生产不可缺少的重要条件，但这些生产要素是相对有限的，合理配置这些有限资源的基础手段，就是通过市场使它们成为有偿使用的资源，并在使用中获得应有的回报。在社会主义市场经济中，掌握了科学技术、拥有知识的劳动者创造价值的作用和创造的价值越来越大，活劳动中脑力劳动创造价值的源泉作用越来越突出，相应地也要获得更多的劳动报酬，这样才能鼓励和发展优质资源。

第四，社会主义初级阶段的分配制度，归根到底是由生产力的发展状况决定的。社会主义初级阶段生产力发展的不平衡、多层次和水平不够高的状况是分配方式呈现多样性的深层次原因。实行按劳分配为主体、多种分配方式并存的分配制度，适合社会主义初级阶段的生产力发展水平，有利于调动广大社会成员的积极性，整合各种生产要素进行现代化建设，实现社会资源的充分利用和合理配置。

（四）处理好收入分配中效率和公平的关系

1.收入分配中的效率和公平

收入分配中的效率主要是指，通过收入分配促进劳动生产率的提高，激励更多要素投入社会生产，提高要素配置的合理性，从而创造出更多的社会财富。收入分配中的效率主要表现为两个方面：一方面调动劳动者的生产积极性，使劳动者付出的劳动得到合理的收入回报，进而促进劳动生产率的提高；另一方面调动各种生产要素所有者的积极性，使生产要素按参与生产的贡献获得相应的回报，进而激励更多的生产要素投入生产，并提高生产要素有效利用和合理配置的程度。收入分配中的公平是指，不同社会成员之间均具有平等的分配权利。收入分配中的公平主要表现为三个方面：一是分配的起点公平，即获取收入的机会均等，也就是社会成员具有平等投入生产要素（特别是平等就业）、平等使用社会资源、从而平等获取收入的机会；二是分配的过程公平，即获取收入的方式和渠道公正，也就是均应通过合法的方式和渠道获取收入；三是分配的结果公平，即最终获得的收入是公平的，社会成员之间的收入差距不应太大，人民共享经济发展的成果，最终实现共同富裕。

初次分配和再分配中都要兼顾效率和公平，再分配中更加注重公平。这个关于妥善处理收入分配中效率和公平关系的重要思想，是中国共产党在不断总结改革开放历史经验和探索中国特色社会主义发展道路的实践过程中形成的。在收入分配中兼顾效率和公平，形象地说，就是既要把社会财富这个"蛋糕"做大，也要把这个"蛋糕"分好；而分好"蛋糕"，又关系到下一步做大"蛋糕"。不言而喻，社会主义所要求的公平，不是那种普遍贫穷的、平均主义的"公平"，而是走向共同富裕的公平，这就要求大力发展生产力，不断提高生产效率，进而创造出更多的社会财富，在此基础上实现社会公平。反过来，只有通过公平分配，使最大多数人共享经济发展的成果，才能广泛调动人们的工作积极性、创造性，促进生产力的发展和效率的提高。妥善处理分配领域中效率和公平的关系，要把握两者的辩证统一关系，把两者结合起来，既重视提高效率，又重视促进公平，让两者相互促进，而不是此消彼长、相互排斥。

2.社会主义初级阶段的收入差距及其调节

改革开放以来，我国人民生活水平不断得到提高和改善，总体上达到小康水平，但与此同时，城乡之间、地区之间、行业之间，以及不同社会成员之间收入分配差距拉大趋势还未根本扭转。为此，必须按照社会主义分配原则的要求，不断完善我国的收入分配制度，调节收入分配关系，逐步缩小收入分配差距，实现共同富裕。

第一，加强政府宏观经济管理职能，有效调节收入分配。制定和落实调整国民收入分配格局的政策措施，逐步提高居民收入在国民收入分配中的比重，提高劳动报酬在初次分配中的比重。加大财政、税收在收入初次分配和再分配中的调节作用。通过完善税制，加强征管，调节过高收入。逐步完善个人所得税制度，根据经济发展水平和收入状况规定合理的个人所得税，减轻低收入者税收负担。完善社会福利政策，通过加大财政转移支付力度提高低收入者实际生活水平。加快各种社会福利设施和公共工程的建设，包括保障性住房建设和教育、文化、体育等各种社会服务设施的建设。

第二，健全市场机制，发挥市场机制对初次分配的基础性调节作用。健全劳动力市场和最低工资保障机制。完善其他生产要素市场及其运行机制，特别要健全由市场供求机制、竞争机制所决定的价格形成机制，使各类生产要素的报酬或价格大体符合它们的贡献，防止由于企业行为和市场价格的扭曲而导致分配上的混乱及不合理的收入差距。

第三，深化垄断行业收入分配制度改革。合理调节垄断行业的过高收入，完善对垄断行业工资总额和工资水平的双重调控政策。严格规范国有企业、金融机构经营管理人员特别是高管的收入，完善监管办法。

第四，加强法治建设，规范收入分配秩序。要依法保护一切合法的劳动收入和合法的其他要素收入，允许和鼓励一部分人通过诚实劳动和合法经营先富起来；依法取缔非法收入，对权钱交易、贪污受贿、侵吞公有财产、偷税漏税、造假贩假、走私贩私等非法手段牟取利益的，坚决依法惩处。逐步形成公开透明、公正合理的收入分配秩序。

党的二十大报告指出：通过精准扶贫，中国打赢了人类历史上规模最大的脱贫攻坚战，全国八百三十二个贫困县全部摘帽，近一亿农村贫困人口实现脱贫，九百六十多万贫困人口实现易地搬迁，历史性地解决了绝对贫困问题，为全球减贫事业作出了重大贡献。绝对贫困问题解决之后，下一步我们面临的主要任务是解决相对贫困问题，通过政府宏观调控，将收入差距控制在合理范围之内，既要通过保持一定的收入差距激励劳动者提高劳动效率，又要推进收入分配平等化，实现共同富裕基础上的中国式现代化。

第二节　社会主义初级阶段的社会保障制度

一、社会主义初级阶段社会保障制度建立的必要性

社会保障制度是指国家和社会为维持劳动者的基本生活权利、保证劳动者及其家庭的正常生活，减轻社会震荡而建立的一整套保障制度。党的十七大报告中指出，要"加快建立覆盖城乡居民的社会保障体系，保障人民基本生活"。要逐步建立以社会保险、社会救助、社会福利为基础，以基本养老、基本医疗、最低生活保障制度为重点，以慈善事业、商业保险为补充的社会保障体系，并对其不断完善。尽快建立和健全社会保障体系，关系改革、发展、稳定的全局，具有重要意义。

首先，建立健全社会保障体系，涉及亿万人民群众的基本权益和日常生活，关系到他们能否安居乐业，老有所养，病有所医。全面建设小康社会，就必须加快完善社会保障体系，为广大人民群众提供项目较完善、水平较适当的基本生活保障。

其次，建立健全社会保障体系是我国经济结构战略性调整的迫切要求。这种战略性调整不可避免地要引起较大规模的职工岗位转换，引起结构性失业的增加和就业竞争的加剧。这对我国社会保障体系提出了严峻挑战，能否建立健全失业保险制度、城镇居民最低生活保障制度，不仅关系社会的安定，而且直接关系到我国经济结构战略性调整能否顺利进行。

再次，建立健全社会保障体系也是应对21纪我国人口老龄化挑战的迫切需要。目前，我国60岁以上的人口已达到1.26亿人，65岁以上的人口达到8 600万人，分别占总人口的10%和7%，按照国际通行标准，我国已进入老龄化社会。到21世纪30年代，我国将达到老龄化高峰时期。能否在保持国民经济持续、快速、健康发展的前提下，平稳度过人口老龄化高峰，对我国社会保障制度建设是一个严峻的挑战。

最后，建立健全社会保障体系是建立现代企业制度、转变企业经营机制的迫切需要。在我国原有社会保障体系中，企业职工的社会保障费用是由企业承担的，社会保障实际上成为"企业保障"。这一方面加重了国有企业的负担，另一方面也造成新老企业的苦乐不均，不利于企业之间开展公平竞争。建立健全社会保障制度，把"企业保障"变成真正的社会保障，使企业摆脱职工养老、医疗、失业等社会负担，有利于劳动力的合理流动，有利于推行现代企业制度，转变企业经营机制。

二、中国特色社会保障制度的基本框架

社会保障是一个庞大的体系，主要由社会救济、社会保险、社会福利、社会优抚和社会互助等方面组成。

（一）社会救济

社会救济是指对于遭到不可抗拒的天灾人祸、失业待业、鳏寡孤独、生老病痛、因身心障碍丧失劳动自救能力的社会成员，以及低于国家规定最低生活水准的社会成员，国家和社会向其提供的最低生活需求的物质资助。社会救济是公民应当享受的权利，国家和社会必须认真履行这一最起码的社会保障职责。

（二）社会保险

社会保险是根据立法，由劳动者、劳动者所在单位或社会及政府多方共同筹资，帮助劳动者及其亲属或遗属，在遭遇工伤、死亡、疾病、年老、失业、生育等风险时，防止收入中断、减少和丧失，以保障其基本生活需求的制度。它包括养老保险制度，工伤保险制度，医疗保险制度，待（失）业保险制度，农村社会保险制度及机关、事业单位的社会保险制度等。社会保险由国家举办，带有普遍性、强制性、互助性、储蓄性及补偿性等特征，是社会保障体系中最基本的内容，必须通过立法形式强制推行。

（三）社会福利

社会福利是国家或社会在法律和政策范围内，在居民住宅、公共卫生、环保、基础教育领域，向全体公民普遍提供资金帮助和优价服务的社会性制度。社会福利表现为国家及社会团体举办的多种福利设施，提供的社会服务以及举办的各种社会福利事业，目的是改善人民生活，提高公民的生活质量。

（四）社会优抚和社会互助

社会优抚是国家和社会按照规定，通过"政治褒扬和物质保障相结合，群众优待和国家抚恤相结合"的形式，对法定的优抚对象，如现役军人及其家属、退休和退伍军人、烈属等，为保证其一定的生活水平而提供的资助和服务，是一种带有褒扬、优待和抚恤性质的特殊制度。社会互助是由各种社会组织以募捐等形式筹集资财，用于特殊困难的社会成员的救助方式，它不带有法定的强制性，是社会成员或组织奉献爱心帮助困

难者渡过难关的互助行为。

三、社会保障制度的不断完善

经过几十年的探索，中国已初步形成了与社会主义市场经济体制相适应的社会保障制度框架，即建立了城镇基本养老保险制度，同时，探索建立农村养老保险制度、农民工养老保险制度，机关事业单位基本养老保险制度改革稳步推进；初步形成城乡基本医疗保障体系，建立了城镇职工基本医疗保险、城镇居民基本医疗保险和新型农村合作医疗等三项制度，从制度上实现了对城乡居民的全覆盖；建立了失业保险、工伤保险、生育保险制度；以建立城乡居民最低生活保障制度为重点，城乡社会救助体系进一步完善。但是，中国社会保障制度建设还处在发展完善阶段，建立一个多层次的、覆盖城乡居民的、比较完善的社会保障制度是一个系统的、渐进的社会工程。社会保障制度的建立，应从社会亟待解决而又有可能解决的方面入手，以社会保险、社会救助、社会福利为基础，以基本养老、基本医疗、最低生活保障制度为重点，以慈善事业、商业保险为补充，加快完善社会保障体系。

第一，深化职工养老保险制度改革。推进企业、党政机关、事业单位基本养老保险制度改革，探索建立农村养老保险制度。扩大养老保险的覆盖面，从仅限于国有企业职工扩大到所有企业、机关和事业单位职工，从城镇居民扩大到农村居民。基本养老保险制度改革要实行社会统筹与个人账户相结合。逐步做实基本养老保险个人账户，逐步提高社会统筹层次。

第二，建立基本医疗卫生制度，提高全民健康水平。全面推进城镇职工基本医疗保险、城镇居民基本医疗保险、新型农村合作医疗制度建设。要坚持公共医疗卫生的公益性质，坚持以预防为主，以农村为重点。强化政府责任和投入，完善国民健康政策，鼓励社会参与。建设覆盖城乡居民的公共卫生体系、医疗服务体系、医疗保障体系、药品供应保障体系，为群众提供安全、有效、方便、价廉的医疗服务体系。

第三，完善城乡居民最低生活保障制度，逐步提高保障水平。做到应保尽保，低保制度还需向农村扩展，将符合条件的所有困难居民全部纳入低保范围；要确定合理的最低生活保障水平；制定配套措施，实行最低生活保障制度的同时，还可实行以工代赈与职业培训相结合等。

第四，采取多种方式充实社会保障基金，加强基金监管，实现保值增值。建立健全社会保障基金管理体制，规范社会保障基金的征缴和监管，将各项社会保障基金纳入社会保障财政专户管理。拓宽社会保障基金的来源，加强基金管理，不断提高支撑能力和安全程度。

此外，建立完善社会保障体系还要求做好优抚安置工作；发扬人道主义精神，发展残疾人事业；加强老龄工作；强化防灾减灾工作；健全廉租住房制度，加快解决城市低收入家庭住房困难。

另外，针对贫困问题，中共中央总书记、国家主席习近平同志强调：我们要以更大的力度、更实的措施保障和改善民生，加强和创新社会治理，坚决打赢脱贫攻坚战，促进社会公平正义，在幼有所育、学有所教、劳有所得、病有所医、老有所养、住有所居、弱有所扶上不断取得新进展，让实现全体人民共同富裕在广大人民现实生活中更加充分地展示出来。我们有理由相信，在党和政府的坚强领导下，我国的社会保障工作将会日益完善，收入差距必将日益缩小，社会更趋公平。

■ 本章小结

（1）国民收入分配要经过初次分配和再分配两个阶段。

（2）按劳分配为主体、多种分配方式并存是我国社会主义初级阶段的收入分配方式。

（3）社会保障制度是指国家和社会为维持劳动者的基本生活权利、保证劳动者及其家庭的正常生活，减轻社会震荡而建立的一整套保障制度，主要包括：社会救济、社会保险、社会福利、社会优抚和社会互助。

（4）建立社会保障制度的必要性主要包括：建立健全社会保障体系，涉及亿万人民群众的基本权益和日常生活，关系到他们能否安居乐业，老有所养，病有所医；建立健全社会保障体系是我国经济结构战略性调整的迫切要求；建立健全社会保障体系也是应对21世纪我国人口老龄化挑战的迫切需要；建立健全社会保障体系是建立现代企业制度、转变企业经营机制的迫切需要。

■ 复习思考题

1.为什么要坚持按劳分配为主体、多种分配方式并存的分配制度？

2.如何解决社会主义初级阶段的收入差距问题？

3.为什么要建立社会保障制度？社会保障制度的主要内容包括哪些？

第十一章

社会主义经济发展

学习目标

知识目标：

1.把握经济增长与经济发展的内涵和相互关系。

2.把握经济增长方式转变的必要性。

3.了解衡量经济发展的指标。

4.熟悉经济结构及其优化。

能力目标：

能够准确地把经济增长与经济发展相区别。

素养目标：

培养学生树立社会主义核心价值观、民族精神和时代精神，形成可持续发展价值观。

本章重点论述社会主义经济增长与经济发展问题，着重说明我国的经济要坚持科学发展，在创新、协调、绿色、开放、共享的新发展理念指导下，实现持续健康发展。为此要实现科学技术的进步和创新发展，转变经济增长方式，优化包括产业结构、区域经济结构和城乡经济结构在内的经济结构，统筹经济社会的协调发展和实现可持续发展，实现全面建成小康社会的奋斗目标。

第一节　经济增长与经济发展

一、经济增长

（一）经济增长及其衡量标准

经济增长是指一个国家和地区生产的产品与劳务总量的增加，即国民经济的更多产出。它意味着国民经济规模的扩大和数量的增加。衡量经济增长，一般用GDP或GNP的总量或人均量，有时也采用国民收入和社会总产值等。GDP或GNP作为衡量经济增长的尺度，优点是能够把国民经济的全部活动概括在极为简明的统计数字之中，从而可以成为表明各国经济增长的通用指标。由于具有这一优点，目前GDP是世界各国衡量经济增长的基本量度。

但是，用GDP衡量经济增长也有不足之处：

第一，GDP不能说明产业中的产品和劳务的种类，也不能说明由于使用这些产品和劳务而获得的福利的大小，更不能说明增长过程中由于环境污染、城市化和人口膨胀所付出的社会代价。

第二，不通过市场交换的产品和劳务不能反映在GDP中，如家务劳动、自给自足，这些产品和服务无疑也是国民财富的一部分，但由于没有通过市场交换，没有用货币支付报酬，因而没有计算在GDP中。

第三，不能反映收入分配情况，一国的GDP或人均GDP可能以较快的速度增长，但可能只有一小部分人是增长的受益者，而大部分人的收入与生活水平却没有根本改进，不能分享GDP增长带来的好处。

第四，不能反映一国人民的生活质量和消费状况，GDP增长了，但生活质量却不一定提高，因为有可能产量在增长，而消费却在减少。

第五，不同国别的GDP难以作出真实的比较。因为各国的GDP一般是以各国货币按照汇率用美元计算的，而固定汇率往往定值过高或定值过低，如果是浮动汇率，一般只用一年的平均值计算。同时，由于各国的相对物价结构差异很大，从而以美元折算的GDP在各国的实际购买力差异也很大，GDP不易反映各国的真实情况。

由此可见，用GDP作为经济增长的指标是有缺陷的，但到目前为止，还没有找到比GDP更好的指标作为一国国民经济的综合指标，因此，这个指标仍然被广泛地使用着。不过，对这个指标的调整工作也在进行着，1993年联合国有关统计机构提出了生态国内生产总值（EDP）的概念，即绿色GDP，它是从现行GDP中扣除环境资源成本和对环境资源的保护服务费用剩下的部分。绿色GDP的提出，是为了校正传统GDP的缺陷，在关注经济增长的同时，也关注环境的保护。从20世纪70年代开始，联合国和世界银行等国际组织在绿色GDP的研究和推广方面做了大量工作。我国也在积极开展绿色GDP核算的研究工作。2004年，中国环境与经济核算绿色GDP研究工作展开。

（二）影响经济增长的因素

影响经济增长的因素很多，对经济增长要素的分析也各不相同。但总结起来主要有三大类：生产要素的投入量、要素生产率和制度。

1.生产要素的投入量

（1）劳动力投入量。劳动力是最基本的生产要素之一，是生产要素中具有能动性的推动者，特别是劳动力要素中的企业家才能，更是组织各种生产要素进行生产的灵魂和核心，是经济增长的重要决定因素。

在其他条件不变的情况下，劳动力投入量的增加会引起总产量和总收益的增加，从而促进经济增长。当然，由于边际生产力递减规律的作用，劳动力投入量不可能无限制增加，否则将会导致总产量和总收益的减少，从而不利于经济增长。只有当劳动力的边际产量大于等于零时，劳动力投入量的增加才会促进经济增长。

（2）资本投入量。资本也是最基本的生产要素之一，它是经济增长的物质条件。这里的资本主要是指实物和货币两种形态的资本。实物形态的资本是指在一定时间内用来生产其他主要产品的耐用品，包括厂房和其他建筑物、机器设备、动力燃料、原材料等；货币形态的资本包括现金、银行存款等形式的货币资本。在其他条件不变的情况下，资本投入量的增加会引起总产量和总收益的增加，从而促进经济增长。同样，由于边际生产力递减规律的作用，资本投入量也不可能无限制地增加，只有当资本的边际产量大于等于零时，资本投入量的增加才会促进经济增长。

（3）自然资源投入量。自然资源主要包括矿产资源、土地资源、水资源、光能资源、生态资源、生物资源和森林资源等。自然资源是一个国家或地区社会的原料和燃料的来源，其分布情况也决定了社会生产力的布局，对一个国家或地区的经济增长具有重要影响。土地资源是农业生产和各种生产与生活服务设施不可缺少的要素；矿产资源为经济增长提供能源和原材料；生态资源和生物资源提供生态环境，为经济持续、稳定增长创造条件等。在其他条件不变的情况下，自然资源投入量的增加会带来总产量和总收益的增加，从而促进经济增长。当然，自然资源的供给量从长期来看是固定不变的，自然资源的投入量也不可能无限地增加，对自然资源尤其是对不可再生资源一定要保护，要节约使用，不可竭泽而渔，否则将会抑制经济增长。

由上面的分析可以看出，在其他条件不变的情况下，增加要素投入量可以促进经济增长。但是，由于要素的供给量在一定的时间范围内是有限的，要素的供给无法满足不断扩大的需求量。同时要注意的是，单纯而盲目地增加要素投入量，还会带来许多负面影响，甚至会引起人口、资源、环境等问题的加剧。这就需要我们在适当增加要素投入量的基础上寻找新的促进经济增长的方式。同样的要素投入，由于使用效率不同，将产生完全不同的经济增长率，通过提高生产要素的使用效率来促进经济增长具有更重要的意义。

2.要素生产率

要素生产率即生产要素的使用率，是指单位投入量的产出量。影响要素生产率的因素主要有以下四个方面：

（1）投资的增长。资本积累或投资对经济增长有双重作用，它不但可以使生产要素投入增加，还可以使要素生产率提高。这是因为，大量投资可以使工厂添置更先进的机器设备，可以提高每个工人的技术装备水平，从而大大提高劳动生产率。

资本积累规模最终取决于储蓄水平，这涉及储蓄和投资的关系。一般说来，储蓄水平受利率和人们对未来预期的影响，而投资水平和结构则要受投资成本（利息）、经济环境和经济政策的影响。

（2）劳动者的素质和人力资本。一个社会或国家的劳动者的平均熟练程度标志着劳动者素质的高低，它包括劳动者的营养和健康、受教育程度和劳动技能、管理人员的管理才能、技术人员的创新能力等。这些内容构成了现代经济学中"人力资本"的概念。一般说来，人力资本由劳动者的知识、技能、体力（健康状况）等构成。它是通过人力资本投资形成的，人力资本投资最重要的两种途径是教育和医疗保健。如果人力资本多，素质较高，劳动生产率就会较高。这不仅能够促进经济增长，而且能够创造较高的价值。

如今，知识劳动者是经济增长中最具决定作用的因素。掌握了一定劳动技能的人是生产力诸因素中最为积极、最为活跃的因素。劳动技能的获得并不是与生俱来的，而是要通过各种学习途径才能得到，正是人在学习过程中的各种投入才形成了人力资本，并在生产活动中发挥出持续不断的作用。现代经济学认为，人力资本对经济增长和经济发展的贡献，比物质资本和劳动力数量的增加重要。

（3）经济结构的调整。经济结构尤其是产业结构的调整是影响经济增长的重要因素。由于预见能力不足和生产要素难以在产业间充分自由地流动，国民经济各部门之间总是存在着要素生产率的差异。如果经济资源能够及时地从生产率低的部门或地区向生产率高的部门或地区转移，就能够在全社会范围内实现资源的最优配置，从而提高整个国民经济的平均生产率。因此，推动产业结构调整和优化，促进生产要素从生产效率低的部门或地区向生产效率高的部门或地区转移，就能够提高产出水平，促进经济增长。同时，随着人均收入水平的提高，人们的需求结构将会发生变化，如果经济结构不能随着需求结构的变化而变化，必将引起供求结构的失衡，大量的资源滞留在供过于求的衰退产业中，这必然引起经济增长率的下降；反之，如果能适时调整结构，推动资源从衰退产业向新兴产业转移，就能促进资源配置效率的提高，推动经济增长。从经济发展史来看，大多数发达国家都经历了从以传统农业为主的社会向以现代工业为主的社会的转变，这表明经济结构转换是推动经济增长的重要因素。

（4）科技进步及其在生产中的应用程度。科技进步是提高要素生产率的最直接因素，从而也是促进经济增长的重要因素，其对经济增长的贡献可以用全要素生产率来表示。全要素生产率是指因科技进步而提高了的生产率，也称技术进步率。随着经济的发展和科技水平的提高，科技进步的贡献越来越大，即全要素生产率越来越高，它已成为推动经济增长的主要因素。

在经济增长中，科技进步是作为一种渗透性要素作用到资本、劳动、自然资源等要素上的，它通过提高生产要素的质量和系统地改善生产要素的组合状况，从而提高生产要素的效率。也就是说，由于科技是潜在的生产力，它只有在生产过程中通过与劳动和资本等生产要素的有机结合，才能够转化为现实的生产力，才能够充分发挥作用。

3.制度

传统的经济增长理论一般都抽象掉制度因素，将制度因素作为"外生变量"，只考察生产要素的投入量和要素生产率对经济增长的影响。然而把制度因素排除在外，并不能真实地描述经济增长的绩效。因为在现实生活中，信息的不完全性及信息费用会影响市场机制的运行结果，低效率的产权结构会使得外部性问题和"搭便车"问题更加严重等，这些都会影响到经济增长的轨迹。因此，必须把制度作为影响经济增长的重要因素。一般来说，在生产要素投入量和生产要素生产率不变的情况下，经济增长主要表现为制度创新或制度变迁。制度会给人们的经济活动带来一种激励效应，激发和保护经济领域内的创新活动，减少未来的不确定性因素，有效阻止"搭便车"等机会主义行为，使私人收益接近社会收益，从而促进经济增长。

以美国经济学家科斯、诺斯为代表的新制度经济学家深入地研究了制度和经济增长的关系。科斯证明了由于交易费用的存在，制度安排与资源配置和经济绩效是相关的，认为解决市场失灵的关键在于制度安排。他认为，没有适当的制度，任何有效率的市场经济都是不可能实现的。诺斯则认为，有效率的制度安排是经济增长的关键，制度提供了一种经济的刺激结构，随着该结构的演进，它规划了经济增长、停滞或衰退变化的方向。

二、经济增长方式的转变

（一）经济增长方式的两种基本类型

经济增长方式是指推动经济增长的各种生产要素投入及其组合的方式，其实质是依赖什么要素，借助什么手段，通过什么途径，怎样实现经济增长。

经济增长主要有粗放式增长和集约式增长两种方式。粗放式增长方式是指在技术水平或劳动生产率不变或变化不大的基础上，单纯依靠生产要素的大量投入和扩张，通过扩大生产场地、添加机器设备、增加劳动力等来实现经济的增长。这种增长方式的实质就是以数量和速度的增长为中心。粗放式增长方式的主要特点如下：一是主要依靠劳动和资本的投入，要素质量和效能低，劳动生产率低，投入产出比小。二是注重外延扩张，忽视内涵发展，忽视利用现有基础和对企业进行更新改造。三是片面追求数量，忽视质量和效用、忽视内在价值的增加，不顾市场需求。四是片面追求增长目标，追求表面的高速度，忽视其他经济和社会目标，总量失衡，结构失调，总体效益差。五是重短期增长，轻长期发展和可持续发展。

集约式增长方式，是指依靠生产要素质量和使用效率的提高，以及生产要素的优化组合，通过技术进步、提高劳动力素质和提高资金、设备、原材料的利用率等来实现经济的增长。这种增长方式实质就是以提高经济增长质量和经济效益为中心。集约式增长方式的主要特点如下：一是注重科技进步和科技含量的不断增加，提高要素质量效能，逐步减少劳动和资本投入，劳动生产率较高，投入产出比大。二是注重内涵的发展，充分利用现有基础对企业进行更新改造，在此前提下，进行必要的外延扩大。三是坚持质量第一、效率优先，注重内在价值的增加，从市场需求出发，数量服从质量和效益。四是追求适度的增长速度，把速度与效率统一起来，统筹兼顾各种发展目标。五是把短期发展同长期发展、可持续发展结合起来。

在经济增长过程中，粗放式增长方式和集约式增长方式是相互联系的，前者是后者的基础和前提，后者是前者的提高和发展。一个国家的经济增长方式与其生产力水平和经济发展阶段紧密联系在一起。马克思指出："随着大工业的发展，现实财富的创造较少地取决于劳动时间和已消耗的劳动量……相反的，却取决于一般的科学水平和技术进步，或者说取决于科学在生产上的应用。"[①] 经济增长的现实也表明，技术进步是提高要素效率的重要前提，在经济增长中的贡献越来越大。在欠发达阶段，生产力水平较低，技术水平不高，经济增长以粗放式为主是难以避免的；在发达阶段，生产力水平提高，技术水平较高，经济增长就主要依靠集约式方式来实现。这是由生产力发展状况决定的一般性规律。纵观世界各个国家的情况，粗放式的经济增长方式，是从落后走向先进，从农业国走向工业国，从传统经济走向现代经济所必然要经历的一个阶段。

---

① 马克思，恩格斯.马克思恩格斯全集（第46卷）[M].中共中央马克思恩格斯列宁斯大林著作编译局，译.北京：人民出版社，2003：217.

（二）经济增长方式转变的重要性

经济增长方式从粗放式向集约式转变，是生产发展的必然趋势，也与一个国家的基本国情、经济发展战略以及经济体制等有密切的关系。中华人民共和国成立后的很长一段时间里，采取了粗放式的经济增长方式，这对于改变落后的生产面貌，合理布局生产力，增强国家实力，缓解供给严重不足是非常必要的，并且取得了预期的效果。但是，当经济达到较大的规模和总量水平后，仍实行这种增长方式就会造成诸多的经济问题，导致竞争力下降。当粗放式经济增长方式已不适应生产力发展的要求时，就必须更新经济发展思路，转变经济增长方式。

国际发展经验表明，从低收入国家向中等收入国家迈进的阶段，对任何国家的成长来说都是一个极为重要的历史阶段。其突出特点是，可能保持一个较长时期的经济持续快速增长和实现国民经济整体素质的明显提高。因为这一时期，随着人们基本温饱问题的解决和消费结构的升级，将会引起产业结构的大幅调整和升级，促进经济增长。在这一时期，快速发展的各种基础条件已经具备，如果处理得当，就能抓住机遇，使经济社会发展再上一个新台阶。但这一时期，往往也是人口、资源、环境等矛盾突出，瓶颈约束加剧的时期，如果处理不当，就可能丧失发展机会，导致经济停滞不前。我国目前正处在这样一个十分重要的发展阶段，因此转变经济增长方式就显得尤为重要和迫切。

（1）从近期看，转变经济增长方式是实现国民经济又好又快发展的需要。经济增长方式粗放，已经成为制约我国经济社会发展的一个突出问题。实现经济增长方式的转变，可以更好地解决经济发展面临的矛盾和问题，实现我国国民经济又好又快发展。一是可以提高经济运行质量。近几年来，我国经济的发展速度虽然很快，但实际效益较差，不改变这种状态，经济就很难良性和持久发展。二是可以改善工业化道路的路径依赖。长期以来，我国在工业发展上过度热衷于上项目、铺摊子，进行了大量的低水平重复建设，是"外延式"的粗放式增长，造成不少企业技术进步缓慢、生产能力闲置等问题。三是可以加强农业的基础地位，有助于解决"三农"问题。农业发展与工业发展有着密切的关系，目前国家对农业的基础建设投资在总投资中的比重不高，工业的粗放增长实际上已挤占了农业的发展空间，成为农业投入不足的原因之一。此外，转变经济增长方式，还将改善环境污染的状况，提高我国产品的国际竞争力。

（2）从长远看，转变经济增长方式是实现全面建成小康社会的需要。继党的十八大提出全面建成小康社会的新目标之后，党的十九大再次明确提出："到建党一百年时建成经济更加发展、民主更加健全、科教更加进步、文化更加繁荣、社会更加和谐、人民生活更加殷实的小康社会"。实施创新驱动发展战略是提升综合国力和国家竞争力的根本支撑，是适应新一轮科技革命和产业变革的必然要求，是实现"两个一百年"奋斗目标的科技支撑，也是当前中国转换经济增长模式的核心支持要素。实施创新驱动发展战略，要统筹教育、科技、人才三个规划纲要，解决影响我国未来发展的重大科学和技术问题，奠定我国从科技大国向科技强国迈进的基础。

（3）从全球视野看，转变经济增长方式是实现可持续发展的需要。人类在20世纪创造的物质财富超过了以往历史的总和，同时也加速了资源消耗。如何解决日益突出的人口、资源、环境与工业化加快、经济快速增长的矛盾，是21世纪全人类共同面临的严峻挑战。随着经济的进一步发展和人们收入水平的提高，我国能源和主要资源的人均消费水平会进一步提高。我们不能像少数发达国家那样奢侈地消费地球上的资源，也不能因为面临资源问题而影响我国实现现代化的目标；根本的出路在于转变经济增长方式，降低工业化进程中人均累计的资源消耗水平，缩短工业化进程，走出一条新型工业化道路。无论从国内资源储量、地球资源量来看，还是从中华民族和全人类未来的发展来看，都要求我们转变经济增长方式，实现可持续发展。

（4）从发展的根本目的看，转变经济增长方式是以人为本的需要。发展的最终目的是要促进人的全面发展，不仅要通过经济的持续增长满足人们的物质需要，还要提高人们的生活质量。粗放的经济增长，是低效益的增长，使人们得不到与经济增长相适应的收入增长；粗放的经济增长，是高消耗的增长，必然导致过度向自然索取，生态退化和自然灾害增多，从而使社会财富减少；粗放的经济增长，是高排放、高污染的增长，必然会给人们健康带来极大的损害。人是最宝贵的资源、为了满足人们日益增长的物质、文化和身体健康的需要，必须切实推进经济增长方式的根本转变。只有转变经济增长方式，才能实现科学发展，更好地满足人们日益增长的物质文化需求。集约式增长方式有利于人们实现与经济增长相适应的收入增长，为生活质量的提高创造物质条件，实现人与人、人与社会、人与自然的和谐。

（三）经济增长方式转变的途径

经济增长方式的转变是一个长期艰难的过程，不可能一蹴而就，但是人们的不懈努力能积极影响这一过程，加快转变步伐。我国当前正在大力推进这一转变。

（1）摒弃传统观念。要正确地认识物质财富的增长和人的全面发展的关系，转变重物轻人的发展观念。发展应该始终把提高人们的物质文化生活水平和健康水平作为出发点和归宿。符合科学发展观的经济增长方式，是以有利于而不是有损于人的全面发展为最高标准的增长方式。要正确地认识经济增长和经济发展的关系，转变把增长简单地等同于发展的观念。经济增长是经济发展的基础，没有经济增长就谈不上经济发展，但增长并不必然带来相应的发展。国际经验表明，事实上存在着"无发展的增长"甚至"负增长"。好的经济增长方式，是速度与结构、质量、效益相统一的增长方式。要正确地认识人与自然的关系，转变单纯利用和征服自然的观念；在发展过程中不仅要重经济规律，更要尊重自然规律，充分考虑资源和生态环境的承载能力。

（2）加快体制创新。经济增长方式难以实现根本性转变的关键在于导致增长方式不合理的体制和机制还没有实现根本性转变。体制转变是经济增长方式转变的必要保障和前提，它意味着一种引导经济增长方式转变的内在激励与约束机制的形成、启动和运转；经济增长方式的初步转变，又为经济体制转变创造了较为宽松的经济环境和支持条件。经济体制改革和转变的推进，为经济增长方式的转变提供了一个诱导和驱动的机制；而经济增长方式转变的实质性进展，进一步要求加速体制改革和根本转变的进程。我国当前要进一步转变政府职能，研究更好地划分中央政府与地方政府之间在经济调节、市场监管、社会管理和公共服务方面的主要职责，地方政府在加强经济调节、促进经济增长工作的过程中，也要把重点放在注重规划、注重政策、注重协调、注重环境建设上来。要进一步改善宏观调控，继续推进金融、财税和投资体制改革，健全国家计划和财政政策、货币政策等相互配合的宏观调控体系。要进一步推进财税体制改革，为地方政府履行好公共服务职责提供财力保障。要完善自然资源有偿使用机制和价格形成机制，建立环境保护和生态恢复的经济补偿机制，提高水资源和土地资源的使用价格，全面征收污水处理费和垃圾处理费，通过试点逐步建立水权、排污权交易制度。

（3）完善国民经济核算体系。GDP是反映一个国家经济规模、经济实力的重要指标，也是国家制定宏观调控政策的重要依据，不能忽视GDP的重要作用。但现行GDP也有其局限性，它主要反映了一个国家（地区）一定时期经济增长的产出、总量和人均量，没有或不能很好地反映其投入（特别是资源成本和环境成本的代价）、结构（包括社会财富的分配结构）和质量（包括产品和服务的质量、社会效益等）。在GDP核算存在种种缺陷的情况下，单纯地用GDP来评估一个地区的发展成果、考核领导班子的政绩，难免失之偏颇，容易导致一些地方不计代价片面追求增长速度，忽视结构、质量、效益，忽视生态建设和环境保护。为此，要加紧研究适合我国国情的绿色GDP核绩体系，在此基础上，建立一套不仅包括物质文明，而且包括精神文明、生态文明和政治文明的科学考核体系。

（4）推进科技进步。加速科技进步，形成有利于自主创新的技术进步机制，是实现经济增长方式转变的重要保证。转变经济增长方式，归根到底要依靠科技进步和产业升级，提高科学技术对经济增长的贡献率。因此，一要加快科技体制改革步伐，从体制上理顺关系。改变科研院所经费单一靠国家拨款的方式，依靠全社会投资发展科技事业，真正实现科研、设计、生产的有机结合。推动科研院所面向市场，真正使科学技术成为经济发展的主要推动力。二是企业要成为技术开发主体和中心，自己设立科技开发研究中心，使企业真正做到自主决策、自筹资金、自担风险、自主开发，增强其技术进步的动力和活力。三要提高技术改造投资在总投资中的比重，并坚持所有企业的技术改造都必须以提高产品质量和性能、增加品种、降低消耗为中心，反对片面追求扩大产能、促进生产结构优化和产品结构升级。四要促进科技成果的商品化、产业化，充分发挥大中型企业在科技成果商品化、产业化过程中的主体作用，建立科技成果产业化基地，使促进企业技术进步项目尽早实现规模经济效益，尽量避免产业化过程中的资源浪费，努力形成高效的科技成果产业化机制。五要全面提高劳动者素质，充分发挥科技人员的作用。

（5）调整和优化经济结构。调整和优化经济结构，是转变经济增长方式的主要途径和重要内容。世界工业化、现代化的历史，就是产业结构随着技术革命不断优化、升级的历史。科技不断进步，必然不断推出新产品、新行业、新产业，这是经济增长的强大推动力。产业结构的优化、升级必然带来整体经济效益的提高。我国正处在实现工业化、现代化的重要历史阶段，调整产业结构面临着繁重的任务，既要在现有基础上使产业结构趋向合理，又要适应世界上新的技术革命和发达国家产业重组、升级的形势，使我国产业结构朝着现代化、高级化的方向发展。当前，导致我国经济效益低的一个重要因素就是经济结构尤其是产业结构扭曲。产业结构的雷同化和地区间经济结构的趋同化，不仅导致企业结构小型化、生产劳动密集化和技术集约的低度化，而且造成资源严重浪费、经济效益低。为了提高国民经济运行效益，要切实把经济结构的战略性调整作为发展经济的主线，巩固和加强农业的基础地位，改组、改造传统产业，积极发展高技术产业，振兴装备制造业，全面发展服务业。

（6）强化企业管理。企业是经济活动的主体，也是转变经济增长方式的微观基础。推进经济增长的根本性转变，必须强化企业管理，加强企业成本管理和企业信息化建设，高度重视基础管理工作。要加快国有企业和国有资产管理体制改革，加快现代企业制度建设，提高专业化、社会化水平。引导企业树立经济与资源环境和谐发展的意识，在商业目标和环境目标之间寻求最佳的平衡点。要引导企业确立突出核心竞争力、突出主业、突出整体优势的发展战略，扭转企业盲目扩张、盲目实行多元化发展的倾向。要全面加强企业科学管理，持之以恒地搞好全面质量管理，严格成本核算，降低物耗和能耗。

改革开放以来，中国经济在保持了几十年的高速增长之后，目前已经进入中低速增长阶段，2020年以来经济增速较为缓慢。在此背景下，我国从财政、金融等方面提出了一系列刺激消费、鼓励生产的措施，保证经济的健康稳定发展。数字经济的兴起为经济社会发展注入了新的动能，推动经济社会的可持续发展。

三、经济发展

（一）经济发展与经济增长

经济发展一般是指一个国家或地区随着经济增长而出现的经济、社会和政治的整体演进和改善。具体地说，经济发展的内涵包括三个方面：一是经济数量的增长，即一个国家或地区通过增加投入或提高效率获得更多产品和劳务的产出，它构成经济发展的物质基础；二是经济结构的优化，即一个国家或地区投入结构、产出结构、分配结构、消费结构以及人口结构等各种结构的协调和优化，它是经济发展的必然环节；三是经济质量的提高，即一个国家或地区经济效益、社会和个人福利水平、居民实际生活质量、经济稳定程度、自然生态环境改善程度以及政治、文化和人的现代化，它是经济发展的最终标志。

起初，人们对经济增长和经济发展不加以区别，往往混同使用。后来，人们发现，这两个概念既有联系又有区别。

第一，经济增长的内涵比较狭窄，而经济发展的内容较为宽泛。经济增长只是指一国经济更多的产出，其增长程度仅仅以国内生产总值与国民收入及其人均值的增长率这些指标来表示。而经济发展除了包括经济增长的内容外，还包括随着经济增长而出现的经济、社会和政治等方面的发展，其发展程度需要用反映这种变化的综合性指标来衡量。

第二，经济增长是一个偏重于数量的概念，而经济发展是一个既包含数量又包含质量的概念，在质和量的统一中更注重经济质态的升级和优化。经济增长的度量指标是一个价值指标，用货币表示；经济发展的度量指标是一个物质指标，一般用加权的方法进行加总，而给予的权数往往带有较强的主观色彩。此外，经济增长的度量指标通常只有一个，即GDP的增长率；而经济发展的度量指标是由多个指标构成的一个指标体系，目前缺乏公认的标准。

第三，经济增长是手段，而经济发展是目的。经济增长是经济发展的基础，经济发展是经济增长的结果。一般来说，没有经济增长是不会有经济发展的，虽然在个别条件下有时也会出现无增长而有发展的情况，但从长期看，没有经济增长就不会有持续的经济发展。推动经济发展，提高人类的能力和生活质量，满足人们日益增长的物质生活、精神生活、生态等多方面的需求，才是经济活动的目的。

可见，经济发展所包含的内容比经济增长丰富与复杂得多。虽然经济增长是经济发展的必要前提，但并不是一切经济增长都必然能带来经济发展。如果经济增长并不能体现收入分配的改善和社会结构的完善，不能反映技术进步的变化，并没有给人们带来所期望的福祉；相反，却出现了高增长下的分配不公、两极分化、社会腐败、政治动荡、环境污染和生态破坏，这种现象被称为"有增长无发展"或"无发展的增长"，从而在理论上更加明确地确认了经济发展与经济增长之间的差异。

为谋求经济发展，必须促进经济增长，但绝不能认为，只要经济增长，经济结构就会自然而然地趋于合理，人们的福利自然而然地得到提高，分配状况自然而然地走向公平，自然环境自然而然地得到保护。因此，单纯从经济增长的观点看经济工作，看见的往往只是局部的、短期的利益，可能会忽视全局的、长期的利益，而从经济发展的观点看经济工作，可以看清全局的、长期的利害得失，有利于权衡取舍，作出正确的决策。

（二）衡量经济发展的指标

要真正反映一个国家的经济发展状况与水平，就必须从不同的角度运用不同的经济指标。综合已有的研究成果，一般认为，可以用经济发展速度、经济发展结构、经济发展质量、经济发展的波动及周期这四个指标来分析、考察一个国家的经济发展状况与水平。

1.经济发展速度

任何经济发展都要求有一定的速度，速度是经济发展的前提。经济发展史上众多的实例表明，各国在经济发展速度上的持续差异是造成它们之间经济实力变化的根源，发展中国家要赶超发达国家就必须提高自己的经济发展速度。经济发展速度通常用经济增长率来表示。所谓经济增长率，是指报告期国内生产总值的增量与基期国内生产总值之比的百分数。其计算公式为：

GDP增长率=（报告期GDP-基期GDP）÷基期GDP×100%

稳定、合理、持续的经济发展速度是经济发展质量的显著标志，以其评价经济发展质量，能更直接、更准确地反映经济发展状况。当然，强调经济发展速度对经济发展质量的重要性，并不意味着可以过度"痴迷"国内生产总值，不顾经济效益一味追求高速度。

经常发展速度标志着一个国家或地区在一定时期内扩大再生产和提高人们生活水平的能力。只有保持较高的经济发展速度，才能够逐步赶上先进国家、实现既定的经济发展目标。但是需要指出的是，一个国家或地区经济发展速度的快慢受工业化程度、技术进步水平、现有经济结构以及自然环境、历史文化等诸多条件的制约，经济发展速度不能超过现有经济条件下可能的发展速度，在现有经济条件下，不能单纯地追求过快的经济发展速度，否则就有可能"欲速则不达"。

2.经济发展结构

任何经济发展无不与经济结构的演变相联系，经济发展的过程也就是经济结构由不合理到合理、由低级到高级的演变过程。因此，可以通过经济结构的变化是否合理来反映经济发展的状况与水平。合理的经济结构是实现经济快速增长并获得较高经济效益的基础，经济结构通常是指国民经济各部门、社会再生产各环节的相互关系，它包括产业结构、收入分配结构、消费结构、技术结构、人口结构等。产业结构在整个国民经济中居于主导地位，它的变化对经济发展起着重要作用，通常用各产业占社会总产值的比重等来衡量产业结构的变化；用基尼系数、积累基金与消费基金的构成等来衡量收入分配结构的变化；用不同类型消费资料之间的比例等来衡量消费结构的变化；用机械化、半机械化、手工操作部分所占比重等来衡量技术结构的变化；用人口年龄、性别、入学率等来衡量人口结构的变化。

一个国家的经济结构是国民经济各个组成部分以不同规模和速度发展的综合结果。一定的社会经济与技术条件，要求有与之相适应的经济结构。一个国家经济结构是否合理，主要看它是否适合本国国情，能否充分利用国内外一切有利条件；是否能合理而有效地利用人力、物力、财力和自然资源，以保证国民经济的协调发展以及推动科学技术的进步和劳动生产率的提高；是否有利于促进经济的近期和远期发展。而对社会主义国家来说，能不能最大限度地增加人们的财富则是经济结构是否合理的最重要标志。

3.经济发展质量

经济发展的质量问题，从根本上说就是经济发展中的效益问题。它包括经济效益、社会效益和环境效益。其中，经济效益是关键。

经济效益是投入与产出的比例，它从投入产出关系的角度综合反映经济发展状况。讲究经济效益，就是用尽量少的劳动占用和劳动消耗生产出尽可能多的符合社会需要的产品。经济效益是一切经济工作的中心，其高低可反映经济发展质量的优劣。单位投入获得的产出越多，表明生产要素的使用效率和经济发展质量越高。一般来说，生产要素投入数量、配置效率及其组合方式决定了经济发展的质量和方式。如果生产要素投入数量在经济发展中起主要作用，说明经济发展质量较低，经济发展方式为数量型；如果生产要素配置效率在经济发展中起主要作用，则说明经济发展质量较高，经济发展方式为质量型。

通常用投入产出系数、全要素生产率、劳动生产率等来衡量经济效益的高低。其中，劳动生产率是使用较多的指标，任何经济活动都有劳动消耗，劳动生产率是衡量劳动力投入产出水平的指标，它根据一定时期国内生产总值与同期全社会平均从业人数的对比来计算，反映社会平均每个劳动者所创造的国内生产总值，即劳动者为社会创造财富的多少。其计算公式为：

劳动生产率=国家或地区生产总值÷全社会劳动者平均人数

劳动生产率受科技水平、劳动者素质、产业结构、规模效益、政策体制等多种因素的影响，具有较强的综合性，是评价经济发展质量的重要指标。劳动生产率越高，经济发展质量越高；反之，经济发展质量越低。将劳动生产率作为评价经济发展质量的重要指标，有利于加快经济发展方式由数量型向质量型转变，把经济发展转移到提高劳动者素质的轨道上来。

经济发展的质量，最终要通过伴随着经济效益的提高而形成的社会效益提高、生态平衡和社会进步来体现，即通过诸如人们的生活水平、文化科学技术水平、健康状况、预期寿命、生态环境、政治环境等来体现。

4.经济发展的波动及周期

从现实状况看，一个国家的经济很少有平衡发展的。在经济发展过程中，不可避免地会出现周期性波动。在经济发展过程中，判断经济发展是否稳定、过程是否健康，必须给出经济增长率波动的合理区间范围。一般当经济增长波动率小于±0.5，且各方面的比例关系处于协调状态时，可以认为经济发展是平稳的、过程是健康的；当经济增长波动率大于±0.5，或经济系统各主要比例关系处于失调状态时，表明经济发展不够平稳、过程不够健康。经济增长波动率可用当年GDP增长率与上年GDP增长率之差除以上年GDP增长率来计算。其计算公式为：

经济增长波动率=（当年GDP增长率−上年GDP增长率）÷上年GDP增长率

高质量的经济发展要求各年经济增长率具有相对的稳定性。在经济发展过程中应该尽量保持国民经济的平稳发展，避免经济大起大落造成资源的巨大浪费。经济波动就其性质而言可分为两种类型：一种是失衡性经济波动，其基本特征是在经济发展过程的每一个周期中，或出现了经济的极度衰退，或出现了严重的"经济过热"；另一种是非失衡性经济波动，其基本特征是尽管经济发展呈现周期性波动状况，但波动幅度不大，无论处于繁荣时期还是衰退时期，国民经济既不会发生"经济过热"或"超高速"经济增长，也不会发生严重的经济停滞或负增长。由此可见，非失衡性经济波动是经济的正常波动，而失衡性经济波动则是经济的不正常波动。

经济发展速度、经济发展结构、经济发展质量、经济发展的波动及周期是互相关联的，它们共同决定经济发展的状况。其中，经济发展质量是核心，经济发展速度是实现这一核心的前提，经济发展结构是实现这一核心的途径，经济发展的波动及周期是经济发展的制约条件。一般来说，经济波动周期较长、波动幅度较小，经济稳定、持续发展，经济结构日趋合理，经济效益不断提高，社会不断进步，是高质量的经济发展。

当前，我国经济正在由高速增长阶段转向高质量发展阶段，高质量发展已经成为全面建设社会主义现代化国家的首要任务。高质量发展也是实现全体人民共同富裕、物质文明和精神文明相协调、人与自然和谐共生的中国式现代化的根本途径。党的二十大报告明确指出，全面建成社会主义现代化强国，总的战略安排是分两步走：从2020年到2035年基本实现社会主义现代化；从2035年到本世纪中叶把我国建成富强民主文明和谐美丽的社会主义现代化强国。

（三）可持续发展与科学发展观

1.可持续发展理论与战略

（1）可持续发展理论的产生。从历史的观点看，可持续发展的概念是在环境问题危及人类的生存和发展，传统的发展模式严重地制约了经济发展和社会进步的背景下产生的，是人们对传统发展观的反思和创新。18世纪产业革命以来确定的以工业化和经济增长为主要内容的传统发展观，乐观地看待由于科技进步和工业化引起的经济迅速增长，特别是第一次世界大战以来，世界各国出现了一股从未有过的增长热，而且这时的发展是以国内生产总值或国民收入的增长为主要内容。这种增长使社会生产力得到很大提高，经济规模得到空前扩大，创造了前所未有的物质财富。

但是，由此引发了一系列负面影响，主要是由于自然资源的过度开发和消耗、污染物的大量排放，导致全球性的资源短缺、环境污染和生态破坏，这种危机表现为人口膨胀、南北差距扩大，能源危机、环境污染以及生态破坏等新的更为广泛而深刻的矛盾，还有许多问题打破了区域和国家的疆界演变为全球性的问题，暂时性的问题演变为长远的问题，潜在的问题进一步恶化蔓延为公开性的问题，如全球性的气候变化、臭氧层的耗竭与破坏、生物多样性减少速度加快、有毒化学品的污染以及越境转移、土壤退化加速森林面积剧减等。

从20世纪60年代到80年代，在经历了一系列全球性生态环境对经济发展带来的影响之后，人类开始积极反思和总结传统经济发展模式不可克服的问题，努力寻找新的发展模式，探索能在提高经济效益的同时保护资源、改善环境的政策和发展战略。于是可持续发展这一新的发展模式应运而生了。

1981年，美国学者莱斯特·R.布朗在《建设一个可持续发展的社会》一书中，首次使用"可持续发展"一词，并阐述其基本观点。他认为，在资源方面，人类要保持资源基地，获得持续的资源供应；在环境方面，人类不应使其日益恶化，要减轻对环境的压力；在人口方面，要保持稳定的人口。1987年，以挪威首相伦特兰夫人为首的"世界环境与发展委员会"发表了《我们共同的未来》的学术报告，广泛采用了"可持续发展"的概念。进入20世纪90年代以来，可持续发展的思想以其崭新的世界观和应用的光明前景，被正式列入国际社会的议程。1992年6月，联合国环境与发展大会在巴西里约热内卢召开，会议通过了《里约环境与发展宣言》《21世纪议程》等重要文件，并签署了《联合国气候变化框架公约》《生物多样性公约》，认可了可持续发展理论，充分体现了人类社会可持续发展的新思维，反映了在环境与发展领域合作的全球共识和最高的政治承诺。《21世纪议程》要求各国制定和组织实施相应的可持续发展战略、计划和政策，迎接人类社会面临的共同挑战。对《21世纪议程》的执行，促使各国走上了可持续发展的道路，加强国际合作，共同促进经济发展和保护全球环境，标志着世界可持续发展战略的确立。

（2）可持续发展的内涵与原则。可持续发展，就是要正确处理经济发展同人口、资源、环境的关系，是既能满足当代人的需要，又不对后代人满足其需要的能力构成危害的发展。它包括两个关键性概念：一是人类需要，包括各种需要，特别是穷人的需要，这些需要应被置于压倒一切的优先地位；二是环境限度，环境满足现在和未来各种需要的能力是有限的，经济发展不能突破环境限度。可持续发展是在保护环境的基础上人类福利的不断增长，是对人类传统经济增长和经济发展观念的根本性变革。可持续发展有一系列的原则，其中主要包括：

第一，公平性原则。一是本代人的公平，即本代人之间的横向公平。可持续发展要满足全体人民的基本需要和给全体人民以机会，以满足他们要求较好生活的愿望。当今世界是贫富两极分化的世界，不可能实现可持续发展。因此，要给世界以公平的分配和公平的发展权，要把消除贫困作为可持续发展优先考虑的目标。二是代际公平，即世世代代人之间的纵向公平。人类赖以生存的自然条件是有限的，本代人不能因为自己的发展而损害人类世世代代满足需要的条件——自然资源和环境。要给世世代代以公平利用自然资源的权利。

第二，可持续性原则。可持续性是指生态系统受某种干扰时能保持其生产率的能力。资源环境是人类生存与发展的基础和条件，离开了资源和环境，人类的生存和发展就无从谈起。资源永续利用和生态系统可持续性的保持，是人类持续发展的首要条件。可持续发展要求人类根据可持续性要求，调整自己的生产方式和生活方式，在生态可能的范围内确定自己的消耗标准。

第三，共同性原则。世界各国历史、文化和发展水平各异，可持续发展的目标、政策和实施步骤也不同，但可持续发展作为全球共同的总目标，所体现的公平性和可持续性原则是共同的。要实现这一总目标必须采取全球的联合行动。可持续发展观体现了在国际发展事务中，发展中国家与发达国家具有共同的责任和义务，世界各国应力求平等合作、共同协调发展的思想，共同合理开发利用能源资源，同心协力克服各种能源、生态和环境危机，谋求世界各国的共同繁荣发展。

（3）中国的可持续发展战略。1994年4月，中国政府正式公布了《中国21世纪议程》。该议程"构筑了一个综合性的、长期的、渐进的可持续发展战略框架和相应对策，是中国走向21世纪和争取美好未来的新起点"。它明确指出："目前，中国的经济发展基本上仍然沿袭着以大量消耗资源能源和粗放经营为特征的传统发展模式，不仅造成对生态环境的极大损害，而且经济增长本身难以持续。因此，转变发展战略，依靠科技进步实现可持续发展道路，是加速中国经济发展的正确选择。

《中国21世纪议程》是一个与联合国《21世纪议程》相呼应，按照国际规范制定的中国可持续发展战略规划，由20章78个方案组成，大体分为可持续发展总体战略、社会可持续发展、经济可持续发展、资源的合理利用与环境保护四大部分。

第一，可持续发展总体战略。其内容包括：首先，可持续发展的前提是发展。只有经济增长率达到和保持一定水平，才有可能不断消除贫困，人们的生活水平才会逐步提高，并且提供必要的能力和条件，支持可持续发展。其次，加速与可持续发展有关的立法及其实施。与可持续发展有关的立法及其实施是把可持续发展战略付诸实施的重要保障。另外，建立费用与资金机制。不断扩大各种渠道的投入，并逐步提高可持续发展活动投资所占的比例，它是实现可持续发展战略目标的关键。此外，强化可持续发展能力建设。能力建设涉及国家的决策、管理、经济、环境、资源、科学技术、人力资源等方面，必须全面加强可持续发展能力建设。最后，必须依靠公众及社会团体的支持和参与。公众、社会团体的参与方式和程度，将决定可持续发展目标实现的进程。

第二，社会可持续发展。首先，适度控制人口增长，引导建立可持续的消费方式，大力发展社会服务与第三产业。人口规模庞大、人口素质较低、人口结构不尽合理，是中国亟待解决的三个重大问题。要改变传统的不合理的消费模式，鼓励并引导合理的、可持续的消费模式的形成与推广。提高服务的社会化、专业化水平，形成服务网络，提高服务效率和服务质量，创造就业机会；加快第三产业的发展，使之在国内生产总值中的比例有明显提高。其次，消除贫困。对贫困地区而言，消除贫困与可持续发展是统一的整体或一个问题的两个方面，不消除贫困就难以持续发展。另外，发展卫生事业，提高人民健康水平，使全体人民都能获得基本的卫生健康服务，总体上达到与小康水平相适应的健康水平。此外，人类住区可持续发展，即建设成规划布局合理，配套设施齐全，有利于工作，方便生活，环境清洁、优美、安静，居住条件舒适的人类住区。最后，防灾减灾，要提高对自然灾害的管理水平，加强防灾减灾体系建设，减轻自然灾害损失；减少人为因素诱发、加重的自然灾害。

第三，经济可持续发展。首先，建立可持续发展的经济体系。要建立社会主义市场经济体制，使市场在国家宏观调控下对资源配置起基础性作用；要高度重视和加强农业发展，继续发展第二产业，大力发展第三产业；要把自然资源核算纳入国民经济核算体系。其次，实现农业与农村的可持续发展。农业和农村的可持续发展是中国可持续发展的根本保证和优先领域。此外，实现工业与交通、通信业的可持续发展。要改善工业结构和布局；开展清洁生产和生产绿色产品；加快工业技术的开发利用。最后，建立与经济发展相适应、对环境无害的能源供应体系和消费模式，通过加强能源综合规划与管理，开发和推广先进的对环境无害的能源生产和利用技术，提高能源使用效率，合理利用能源资源，减少环境污染。

第四，资源的合理利用与环境保护。首先，加强自然资源的保护与可持续利用，依靠科技进步挖掘资源潜力，充分运用市场机制和经济手段有效配置资源，坚持走提高资源利用效率和资源节约型经济发展的道路。其次，生物多样性保护。建立和完善全国自然保护区网络、全国珍稀濒危动植物迁地保护网络等，通过加强管理、建立和完善监测系统、开展国际与区域合作、加强科学研究活动等，切实保护生物多样性。另外，荒漠化防治。加强荒漠化土地综合整治与管理，减少人为破坏导致的荒漠化扩展；全面贯彻实施《中华人民共和国水土保持法》，全面管护，重点治理，使水土流失恶化的状况得到有效遏制。此外，保护大气层。重点是控制煤烟型大气污染，还要注意和控制机动车辆的排废。最后，固体废物的无害化管理。进一步完善固体废物法规体系和管理制度，实施废物（尤其是有害废物）最小量化，发展无害化处理、处置技术等。

总之，我国的可持续发展战略的主体思想就是实现人口、资源、环境和经济、社会发展的协调，实现经济、社会的可持续发展。对中国这样的发展中国家来说，可持续发展的前提是发展，但同时要把控制人口、节约资源、保护环境放到重要位置，使人口增长与生产力的发展相适应，使经济建设与资源环境相协调，实现良性循环，努力走出一条具有中国特色的可持续发展道路。

（4）实施可持续发展的对策。首先，适度控制人口增长，提高人口素质。中国的基本国情是人口多、底子薄、耕地少。实施可持续发展战略，在很大程度上受到庞大的人口数量和不高的人口素质的制约。人口增长过快给我国的劳动就业造成了巨大压力。在我国，就业需求旺盛和就业岗位不足的问题将越来越突出，就业问题是我国长期不易根本解决的一大难题。要解决这一难题，首先应实行正确的人口政策，将人口因素纳入经济发展战略中。其次应增加教育经费投入，提高人口素质，为实现可持续发展提供基础条件。适度的人口总量、良好的人口素质和合理的人口结构将促进人口与经济、社会、资源和环境的协调发展。

其次，合理利用资源，坚持开发与节约并举。资源相对短缺及有效利用不足，是制约我国经济发展的另一个重要因素。我国在资源总量上可称得上地大物博，但人均资源占有量却远远低于世界平均水平，而且资源分布很不均衡。比如，2002年，我国淡水资源总量为2.83万亿立方米左右，但人均淡水资源量只有2 200立方米，是世界人均占有量的1/4。由于地理分布极不均匀，难以实现跨地区调水，局部地区缺水问题更严重。同时，我国工业整体水平不高，资源利用率低，加之粗放经营、管理不善，导致资源浪费严重。根据我国国情，在资源上必须坚持开发与节约并重，克服各种浪费现象。一方面，要节约资源，千方百计地减少资源的占用与消耗；另一方面，要加强资源的综合利用，提高有限资源的利用效率。

最后，加强治理污染，保护生态环境。经济发展中所造成的生态环境的破坏也是制约可持续发展的重要因素。目前，环境污染和生态破坏主要表现在水污染严重方面，我国七大水系和沿海海域受到不同程度的污染；大气污染严重；工业固体废物污染、城市废水污染、噪声污染和垃圾污染严重；生态恶化。要搞好生态环境建设，就要坚持习近平总书记提出的"绿水青山就是金山银山"的发展理念，要加快水土流失地区的综合治理和防护林体系建设，搞好水利建设；要植树造林，提高森林覆盖率，增加城镇绿地面积，发展生态农业；要强化环保意识，加强法律法规建设，建立健全环境保护的管理体系和法规体系等。

2.科学发展观

世界各国的发展实践表明，发展绝不仅仅是经济增长，而应该是经济、政治文化、社会全面协调的发展，应该是人与自然和谐的可持续发展。作为世界上最大的发展中国家，我国要完成工业化和信息化的双重任务，面临着促进经济发展和节约资源、保护环境的双重压力，这就决定了我们不能重复其他国家走过的老路，而必须走出一条具有中国特色的发展道路。

目前，"为谁发展""靠谁发展""怎样发展"的问题摆在我们的面前，科学发展观就是在探索这些问题的过程中形成和发展起来的。

科学发展观的内涵主要表现为：

（1）以发展为第一要义。全党必须更加自觉地把推动经济社会发展作为深入贯彻落实科学发展观的第一要义，牢牢扭住经济建设这个中心，坚持聚精会神搞建设、一心一意谋发展，着力把握发展规律、创新发展理念、破解发展难题，深入实施科教兴国战略、人才强国战略、可持续发展战略，加快形成符合科学发展要求的发展方式和体制机制，不断解放和发展社会生产力，不断实现科学发展、和谐发展、和平发展，为坚持和发展中国特色社会主义打下牢固基础。

发展是当代中国的主题。科学发展观是用来指导发展的，不能离开发展这个主题。离开了发展，科学发展观就成了无源之水、无本之木。

（2）以以人为本为核心立场。必须更加自觉地把以人为本作为深入贯彻落实科学发展观的核心立场，始终把实现好、维护好、发展好最广大人民的根本利益作为党和国家一切工作的出发点和落脚点，尊重人民首创精神，保障人民各项权益，不断在实现发展成果由人民共享、促进人的全面发展上取得新成效。

经济社会发展是人的全面发展的前提和条件，没有经济社会的发展，人的全面发展就失去了基础和保障；人的全面发展是经济社会发展的根本目的，也是推动经济社会发展的最重要力量，离开了人的全面发展，经济社会发展就失去了目标和动力。经济社会发展和人的全面发展相互联系、相互促进，人越全面发展，社会的物质文化财富就会创造得越多，人们的生活就越能得到改善；而物质文化条件越充分，又越能促进人的全面发展。

坚持以人为本，就要把促进人的全面发展作为经济社会发展的最终目的，既着眼于人们现实的物质文化生活需要，又着眼于促进人的素质的提高。要在经济社会不断发展的基础上，不断提高人的素质和能力，通过不断提高人的素质和能力，不断推进经济社会的发展。

（3）以全面协调可持续为基本要求。必须更加自觉地把全面协调可持续作为深入贯彻落实科学发展观的基本要求，全面落实经济建设、政治建设、文化建设、社会建设、生态文明建设五位一体总体布局，促进现代化建设各方面协调，促进生产关系与生产力、上层建筑与经济基础相协调，不断开拓生产发展、生活富裕、生态良好的文明发展道路。

坚持"全面、协调、可持续"发展，就要正确处理经济与社会发展，城市与农村发展，东部与中西部发展，人与自然界发展，国内发展与对外开放，改革、发展与稳定等现代化建设中的重大关系；就要统筹安排和处理好消费与投资、供给与需求，发展的速度与结构、质量、效益，科技进步与人力资源优势的充分发挥，市场机制与宏观调控等经济发展的重大问题；就要坚持把社会主义物质文明、政治文明、精神文明、和谐社会建设以及生态文明建设和人的全面发展看成彼此相互联系、相互促进、不可分割的组成部分。

"全面、协调、可持续"发展要求坚持生产发展、生活富裕、生态良好的文明发展道路。生产发展，是走文明发展道路的基础环节。离开生产发展，社会进步就失去前提，生活富裕也不可能实现。生活富裕，是走文明发展道路的重要体现。不断提高整个社会的物质和精神生活水平，使社会财富得到合理分配，使全体社会成员共享发展成果，人类文明才能不断进步。生态良好，是走文明发展道路的应有之义。遵循经济规律和自然规律，合理利用自然资源，保护和优化生态环境，坚持可持续发展，实现人与自然和谐相处，人类文明才能得到持久永续发展。坚持文明发展道路，就要在经济社会发展过程中，把推进生产发展、实现生活富裕、保持生态良好有机统一起来，坚持以生产发展为基础，以生活富裕为目的，以生态良好为条件，努力实现社会经济系统和自然生态系统的良性循环。

（4）以统筹兼顾为根本方法。必须更加自觉地把统筹兼顾作为深入贯彻落实科学发展观的根本方法，坚持一切从实际出发，正确认识和妥善处理中国特色社会主义事业中的重大关系，统筹改革发展稳定、内政外交国防、治党治国治军各方面工作，统筹城乡发展、区域发展、经济社会发展、人与自然和谐发展、国内发展和对外开放，统筹各方面利益关系，充分调动各方面积极性，努力形成全体人民各尽其能，各得其所而又和谐相处的局面。

统筹城乡发展，就要坚决贯彻工业反哺农业、城市支持农村的方针，逐步改变城乡二元经济结构，加快社会主义新农村建设，着力解决好"三农"问题，逐步缩小城乡发展差距，推动农村经济社会全面发展，形成城乡经济社会一体化新格局。统筹区域发展，就要继续实施区域发展总体战略，深入推进西部大开发战略，全面振兴东北老工业基地，大力促进中部地区崛起，积极支持东部地区率先发展，逐步扭转区域发展差距拉大的趋势，形成东、中、西部相互促进、优势互补、共同发展的新格局。统筹经济社会发展，就要在大力推进经济发展的同时，更加注重社会发展，加快科技、教育、文化、卫生、体育、社会保障、社会管理等社会事业发展，不断满足人民群众在精神文化、健康安全等方面的需求，提高人的素质和能力，实现经济发展与社会进步的有机统一。统筹人与自然和谐发展，就要高度重视资源和生态环境问题，处理好经济建设、人口增长与资源利用、生态环境保护的关系，增强可持续发展的能力，推动整个社会走上生产发展、生活富裕、生态良好的文明发展道路。统筹国内发展和对外开放，就要处理好国内发展和国际环境的关系，既利用好外部的有利条件，又发挥好我们自身的优势，利用国际国内两个市场、两种资源，立足于扩大内需，把扩大内需与扩大外需、利用内资与利用外资结合起来，努力实现国内发展和对外开放的相互协调。

（5）解放思想、实事求是、与时俱进、求真务实，是科学发展观最鲜明的精神实质。实践发展永无止境，认识真理永无止境，理论创新永无止境。全党一定要勇于实践、勇于变革、勇于创新，把握时代发展要求，顺应人民共同愿望，不懈探索和把握中国特色社会主义规律，永葆党的生机活力，永葆国家发展动力，在党和人民创造性实践中奋力开拓中国特色社会主义更为广阔的发展前景。

党的十九大报告中指出："发展是解决我国一切问题的基础和关键，发展必须是科学发展，必须坚定不移贯彻创新、协调、绿色、开放、共享的发展理念。"以习近平同志为核心的党中央统筹推进经济建设、政治建设、文化建设、社会建设、生态建设。"五位一体"的总体布局是一个有机整体，其中经济建设是根本，政治建设是保证，文化建设是灵魂，社会建设是条件，生态文明建设是基础。坚持"五位一体"建设全面推进、协调发展，才能形成经济富裕、政治民主、文化繁荣、社会公平、生态良好的发展格局，把中国建设成为富强、民主、文明、和谐的社会主义现代化国家。

第二节　社会主义经济发展中的经济结构优化

一、产业结构

（一）产业结构的内涵

产业是指生产相似或相同产品的一系列企业。结构是指某个整体的各个组成部分的搭配和排列状态。产业结构较早地被应用于自然科学的研究中。在经济领域，产业结构这个概念始用于20世纪40年代。最初，其含义还不确定。随着对产业经济研究的不断发展和深化，产业结构的概念和研究领域逐渐明确下来。一般而言，产业结构是指产业间的技术经济联系和数量比例关系。

产业间的技术经济联系与数量比例关系可从两个角度来考察：一是从"质"的角度动态地揭示产业间技术经济联系与联系方式不断发展变化的趋势，揭示占主导或支柱地位的产业部门的不断替代的规律及相应的"结构"效益，形成狭义的产业结构理论；二是从"量"的角度静态地研究和分析一定时期内产业间联系与联系方式的数量比例关系，即产业间"投入"与"产出"的量的比例关系，形成产业关联理论。广义的产业结构理论包括狭义的产业结构理论和产业关联理论。

（二）产业结构的演变规律

考察和把握产业结构演进的一般规律是研究产业结构问题的首要课题。产业结构作为以往经济增长的结果和未来经济增长的基础，成为推动经济发展的主要因素。产业结构是同经济发展相对应而不断变动的，这种变动主要表现为产业结构由低级向高级演进的高度化和产业结构横向演变的合理化。这种结构的高度化和合理化推动着经济向前发展。

从许多发达国家和新兴工业化国家的实践来看，产业结构的演进规律可以从不同角度来考察：

1.从工业化发展的阶段来看

一般来说，产业结构的演进阶段包括：前工业化时期、工业化初期、工业化中期、工业化后期和后工业化时期。在前工业化时期，第一产业占主导地位，第二产业有一定发展，第三产业的比重很低。在工业化初期，第一产业产值在国民经济中的比重逐渐降低，其地位不断下降；第二产业有较大发展，工业重心从轻工业主导型逐渐转向基础原材料工业主导型，第二产业占主导地位；第三产业也有一定发展，但在国民经济中的比重还比较小。在工业化中期，工业重心由基础原材料工业向高加工度工业转变，第二产业仍居第一位，第三产业的地位逐渐上升。在工业化后期，第二产业的比重继续缓慢下降，第三产业快速发展，其中现代服务业增长加快，第三产业产值的比重加大，开始占支配地位。在后工业化时期，产业的信息化和知识化成为重要特征。

2.从主导产业的演进过程来看

主导产业是指在国内生产总值中比重较大，产业关联性强，对其他产业具有很强的带动作用的支柱产业。产业结构的演进有以农业为主导、以轻工业为主导、以基础原材料工业为重心的重化工业为主导、以低加工型的工业为主导、以高度加工组装型工业为主导、以传统服务业为主导、以现代服务业为主导等几个阶段。

3.从三大产业内部的结构变动来看

产业结构的演进是沿着以第一产业为主导到以第二产业为主导，再到以第三产业为主导的方向发展的。

第一产业从技术水平低下的粗放式农业向技术要求较高的集约式农业，生物、环境、生化、生态等技术含量较高的绿色农业、生态农业发展；种植型农业向畜牧型农业方向发展，野外型农业向工厂型农业方向发展。

第二产业的演进朝着轻工业-基础型原材料工业-基础型重化工业-加工型重化工业-大型装备制造业方向发展。从资源结构变动情况来看，产业结构沿着劳动密集型产业-资本密集型产业-知识（包括技术）密集型产业方向演进。从市场导向角度来看、产业结构朝着封闭型–进口替代型–出口导向型–市场全球化方向演进。

第三产业沿着传统服务业–多元化服务业–生产性服务业–现代服务业–知识产业的方向演进。

4.从产业结构演进的顺序来看

产业结构由低级向高级发展的各阶段是难以逾越的，但各阶段的发展过程可以缩短。从演进角度看，后一阶段产业的发展是以前一阶段产业充分发展为基础的。只有第一产业的劳动生产率得到充分的发展，第二产业的轻工产业才能得到应有的发展。第二产业的发展是建立在第一产业劳动生产率大大提高基础上的，其中加工组装型重化工业的发展又是建立在原料、燃料、动力等基础工业的发展基础上的。同样，只有第二产业快速发展，第三产业的发展才具有成熟的条件和坚实的基础。

（三）我国产业结构的调整与优化

产业结构会遵循一定的规律逐渐实现优化升级。产业结构优化升级是指推动产业结构合理化和高度化。前者主要依据产业间技术经济联系的数量比例关系来调整不协调的产业结构；后者主要遵循产业结构演进的基本规律，通过创新和主导产业的转换，加速产业结构向高度化演进。产业结构优化升级过程一般是通过政府的有关产业政策调整影响产业结构变化的供求结构，实现资源优化配置与再配置，来推进产业结构的合理化和高度化发展。

1.我国产业结构的变化

随着经济增长及人均GDP水平的提高，我国产业结构也发生了相应的变化（如图11–1所示）。

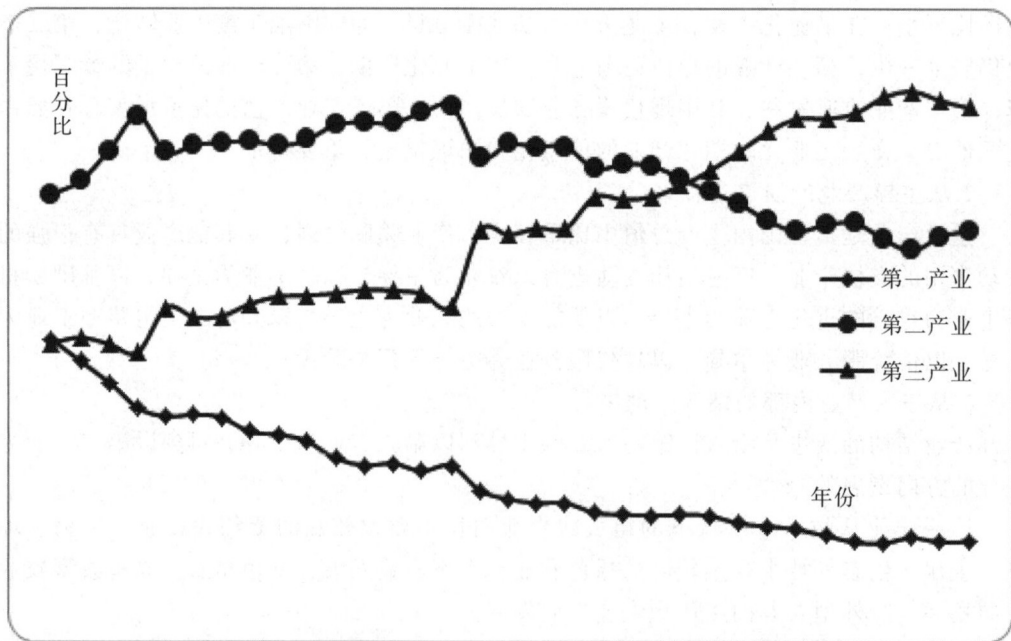

数据来源：历年《中国统计年鉴》。

图 11-1　1990—2022年中国三次产业占GDP的比重

由图 11-1 可见，我国的产业结构变化基本上符合配第-克拉克定律，第一产业占 GDP 的比重不断减少，第二产业和第三产业占 GDP 的比重稳步上升。

2.我国产业结构调整和优化所面临的主要问题

第一，农业基础仍然薄弱，农民收入增长缓慢。近些年来，农业和农村经济发展很快，粮食等主要农产品的产量不断提高，农业基础设施建设和生产条件得到改善。但是，从总体来看，农业的基础还很薄弱，抵御自然灾害的能力还不强。由于人均耕地少、劳动力富余等原因，农业生产的比较效益低，农民收入增长较慢。这是当前国民经济中一个带有根本性的结构矛盾，它影响着经济生活的各个方面。一方面，由于人均耕地少，农业的劳动生产率低，随着生产成本的不断上升，农民从事种植业的收入不能增加，增产不增收的现象还很普遍。虽然国家采取了敞开收购粮食和实行保护价格等措施，遏制了粮食市场价格的下跌，但从全国来看，农民从粮食增产中得到的纯收入增加不多。另一方面，农民收入增长慢，限制了农民扩大购买生活消费品和生产资料的能力。

第二，基础设施落后的问题仍然比较突出。水利、能源、交通、通信等基础设施建设取得重大进展，对国民经济的瓶颈制约有明显缓解，个别地区还出现相对宽松的状况。但从全国来看，供水、供电、交通（特别是城市交通和长途交通）、通信等基础设施还很不完善，有些地区的矛盾还比较尖锐。例如，华北、西北等地区缺水较为严重，影响工农业生产和人民生活。

第三，加工工业水平低，市场有效需求不足。我国加工工业的规模迅速扩大，生产能力和产量也增长较快。从目前的供求关系看，多数产品供大于求，生产能力不能充分发挥，但按人均产量我国的水平仍然较低。当前生产能力与能够实现的有效需求不平衡，这是又一个比较突出的结构性矛盾。我国的工业企业组织规模小而分散，极大地限制了技术水平和经济效益的提高。产品结构不合理的矛盾也十分突出，一般产品相对过剩与技术含量高、附加值大的产品短缺并存。不少企业仍在延续粗放式增长的老路，资源利用率极低，加之重复建设，最终导致了供求失衡的局面。

第四，第三产业需要进一步发展。与世界大部分国家相比，我国第三产业产值在 GDP 中所占比重较低。目前，绝大部分发达国家的这一比重为 60%~80%。从第三产业内部结构看，发达国家主要以信息、咨询、科技及金融等新兴产业为主，而我国仍以传统的商业、交通运输业为主，一些基础性第二产业（如邮电、通信）和新兴第三产业（如金融保险、信息、咨询及科技等）仍然发育不足。

3.优化我国产业结构的途径

产业结构调整和优化升级是经济结构战略性调整的重点，要突出以下几个方面：

第一，用高新技术改造提升传统产业。积极采用高新技术、先进适用技术和现代管理技术改造提升优势传统产业，推动产业链条向高附加值的两端延伸。要把传统产业的改组改造放在重要位置，以市场为导向，以企业为主体，以技术进步为支撑，抓好几个环节：一是围绕增加品种、改善质量、节能降耗、防治污染和提高劳动生产率，在能源、冶金、化工、轻纺、机械、汽年、建材及建筑等行业，支持一批重点企业进行技术改造，切实提高工艺和装备水平。二是通过自主创新和引进技术，加快对推动结构升级的一般性技术、关键技术和配套技术的开发，振兴装备制造业，开发制造急需的大型高效和先进成套技术装备。三是按照专业化分工协作和规模经济的原则，促进产业组织结构调整。通过上市、兼并、联合、重组等形式，在主要行业形成若干拥有自主知识产权、主业突出、核心能力强的大公司和企业集团，使之成为调整结构、促进升级的骨干和依托。在国家的宏观调控下，充分发挥市场机制的作用，逐步形成大、中、小企业协调发展的格局，四是积极支持和促进老工业基地改造，充分发挥其基础雄厚、人才聚集的优势，努力提高产业水平。五是综合运用经济、法律和必要的行政手段，依法关闭产品质量低劣、浪费资源、污染严重、不具备安全生产条件的厂矿，淘汰落后和压缩过剩产能，并严禁转移重建。对长期亏损、资不抵债、扭亏无望的企业和资源枯竭的矿山，要实施破产关闭。为此，应积极疏通和逐步规范企业退出市场的渠道。

第二，发展高新技术产业，以信息化带动工业化。加强信息技术在工业领域的应用，提升生产过程自动化、智能化、网络化水平，提高劳动生产率和企业竞争力。加快发展信息产品制造业，提高自主开发力和系统集成能力，积极发展软件产业，加强信息基础设施建设。要在企业技术开发和生产、营销、社会公共服务、政府行政管理等方面广泛应用数字化、网络化技术。

第三，加强水利、能源、交通和通信等基础设施建设，高度重视资源节约问题，构建开放、多元、清洁、安全、经济的能源保障体系。水资源短缺，是我国经济和社会发展的严重制约因素，要把节水放在突出位置，建立合理的水资源管理体制和水价形成机制，全面推行各种节水技术和措施，搞好污水处理和利用，加快南水北调等重大项目的规划和建设。要加强公路、铁路、港口、航道、机场及管道系统的建设，建立健全畅通、安全、便捷的现代物流体系。

第四，大力发展服务业。这是促进产业结构升级和增加就业的重要途径。我们必须采取有力措施加快服务业发展，扩大总量，优化结构，拓宽领域，提高质量，使服务业产值占国内生产总值的比重和从业人员占全社会从业人员的比重明显提高。其具体表现如下：一是以科学发展观为指导，通过规划引导、技术创新，法治保障、人才支撑、品牌引领、产业集聚、开放带动、政策扶持，加快发展以现代物流业、商贸流通业、旅游业、金融服务业、房地产业为重点的现代服务业。二是传统服务业要运用现代经营方式和服务技术进行改造，提高服务质量和经营效益。三是发展服务业要面向城乡引导居民消费。进一步发展以经济适用房和廉租房为重点的房地产业，推广和规范物业管理。积极发展旅游产业，开发和保护旅游资源，丰富旅游产品。加快发展社区服务业，提供便民利民服务。引导文化娱乐、教育培训、体育健身、卫生保健等产业发展，满足服务消费需求。发展农村服务业，增加服务内容，改善消费环境。四是加快服务业市场化、社会化步伐，积极推进流通体制改革，打破服务行业中的垄断经营，放宽市场准入，引进竞争机制，鼓励企业优化重组；实现中介机构与行政部门脱钩和改制；加快企事业机关单位服务社会化。

在我国经济逐渐进入"新常态"之后，进一步调整产业结构，提高经济增长质量更加成为一项必要而且重要的工作。2015年11月，习近平总书记在中央财经领导小组第十一次会议上明确提出，推进经济结构性改革，要坚持解放和发展社会生产力，坚持以经济建设为中心不动摇，坚持五位一体总体布局。要坚持社会主义市场经济改革方向，使市场在资源配置中起决定性作用，调动各方面积极性，发挥企业家在推动经济发展中的重要作用，充分发挥创新人才和各级干部的积极性、主动性、创造性。

二、区域经济结构

（一）区域经济结构的含义

区域经济结构是指国民经济中各个经济区域之间的经济发展关系和结合状况，是国民经济结构的一个重要方面。如果说产业结构的调整是生产要素在各个产业之间的合理配置，它使各个产业能够按照客观经济规律协调地发展，因而是实现经济发展目标的重要物质基础的话，那么，区域经济结构的调整则是生产要素在各个区域之间的合理配置，它使各个区域在国民经济整体活动中能够充分发挥各自的优势，同时相互配合、相互补充、协调一致地发展，因而也是实现经济发展目标的重要条件。

中国幅员广阔，由于历史和现实诸多方面的原因，中国各地区之间存在发展水平的巨大差异。研究区域问题，必须把中国划分为若干不同的经济区域。如何从社会经济发展的角度来界定我国的社会经济区域，不仅关系到社会资源的整体优化配置和区域经济结构的战略布局，而且对不同经济区域的经济规划、产业布局有直接影响，同时对包括市场结构、消费结构等在内的经济活动也有直接影响。目前，对中国区域划分的方法有很多种，其中影响最大的是三大地带划分法。

（二）区域经济结构的演变规律

根据区域经济的研究，区域经济的发展呈现梯度的规律。所谓梯度推移或梯度发展，是指整个国家的发展过程中，只有那些发展条件最好的少数地区才能集中和吸引大量的资本及其他资源要素，获得迅速的经济增长。在这个经济发展阶段，其他地区的各种资源和生产要素会不断流向经济发展条件最好的地区，并会出现地区之间贫富差距的拉大，这种情况要持续到经济发达地区的市场和投资环境出现相对饱和的状况，经济发展的余力已经不大的时候，各种生产要素才会逐步向经济不发达的地区转移，使这些地区的经济开始发展。也就是说，地区之间的经济发展是从经济发展条件好的地区开始发展，然后逐步向不发达地区推移的。整个国家经济在区域之间的发展就呈现出由经济发展水平高的地区向经济发展水平低的地区逐步推进的梯度状态，在这个过程中相应地出现地区之间经济发展水平不断拉大的局面。这里，市场经济所要求的优化资源配置的利润最大化原则得以贯彻，整个国家经济的发展呈现非均衡发展的态势。

上述梯度推移的区域经济发展理论是有局限性的，它无法说明经济欠发达或不发达地区中一些部门和行业经济较快发展的原因，也无法解释发展过程中区域经济发展水平差距拉大的问题。发展极—增长点理论弥补了梯度推移理论的局限性。该理论认为，在经济发展的过程中，每一地区经济增长的速度之所以不同，是因为某些大城市有创新能力的主导部门和行业首先高速发展起来，成为这个地区经济发展的发展极和增长点。在这些发展极和增长点的带动下，经济比较落后的地区能够实现超常的发展，不断缩小和经济发达地区的差距，最后赶上甚至超过经济发达的地区，实现整个国民经济的协调发展。

（三）我国区域经济结构现状与问题

1.区际差异

从总体上看，我国的经济技术发展水平由东向西依次递减，而自然资源的丰裕程度则由东向西依次递增，客观上存在着东、中、西部三大经济地带（区），地区经济发展不平衡问题，即区际差异问题异常突出。我国有非常发达的地区，比如党的十六大前夕，长三角以占全国1%的土地，创造出占全国17.1%的GDP。截止到2024年11月底，西部地区总面积占全国约72%，包括重庆、四川、贵州、云南、西藏、陕西、甘肃、宁夏、青海、新疆、内蒙古、广西，人口占全国约27%，地区生产总值（GDP）总量占全国约21%。各地区人民的收入状况和生活水平也有着非常大的差异。

我国经济区际差异的成因比较复杂，有历史的因素，有资源禀赋的制约，还与国家政策密切相关。

2.地区产业结构趋同

（1）产业结构趋同的表现。产业结构趋同是指各地区产业结构发展过程中表现出来的某种相似倾向。产业结构趋同是产业布局不合理的表现之一，这主要表现在以下几个方面：

第一，各地区之间轻重工业的比重趋于接近。原来轻工业比重最大的东部地区下降也最快，中部次之，西部最慢，从而导致三大地带的霍夫曼系数趋于接近，即轻重工业的比重趋于接近。

第二，行业结构的严重趋同，这又突出地表现在制造业的内部，各地区都在追求"大而全""小而全"的产业结构，这使得我国东部、中部与西部地区之间的工业结构相似度非常高。

第三，各地区的支柱产业结构相似，使许多支柱产业的集中程度很低。例如，随着汽车开始进入家庭，很多省份纷纷将汽车产业列为支柱产业；相应地，与汽车产业相关的石化、机械、钢铁等也被这些省份列为支柱产业；随着信息技术的发展，很多省份又将信息产业列为支柱产业等。这必然会形成小规模、高成本、低收益的产业格局，不仅造成资源的巨大浪费，难以实现规模效益，不利于在国际市场上的竞争，而且会加剧业已存在的市场分割和地方保护主义。

（2）产业结构趋同的危害。

第一，不能发挥各地区的比较优势，从而造成地区资源优势的巨大浪费。国际贸易的基础是比较优势，各个国家根据本国所具有的比较优势进行专业化的分工并进行贸易，从而在贸易中获益。同样道理，一个国家的不同地区之间的产业布局的前提基础也是比较优势，各地区只有依据本地区的比较优势来安排产业结构，才能促进地区经济的充分发展，进而使全国的经济得到协调发展。而我国现阶段各地区产业结构的趋同正是违背了按照比较优势来进行产业布局的基本原则，不仅在长期内不利于地区经济的发展，而且会扭曲产业结构，使整个国家的产业结构的优化难以实现。

第二，不能形成规模经济。规模经济要求一定程度的产业集中，企业的规模要达到相当的水平。而各地区产业结构的趋同则意味着片面追求"大而全""小而全"，把各地有限的资源用来进行低水平的重复建设，摊子铺得太大，财力过于分散，不能形成规模经济。此外、企业的平均规模与规模经济的差距较大的产业多是近年来各地区发展较快的新兴产业，如彩电、电冰箱、集成电路等产业。

第三，地区产业结构的趋同加剧了我国原有的原材料短缺和加工能力过剩的矛盾。由于地区产业结构趋同，很多地区争相生产相同或类似的产品，必然造成对相同或类似的原材料的需求竞争，造成了相关原材料的供给紧张甚至短缺。另一方面，由于产业结构趋同，很多地区争相上马同一项目，极易造成产能过剩。

第四，造成了地区间的市场分割，使全国统一的市场体系难以形成。统一的市场依赖于社会化的合理分工，而在产业结构趋同的条件下，对于原材料的需求和产品的销售容易形成地区分割和地方保护主义，其结果是区域间的要素无法自由流动，一方面保护了区域内的落后产业，另一方面使全国范围内产业结构不能优化，导致整体经济效益的下降。

（四）我国区域经济结构的调整与优化

1.加强地区之间的经济分工协作

我国各地区的自然资源条件和经济条件差异显著，客观上要求实现劳动的地域性分工，充分利用各地有利的资源条件，各自发挥地区优势，彼此协作。这既可以促进资源在整个国民经济各地区、各部门的优化配置，提高宏观经济效益，又可以利用专业化分工带来的好处实现各地区生产率的增长、经济效益的提高，从而促进地区经济更快发展。具体来说，我国西部经济落后地区不仅资金短缺，更重要的是技术、知识的匮乏，但这些地区资源相对丰富；东部地区经济发达，有雄厚的技术力量，管理经验丰富，资金充裕，但资源相对贫乏。这些不同地区可以相互协作、相互补充、共同发展。

2.加快市场化改革步伐，形成统一、开放、竞争、有序的市场体系

只有通过加快市场化改革步伐，形成更加统一、开放、竞争、有序的市场体系，才能在地区之间打破市场壁垒，通过市场形成真正的竞争主体，才能通过跨区域的企业兼并、联合、重组、收购等有效的市场手段实现产业的整合，提高产业的集中度，形成跨区域的产业集群，提高行业的综合竞争力。同时，统一的市场可以实现生产要素的有序流动，从低效率的地区向高效率的地区流动，从低效率的行业流向高效率的行业。

3.强化政府政策的调节力度

区域经济结构的调整和优化离不开政府政策的调节。要把产业政策和区域政策有机结合起来，做好产业政策的区域化和区域政策的产业化，引导社会资源流向国家鼓励发展地区的优势产业，引导各个地区发展比较优势产业和特色经济。实行规范的财政转移支付制度，扶持落后地区的经济发展，包括投资建设基础设施，提供税收优惠和信贷支持，提供信息、技术、资金，帮助落后地区提高人力资源的素质等。按照社会主义市场经济的总体要求，充分发挥国家投融资政策在地区经济结构调整中的调控作用，逐步调整国家的投资布局，促进地区产业布局和专业化分工的合理化。基本的原则是在保持东部地区持续快速发展的条件下，经济建设的重点更多向中西部地区倾斜。在西部地区投资更多的关系国计民生的、跨地区的重大基础设施、重大基础工业项目和大型公益项目。确保国家支持的重点产业向优势地区集中，促进资源加工型和劳动密集型产业向中西部资源丰富的地区转移。同时，通过推动国有企业改革、深化价格改革和财税等体制

改革，从体制机制上保障地区产业结构的合理布局和优势互补。

党的十八大以来，为适应新形势的要求，在原有的区域总体发展战略——"四大板块"战略①的基础上，为了拓展新的发展空间，中央又进一步提出，要逐步形成以沿江沿海经济带为主的纵向横向经济轴带，培育和壮大若干重点经济区，推动形成区域发展新格局。基于这一重大战略思路，党和政府陆续提出了促进长三角经济区、京津冀经济圈、粤港澳大湾区等区域一体化发展战略，而这些战略的共同点和核心要求是"一体联动、协同发展"，以此推动这些重点区域的经济发展迈上新的台阶，并带动周边乃至全国经济的进一步发展。

三、城乡经济结构

（一）二元经济结构的含义与特征

1. 二元经济结构的含义

二元经济结构是指发展中国家国民经济中以城市为主的现代部门和以农村农业为主的传统部门并存的状况。二元经济结构理论最早是由美国发展经济学家阿瑟·刘易斯提出的。这一理论把经济分为两个部门：一个是现代的城市工业部门，其特征是现代工业和商品经济比较发达，技术水平、劳动生产率和收入较高；另一个是传统的农村农业部门，其特征是以传统农业和手工业为主，以简单工具和手工劳动为基础，处于自给半自给经济状态，劳动生产率和收入低。一国经济中现代部门与传统部门并存的状况，被称为二元经济结构。

二元经济是发展中国家由传统经济向现代经济演进过程中普遍存在的现象，这是由这些国家发展经济时所面临的落后的经济技术基础和巨大的外部压力决定的，具有必然性。因此，如何正视现实并从现实出发，促进经济的协调发展，使二元经济逐步走向一元的现代化经济，最终改变二元经济结构，实现整个国民经济的现代化，是我国经济社会发展面临的重大问题。

2. 我国二元经济结构的基本特征

我国作为一个发展中的人口大国，二元经济结构是基本国情，同时也正是目前城乡经济结构矛盾最突出的体现。目前我国城乡经济发展极不平衡，收入水平差距过大。收入水平的差距导致城乡消费严重失衡。不仅如此，供电、供水、交通等基础设施发展滞后，也使农村消费潜力难以释放。城乡经济结构矛盾已成为影响国民经济良性循环的一个重要因素。因此，努力消除二元经济现象、促进城乡经济协调发展是我国经济结构调整与优化的题中应有之义。

我国二元经济结构的产生是与国家制定的赶超型发展战略密切联系的，受1949年中华人民共和国成立初期国际环境和国情的制约，在苏联经济发展模式的影响下，我国选择了以重工业优先发展为特征的赶超型发展战略。这一发展战略的核心是试图通过重工业的优先发展加速实现国家的工业化。但是我国推进工业化的生产力基础十分薄弱，主要表现如下：一是人均国民收入水平十分低下，储蓄率低，资本积累能力不足，资金

---

① "四大板块"战略是指东部沿海地区率先发展、促进中部崛起、西部大开发和振兴东北地区等老工业基地。

严重匮乏；二是传统农业在国民经济中占有较大的比重，技术落后，劳动生产力不高，产出率低，剩余有限，在正常情况下难以支撑工业化的高速进程。而重工业资本高度密集的特点，无疑使得以重工业优先发展为特征的赶超型发展战略与我国的劳动力丰裕、资本稀缺的资源禀赋特点相矛盾。

（二）二元经济结构对经济发展的影响

二元经济的存在是发展中国家社会生产力发展不足而又要求进一步发展的必然结果，是国家不平衡发展战略的具体体现，因而对经济发展既有积极影响又有消极影响。

对发展中国家来说，二元经济在经济发展的一定阶段和一定限度内是生产力发展的客观需要，因而是有助于经济发展的。首先，现代部门作为一种新技术、新的组织形式以及高效率的典范，随着它的建立和发展，将有助于促进人们思想观念的转变，从而推动传统部门的现代化；其次，现代部门的劳动者能够获得比传统部门的劳动者更高的工资收入，这将对传统部门的劳动者产生很大的吸引力，促使传统部门的劳动力及资金向现代部门转移和流动，这将有利于加速现代部门的发展；最后，随着资本的转移和利润率的平均化，现代部门可以将自己所创造的新技术（包括设备、工艺等）、新经验等提供给传统部门，同时，通过政府将现代部门所创造的一部分收益以财政转移支付方式转移给传统部门用于增加投资，有利于推动传统部门的发展和向现代部门的演进。这些都有利于二元经济逐渐弥合，最终过渡到一元经济，实现国民经济的现代化。

二元经济的长期存在会给经济社会发展带来一些消极影响，特别是在推行以牺牲传统部门发展为代价换取现代部门积累所需资金的赶超战略导致二元经济差异不断扩大的背景下，其消极影响会更加严重。

首先，国民经济各部门按比例发展是一条客观规律。农业是传统部门的主体，又是国民经济的基础，如果农业过分落后，势必会在诸如粮食、原料、农副产品、资金及市场等许多方面制约现代部门乃至整个国民经济的进一步发展。

其次，在现代市场经济条件下，如果传统农业部门同现代工业部门在技术和效率上差距悬殊，势必造成传统农业部门越来越用附加值低的大量农产品去交换现代工业部门附加值高的少量工业品的趋势，这不仅不利于提高农民的生活水平，还会削弱农业的积累能力，限制农业的发展。

最后，如果二元经济的差距过大，不同部门劳动者收入上的差距也会扩大，在利益动机的驱动下，会导致传统农业部门的劳动力向现代工业部门过度转移，这势必造成两个严重后果：一是使本来就落后的农业因生产要素过度流失而进一步萎缩；二是城市因人口剧增，交通、粮食、能源和水的供应全面紧张，城市拥挤、污染、贫富悬殊、治安混乱等问题随之产生。这种后果对传统农业部门和现代工业部门的发展显然都非常不利。

（三）我国二元经济转换与城乡协调发展

1.我国二元经济的转换途径

要实现我国二元经济结构的转换，最根本的途径是农村剩余劳动力在农业增产、农民增收基础上的转移。

在农业现代化进程中，必然游离出越来越多的农业剩余劳动力，从而出现劳动力从农业部门向非农产业转移的现象，这是现代农业和现代非农产业发展的共同需要，也是一条规律。但各国人口规模、耕地规模和现代非农产业发展规模不同，其转移的难度也是明显不同的。我国是一个农业人口多而人均耕地少的农业大国，农村人口自然增长率又很高，在传统农业中就存在着大量的"隐蔽性失业者"，随着农业的现代化，其数量会急剧增加。此外，农业劳动生产率和收入水平仍然很低，我国虽已走过了单一传统农业经济发展阶段，但距离一元经济还甚远。

根据我国的实际情况，农业剩余劳动力向非农产业转移必须是多层次、多渠道的。可选择的出路大致有三个：一是"离土不离乡"，即到小城镇就业。二是"不离土也不离乡"，即在经营农业的同时兼营家庭工业、家庭运输业等。三是"离土离乡"，即到城市和工业中心就业。其中，"离土不离乡"是我国农业剩余劳动力转移的主要渠道。

通过"离土不离乡"的途径转移农业剩余劳动力，有赖于小城镇和乡村经济的发展。乡村经济不仅是剩余劳动力转移的主渠道，而且对农业现代化的资金积累，对增加农民的收入和国家的财政收入，对调整农村产业结构，实现工业的合理布局和缩小工农、城乡之间的差别，对促进工业和科研事业的发展，对壮大集体经济的实力，推动农村商品经济的发展等，都起着重要的推动作用。

可喜的是，我国农业劳动力向非农产业转移的速度明显加快，就业结构发生了较大的变化。我国就业结构总的趋势是第一产业的就业比重持续大幅度下降。

2.城乡协调发展

造成我国城乡分割的原因很多，既有农业农村和工业城市相比自身就处于弱势地位的自然规律，更有我国长期以来城乡有别的体制性原因，特别是城乡有别的户籍管理制度，各种社会福利、公共服务、财政税收等一系列政策，使本来就处于弱势地位的农业和农村更是雪上加霜，造成我国城乡之间的差距不断拉大，而且城乡差距拉大的幅度也不断加大。因此，推进城乡协调发展，需要统筹考虑当前制约城乡协调发展的各种因素，重点解决其中的关键问题。

（1）城乡协调发展必须加快城市化进程。城市化是指人类的生产和生活方式由乡村型向城市型转化的历史过程，表现为乡村人口向城市人口转化及城市不断发展和完善的过程。城市化滞后、农村剩余劳动力多是我国经济社会发展面临的最大结构性问题。这里很重要的原因就是农民收入上不去，巨大的农村市场没有活跃起来。农民消费占城乡居民消费的比例是下降的。农民收入上不去，最根本的原因是城乡二元经济结构，城市化严重滞后于工业化。虽然改革开放以来，我国城镇化步伐逐步加快，但仍然滞后于工业化的进程。

大量的农村剩余劳动力滞留在有限的土地上，农村人均二亩耕地，户均七八亩耕地，即使土地回报率很高，收入总量也难以有较大增长。因此，解决农村问题，促进城乡协调发展，必须统筹考虑，打破城乡分割的二元格局，加快推进城镇化，相应地加快农村劳动力向非农产业和城镇转移，增加农民的就业机会，增加农村人均资源占有量，实现工业与农业、城市与乡村发展的良性互动。这是促进国民经济良性循环和社会协调发展的重大措施。随着农业生产力水平的提高和工业化进程的加快，我国推进城镇化条件已逐渐成熟。要不失时机地实施城镇化战略，不断提高城镇化水平。要繁荣农村必须推进城镇化，这是世界各国走向现代化的基本经验，是一个大方向。

（2）加快户籍管理制度改革。目前，我国户籍制度对于推进城乡协调发展的阻碍主要表现在以下几个方面：一是依附于户籍制度上的城乡有别的各种劳动就业、教育培训、社会保障等制度，一系列的政策保障大部分都是政府提供的基本公共服务，但实际上却是拥有城市户口的可以享受，农村户口的则不能享受。二是户籍制度中对居民户口身份迁转的严格限制。根据政策规定，只有少数几种特殊情况才有资格申请将农村农业户口转为城市非农业户口并迁入城市享受相应待遇。三是城乡有别的户口管理制度削弱了户籍制度在人口信息统计方面的功能。我国户籍管理制度是根据居民的城市户口或农村户口身份建立的，这样，在城市基础设施和服务设施建设方面，就不能很好地考虑城市的实际居住人口规模，导致城市特别是大城市的教育、医疗、交通基础设施建设不足，不能满足当地居民特别是长期居住在当地而没有当地户口居民的需要。

（3）建立城乡均衡发展的基本公共服务体系。建立城乡统一的基本公共服务体系是推进城乡协调发展的根本保障。我国基本公共服务框架尚在完善之中，建立覆盖城乡的公共服务体系将是一个渐进的过程，必须分阶段进行，集中财力优先安排。

第一，义务教育体系。建立城乡均衡的义务教育体系，关键是要建立稳定的农村义务教育财政资金渠道，减少城乡之间的差别。提高农村义务教育的根本途径在于继续加强和完善"以县为主"的农村义务教育管理体制，突出县级管理职能，提高省（自治区、直辖市）及中央政府的投入比例。按照"明确各级责任、中央地方共担、加大财政投入、提高保障水平、分步组织实施"的原则，推行农村义务教育经费保障机制改革，提高公用经费保障水平。同时启动建立农村义务教育阶段中小学校舍维修改造长效机制，逐步将农村义务教育全面纳入公共财政保障范围。

第二，医疗卫生体系。构建城乡均衡的医疗卫生体系，要以推进新型农村合作医疗、农村医疗救助制度和城市医疗保险为契机，积极推进城乡协调的医疗卫生体系建设，逐步建立全民统一的医疗卫生保险体系。一是加大省（自治区、直辖市）及中央政府对农村卫生服务的财政支持，明确政府在乡镇卫生机构建设中的财政支出范围，加强政府对乡镇卫生院公共卫生服务的预算支出，缩小卫生服务的城乡差距。二是建立与个人收入相联系的政策性医疗卫生保障体系。考虑到国家财政实力和个人支付能力，可以在既有的农村合作医疗制度以及城市医疗保险制度的基础上建立起与个人收入相联系的缴费机制，即在国家政策性投入为主的基础上，个人收入越高，缴费越高。三是建立全国可以自由流转的医疗卫生保障体系，特别是要建立新型农村合作医疗和城市医疗保险之间的流转机制，逐步推行全国统一的医疗卫生保障体系。

第三，养老保险体系。随着城镇养老保险由企业养老保险到区域保险再到全国统一养老保险的演变，城乡养老保险体系开始走向社会化，这为推进城乡统一的养老保险体系提供了契机。目前，农村的养老保险基金筹资方式是以个人缴费为主、集体补贴为辅，城市的养老保险基金筹资方式则采取"国家、企业、个人"的"三三制"原则。从城乡协调发展和公平的角度考虑，今后应根据国家财政实力情况，逐步建立起全民统一的养老保险体系。一是在养老基金筹集上，要建立城乡统一的国家财政补助体系，来负责城乡居民的基本养老保险；城乡居民基本养老保险采取小额度、广覆盖的原则，居民还可以根据自己的经济状况，缴纳不同的商业性养老保险。二是要建立全国可以相互流转的养老保险体系，为构建全国统一的劳动力市场提供保障。

我国城乡分割，时间跨度长，城乡差异巨大，涉及人口政策、财税政策、土地政策等方方面面，很难一时全部解决。尽管为了推进城乡之间的协调发展，国家已经作出了很多努力，但是到目前为止，城乡之间的差距仍然较大，城乡之间分割的局面仍然没有得到根本扭转。建设美丽乡村、推进城乡协调发展，对我国来说将是一个长期的艰巨任务，需要逐步推进。

本章小结

（1）经济增长是指一个国家和地区生产的产品与劳务总量的增加，即国民经济的更多产出。影响经济增长的因素主要包括：生产要素的投入量、要素生产率和制度。受相关因素的影响，经济增长具有周期性。经济增长包括粗放式增长和集约式增长两种类型。鉴于粗放式增长的种种弊端，我国正在逐渐由粗放式增长转向集约式增长。

（2）经济发展一般是指一个国家或地区随着经济增长而出现的经济、社会和政治的整体演进和改善。经济增长与经济发展既有联系又有区别：经济增长的内涵比较狭窄，而经济发展的内涵较为宽泛；经济增长是一个偏重于数量的概念，而经济发展是一个既包含数量又包含质量的概念；经济增长是手段，经济发展是目的。

（3）可持续发展是指既满足当代人的需要又不损害子孙后代满足其需要的能力的发展。可持续发展要坚持公平性原则、可持续性原则和共同性原则。

（4）产业结构、区域经济结构和城乡经济结构调整是我国的一项必要而且重要的工作。

复习思考题

1. 经济增长与经济发展之间是什么关系？
2. 市场经济中的经济增长为什么会出现周期性波动？
3. 如何转变经济增长方式？
4. 如何理解可持续发展？
5. 产业结构优化的含义和内容是什么？
6. 如何从以人为本的高度逐步改变城乡二元经济结构？

第十二章

社会主义市场经济中政府的经济职能与宏观调控

学习目标

知识目标：

1.了解宏观调控的必要性。

2.掌握政府的经济职能及我国政府经济职能的转变。

3.熟悉宏观调控的主要目标和手段。

能力目标：

能够理解政府进行宏观调控的政策与相关工具。

素养目标：

培养学生的经济思维，帮助其树立社会主义核心价值观，增强对社会主义制度的认同感。

社会主义市场经济的正常运行，需要加强和完善国家的宏观经济调控，建立和健全社会主义市场经济的宏观调控体系。本章着重阐明宏观调控的必要性，政府的经济职能，宏观调控的目标、方式、手段和政策等问题。

第一节 政府的经济职能

一、政府经济职能的内容

社会主义的宏观经济调控是由社会主义国家进行的。社会主义国家除了具有保卫本国领土完整和主权独立、维护国内安全稳定的政治职能外，还具有领导和管理经济的职能。社会主义国家的经济职能是由政府来执行的。我国政府的经济职能概括起来包括政府作为公权机关所具有的公共服务职能，政府作为社会管理机构所具有的社会管理职能，政府作为宏观调控者所具有的宏观经济调控职能，政府作为国有资产所有者所具有的国有资产所有者职能以及政府作为市场组织者和监管者所具有的市场组织监管职能。

（一）政府的公共服务职能

在高度集中的计划经济体制下和改革开放后的一段时间内，公共服务职能弱化是我国政府职能中存在的一个突出问题，致使我国的公共教育体系、社会就业援助制度、社会救助体系、公共卫生和医疗体系、社会保障体系、文化事业体系等各项社会事业的发展滞后，制约了国民经济更好更快地发展和人民生活的改善。因此，实现全面建成小康社会的新目标，必须大力加强政府公共服务职能的建设，更加注重公共服务，完善公共政策，健全政府主导、社会参与、覆盖城乡、可持续的基本公共服务体系，完善以地方政府为主、统一与分级相结合的公共服务管理体制，增强基本公共服务能力，促进城乡基本公共服务均等化。要明确基本公共服务的范围和标准，确立公共教育、就业服务、社会保障、医疗卫生、住房保障、公共文化、基础设施、环境保护等都是政府发挥公共服务职能的范围。公共服务是维护社会公平的基础，发挥着社会矛盾缓冲器的作用。强化政府的公共服务职能，大力改善我国的公共服务状况，有利于缓和及解决我国经济社会转型过程中所面临的各种社会矛盾，顺利推进社会建设。

（二）政府的社会管理职能

适应经济体制、社会结构、利益格局、思想观念深刻变化的新形势，需要创新社会管理制度，加强社会管理建设，加快构建源头治理、动态管理和应急处置相结合的社会管理机制。要强化社区自治和服务职能，全面开展城乡社区建设，健全新型社会管理和服务体制，把社区建设成为管理有序、服务完善、文明祥和的社会生活共同体，拓宽社情民意表达渠道，完善社会矛盾调解机制，健全维护群众利益的保障机制，切实维护群众合法权益。加强公共安全体系建设，健全突发事件应急体系，完善社会治安防控体系。

（三）政府的宏观经济调控职能

随着生产的不断社会化和市场经济的发展，国家必须承担起作为宏观经济调控者的职能。为了克服市场机制所具有的自发性、盲目性和滞后性的内在缺陷对社会经济发展的负面影响，国家需要从人民的整体利益和长远利益出发，对国民经济和社会发展进行统筹兼顾、全面协调和计划调节，这是国家最基本的经济职能。国家通过制定国民经济和社会发展战略、长远规划和年度计划，从宏观上对国民经济和社会发展的目标、结构、速度、效益等进行有计划的调节，统筹各种经济关系，政府运用财政政策促进现代化建设各个环节、各个方面相协调，推动国民经济持续健康发展。政府运用财政政策和货币政策等政策手段，调节社会总供给和总需求，促进国民经济总量平衡、结构优化及物价稳定。此外，政府还要通过对劳动力市场的宏观调节和就业政策，实现充分就业；对国际收支进行宏观调节以实现国际收支平衡；消除经济运行中出现的波动，促进国民经济稳定健康发展。要进一步完善宏观调控体系，加强发展规划制定、经济发展趋势研判、制度机制设计和全局性事项统筹管理，科学确定调控目标和政策取向。

（四）政府的国有资产所有者职能

政府的国有资产所有者职能是和社会主义制度相联系的政府经济职能的一个特点，是社会主义市场经济中政府的一项重要职能。政府作为国有资产所有者的职能，不是直接管理和经营国有企业，而是代表全体人民对国有资产进行有效监管，保证国有资产的保值增值及其权益不受侵犯，协调国有资产内部所有者、经营者和生产者的关系，通过国有资产管理机构和代理机构来管理国有经济的资产和股份，任命或提名国有控股公司的负责人，参与国有资产经营的重大战略决策，监督国有资产的运营，确保国有经济控制国民经济命脉和关系国家安全的领域，对经济发展起主导作用，增强国有经济的活力、控制力、影响力。

（五）政府的市场组织监管职能

政府作为市场的组织者和监管者，应培育和健全社会主义市场体系，建立完善的市场规则和法律制度，监督市场运行，规范各类经济主体的行为。通过制定市场进入、市场交易和市场退出规则，以及反不正当竞争和反垄断措施，来维护公开、公正、公平的平等竞争市场环境。完善监管体系，规范市场执法，维护全国市场的统一开放、公平诚信、竞争有序，及时合理地弥补市场的功能缺陷。

二、政府经济职能的转变

我国过去在高度集中的计划经济体制下，长期将政府领导和管理经济的职能混同于各级政府机关直接经营管理企业，并且主要依靠行政命令和行政手段指挥与管理包括企业生产经营活动在内的各项社会经济活动。特别是没有实行国有资产所有权同企业经营权的分离，存在着政企不分、政资不分的问题，政府对企业管得过多过死，使企业成为政府行政机构的附属物，致使企业缺乏活力，严重地束缚了生产力的发展。政府行政机构在包揽了许多不该管也管不了的事情的同时，政府作为社会管理者、公共服务者的职能却没能很好地履行。因此，适应社会主义市场经济的发展要求，必须着力推进行政管理体制改革，转变政府职能。

所谓政府职能转变，就是要把政府职能由计划体制下管得过多过宽、主要靠行政手段管理，转变到经济调节、市场监管、社会管理和公共服务上来。转变政府职能的基本原则是"政企分开，宏观管住，微观放开"。根据这一原则，科学地区分政府作为公共服务者、社会管理者、宏观经济调控者、国有资产所有者、市场监管者的职能，并按照经济规律和经济发展的客观需要，合理行使各项职能。按照社会主义市场经济发展的要求行使职权，做到权责一致，不错位、不越位、不缺位。党的十九大明确指出，"必须坚持和完善中国特色社会主义制度，不断推进国家治理体系和治理能力现代化，坚决破除一切不合时宜的思想观念和体制机制弊端，突破利益固化的藩篱，吸收人类文明有益成果，构建系统完备、科学规范、运行有效的制度体系，充分发挥我国社会主义制度优越性"。

转变政府职能的根本途径是实现政企分开、政资分开、政事分开、政社分开。政府对国有资产的所有权同企业的经营权相分离，使企业真正成为具有独立经济利益的经济实体，成为自主经营、自负盈亏的市场竞争主体，将政府的经济职能切实转到为市场主体服务、创造有序的市场秩序和良好的发展环境上来。

转变政府职能的一个重点是强化政府的社会管理和公共服务职能，建设职能科学、结构优化、廉洁高效、人民满意的服务型政府。建设服务型政府要按照转变职能、权责一致、强化服务、改进管理、提高效能的要求，深化行政管理体制改革，优化机构设置，减少行政层次，更加注重履行社会管理和公共服务职能。以发展社会事业、保障和改善民生为重点，优化公共资源配置，把财力和物力等公共资源更多地向其倾斜，注重向农村、基层、欠发达地区倾斜，逐步形成惠及全民的基本公共服务体系。创新公共服务体制，改进公共服务方式，加强公共设施建设。

我国经过以实行政企分开、政资分开为根本途径，以建设服务型政府为重点，强化政府社会管理和公共服务职能的行政管理体制改革，政府职能转变取得了显著成效。改革开放40多年来我国行政管理体制改革的过程，就是从计划经济条件下政府职能体系不断向社会主义市场经济条件下政府职能体系转变的过程。现在已初步形成了基本适应社会主义市场经济体制的组织构架和职能体系，为推动科学发展、促进社会建设提供了有力保障。

我国现行行政管理体制还存在许多不适应新形势新任务要求之处，政府部门在职能定位、机构设置、职责分工、运转机制等方面还存在不少问题。这些问题需要通过深化体制改革、完善制度机制，进一步转变政府职能加以解决。

按照党的十九大提出的"转变政府职能，深化简政放权，创新监管方式，增强政府公信力和执行力，建设人民满意的服务型政府"的要求，我国提出要以更大力度，在更广范围、更深层次上加快政府机构职能转变，重在向市场、社会和地方放权，减少对微观事务的管理，全面正确履行政府职能。一是进一步简政放权。深化行政审批制度改革，最大限度地减少政府对企业经营的干预，最大限度地缩减政府审批范围。市场机制能有效调节的经济活动，一律取消审批。对保留的行政审批事项，要规范管理、提高效率，推进行政审批标准化建设。直接面向基层、量大面广、由地方管理更方便有效的经济社会事项，一律下放地方和基层管理。二是政府要加强发展战略、规划、政策、标准等的制定和实施。要加强市场活动监管，保障公平竞争。三是创新和优化政府服务方式。提供公开透明、高效便捷、公平可及的政务服务和公共服务，全面推进政务公开，促进基本公共服务均等化。四是合理界定中央政府和地方政府职能。中央政府要加强宏观调控职责和能力，地方政府要加强公共服务、市场监管、社会管理、环境保护等职责。五是推动公共服务提供方式多元化。能由政府通过市场化方式购买服务而提供的公共服务事项，政府不再直接承办，交由社会组织机构和企业承担；能由政府和社会资本合作提供的公共服务，广泛吸引社会资本参与。凡属事务性管理服务，原则上都要引入竞争机制，向社会购买。

推进政府职能转变，必须加强政府自身建设，优化政府组织结构，深化政府机构改革。一是坚持精简，统一效能。优化机构设置、职能配置和工作流程，推进职能整合，完善决策权、执行权、监管权既相互制约又相互协调的行政运行机制，着力解决职能交叉、推诿扯皮问题，提高行政效能。二是依法行政。完善依法行政制度，提高制度质量。健全科学、民主、依法决策机制，建立决策后评估和纠错制度。严格依照法定权限和程序履行职责，确保法律、法规有效执行。深化政务公开，建立健全各项监督制度，让人民行使监督权。强化行政问责，严格责任追究。三是坚持推进反腐倡廉建设，坚持有贪必肃、有腐必反，用制度管权、管钱、管人，给权力涂上防腐剂、戴上"紧箍"，真正形成不能腐、不敢腐的反腐机制。

第二节 宏 观 调 控

一、宏观调控的必要性

在社会主义市场经济条件下，国家对国民经济的宏观调控，是指政府根据经济发展战略目标和经济规划的要求，在市场经济运行的基础上，综合运用经济手段、法律手段和必要的行政手段，对国民经济运行进行调节和控制，从而实现社会总需求和社会总供给在总量上和结构上的相互适应，保证国民经济持续、快速、健康发展。

社会主义市场经济体制中建立宏观调控体系之所以必要，主要源于以下几个方面：

（一）宏观经济调控是社会化大生产的客观要求

随着社会生产力的发展，社会分工不断扩大，生产社会化程度不断提高，社会各地区、各部门、各企业之间，社会再生产各环节之间，以及国内市场和国际市场之间的联系日益紧密，它们相互依赖、相互制约，共同构成一个复杂的国民经济有机整体。国民经济各部门必须保持一定的比例，社会再生产才能顺利进行。生产社会化程度越高，就越是如此。社会主义生产是公有制基础上的社会化大生产，社会再生产的顺利进行，同样要求国民经济各部门保持一定的比例关系。价值规律的自发作用固然可以使社会资源按一定比例分配，但价值规律的事后调节所实现的比例，必然带来社会资源的破坏和浪费。要选择最优生产结构，从总量上调节社会资源的配置，实现各产业部门、各地区、社会再生产各环节按比例持续健康发展，必须通过国家的宏观调控，从国民经济发展的全局制定科学的经济发展战略和规划。

（二）宏观经济调控是克服市场缺陷，引导社会主义市场经济合理高效运行的需要

发展社会主义市场经济必须加强市场调节，发挥市场对资源配置的决定性作用。同时也应看到，市场并不是万能的，市场有其盲目性、自发性和滞后性的弱点，如市场调节往往是一种事后调节，企业为追求更多利润和市场份额的短期行为，往往会造成盲目进行生产，导致生产的波动、供需总量失衡、资源的破坏与浪费；市场对许多基础设施和公共设施的建设以及公共消费也难以进行有效调节；市场不能自发地实现收入分配的社会公平；市场经济不能使企业自发地保护环境和维持生态平衡等。为了克服市场缺陷，纠正市场机制调节的不足，更加有效地发挥市场对资源配置的基础性作用，必须加强和改善国家对经济的宏观调控。事实上，当今世界已没有实行完全自由放任市场经济的国家，西方资本主义国家的政府都对市场经济的运行实行不同程度的宏观调控。我国的市场经济是社会主义市场经济，由社会主义基本经济制度决定的全体人民根本利益的一致性，使我们应该而且有条件搞好国家的宏观经济调控。

（三）宏观经济调控是使微观经济活动符合宏观经济目标的需要

在社会主义国民经济的总体运行中，宏观经济与微观经济存在着密切的联系，微观经济活动构成宏观经济的基础，宏观经济是微观经济的有机总和。在社会主义市场经济条件下，企业和个人的微观经济活动是分散的，它们各自独立进行经济决策，独立从事生产和经营，追求自身利益的最大化，因而它们的经济活动不可能自发地同宏观经济的

整体利益和需要相互协调。为解决微观经济行为与宏观经济整体运行的矛盾，必须加强和完善国家的宏观经济调控，政府运用各种手段和政策，引导微观主体的经济活动与宏观经济运行的要求相适应，使企业的生产经营目标同社会的宏观发展目标相互统一和衔接。

二、宏观调控的目标

宏观经济调控经常使用经济增长率、失业率、通货膨胀率以及国际收支等相互联系的经济总量指标，因为经济总量是否平衡、经济结构是否合理往往在经济增长速度快慢、物价是否稳定、失业率的高低以及国际收支是否平衡等方面反映出来。坚持把促进经济增长、增加就业、稳定物价、保持国际收支平衡作为宏观调控的主要目标，是改革开放后我国现代化建设经验的总结。

（一）经济增长

经济增长是社会经济发展的基础。经过40多年的改革与发展，我国人均国内生产总值已达到中等收入国家水平，进入了全面建设社会主义现代化国家的新阶段，面临着从未遇到的严峻挑战和多发的社会矛盾，人民对增加收入、提高生活质量、加强和改善公共服务提出了新期待，世界各国对我国经济增长带动世界经济摆脱危机、走向复苏寄予新希望。解决国内的矛盾、不辜负世界各国对我国的期盼的关键在于发展。扩大就业规模、缓解就业压力、提高人民生活水平靠发展；缩小地区和城乡差距，逐步实现共同富裕靠发展；大力推动生态文明建设，为人民创造良好的生活环境，也要靠经济增长和发展。只有保持经济持续稳定较快增长，不断增强我国的综合国力，才能更有力地维护国家主权、安全、发展利益，顶住任何外来压力；才能反对任何形式的霸权主义和强权政治；才能以更加积极的姿态参与国际事务，发挥负责任大国的作用，在与世界各国共同应对全球性挑战中合作共赢，为世界经济的发展、为人类和平与发展事业作出更大贡献。所以，促进经济增长始终是宏观调控的主要目标之一。

（二）充分就业

就业是民生之本和安国之策。千方百计地扩大就业总量、实现充分就业既是经济发展的需要，也是保持和维护社会稳定的需要。

人口众多是我国的一个显著特点和重要国情。一方面，我国有着丰富的人力资源；另一方面，我国也面临着巨大的就业压力。由于人口基数大，每年新增劳动力达1 000万人，相当于一个中等国家的人口，此外，还有下岗和失业人口，农村剩余劳动力也在向非农产业转移。无论是城市还是乡村，就业总量压力和结构性矛盾都并存。因此我国必须坚持把促进就业放在社会经济发展的优先位置，贯彻劳动者自主就业、市场调节就业、政府促进就业和鼓励创业的方针，实施就业优先战略。

坚持实施就业优先战略和更加积极的就业政策，必须立足于发展经济和调整结构，保持经济增长对就业的有力拉动，通过稳定经济增长和调整经济结构增加就业岗位，实现经济增长和就业的同步推进。为此，要大力发展就业容量大的劳动密集型产业、服务业和小型微型企业，千方百计扩大就业创业规模。鼓励自主创业，引导劳动者转变就业观念，多渠道多形式就业，搭建创新创业平台，促进创业带动就业。做好以高校毕业生为重点的青年就业工作和农村转移劳动力、城镇困难人员、退役军人就业工作。着力解决结构性就业矛盾，加强职业技能培训，推行终身职业技能培训制度，提升劳动者的就业创业能力。健全人力资源市场，完善就业服务体系，增强失业保险对促进就业的作用，实现比较充分和高质量的就业。

（三）物价稳定

保持物价总水平的基本稳定，有利于企业和个人在比较稳定的价格预期下安排生产和消费，促进经济健康、平稳增长，避免经济增长的大幅波动。物价的大幅上涨或大幅下滑，都会带来人们对价格的预期发生变化，影响经济行为主体的判断和信心，扭曲资源配置，影响消费者的心理预期，对社会稳定和经济发展产生负面影响。必须建立完备而有效的政府对价格的宏观调控体系，以约束定价主体的定价行为，防止剧烈的价格波动，抑制物价上涨，同时也要防止物价的大幅下滑。在物价上涨较快、通货膨胀预期增强时，要把稳定物价总水平作为宏观调控的首要任务。同时，要控制预算赤字和国际收支，长期的预算赤字和国际收支失衡会引起物价的波动。对物价的宏观调控主要不是直接为各种商品定价，要减少政府对价格形成的干预，保持物价总水平基本稳定和经济总量平衡，促进经济发展。

（四）国际收支平衡

国际收支是指一个国家在一定时期内（通常为一年）与其他国家之间一切经济交往所发生的收入总额和支出总额。国际收支既包括经常项目收支，如贸易收支、劳务收支、单方转移支付等，也包括资本项目收支，如直接投资和非直接投资所形成的资本输入和输出。国际收支全面反映一个国家一定时期内的涉外经济交往状况，关系到该国的经济稳定程度。促进国际收支基本平衡，是统筹国内发展和对外开放、改善国民经济总量平衡、实现经济持续稳定发展的需要。国际收支出现过度顺差和逆差都不利于本国经济稳定发展。国际收支顺差虽有利于增加外汇储备，稳定币值，增强抵抗经济风险的能力，但顺差过大往往会导致资金使用效益降低，引起对外贸易摩擦，对国民经济造成负面影响。国际收支逆差会减少外汇储备，影响币值和物价稳定，削弱抗衡金融风险的能力，使投资环境恶化，严重时会出现资本外逃，甚至导致经济危机。在国际经贸关系不断发展的情况下，受各种复杂的国内外因素的影响，难以使每年的国际收支都保持平衡，但重要的是要采取切实有效的政策手段，避免长期国际收支不平衡，以利于对外经济交往和国内经济的稳定发展。

上述各项宏观调控目标相互联系、相互制约，共同构成社会主义国家宏观经济调控的目标体系。在不同时期和不同情况下，国家宏观调控的侧重点可以有所不同。

三、宏观调控的方式与手段

（一）宏观调控的方式

社会主义国家的政府对国民经济的运行进行宏观调控，有直接调控和间接调控两种基本模式。直接调控是指政府运用行政手段和指令性计划，对国民经济运行和企业微观经济活动进行调控。间接调控是政府运用经济手段和指导性计划，通过市场机制和市场信号，从经济利益上影响和引导企业的生产经营行为而进行的调控。直接调控与间接调控的主要区别在于发挥宏观调控作用的机制不同，是否通过市场中介进行调控。

在传统高度集中统一的计划经济体制下，我国政府的宏观调控主要采取直接调控方式。这种调控方式在中华人民共和国成立初期恢复和发展国民经济过程中，发挥过其历史作用。但是，随着社会主义经济的发展，原有经济体制和调控方式的缺陷日益显露出来。其主要缺陷在于：一是政府直接掌握企业的决策权，对企业统得过多过死，企业缺乏经营自主权，压抑了企业生产经营的积极性和主动性；二是直接调控忽视市场机制的作用，在利益主体多元化和经济活动日趋复杂的情况下，不发挥市场对资源配置的基础性作用，很难实现有效的宏观调控。

现代市场经济条件下的宏观调控，大多数时间和大多数情况下都是间接的。在我国，政府对市场的调控分为中央和地方两级。中央调控是中央政府根据所要实现的全社会的战略目标、重点，通过市场中介对全国各地区、各部门供求状况进行的调控。地方调控则是地方政府根据国家计划和地方发展计划，通过市场中介对地区及地方各部门的供求状况进行的调控。在实施间接调控的过程中，政府通过掌握的各种宏观经济变量（如财政收支、税种税率、货币发行量、信贷规模、基准利率、政府直接投资额、物资和商品储备、外汇储备等）来影响市场经济变量（如市场价格、利息率、汇率、工资等），而市场信号的变化，又会从经济利益上引导企业根据市场信号的变化安排自己的生产和经营活动，包括调整企业的投资方向、规模和结构，消费者则根据这些市场信号决定自己的消费支出。所以，根据宏观经济变量影响市场经济变量，市场经济变量进一步影响微观经济主体行为这种内在的关系，政府对国民经济的间接调控就可以通过调节宏观经济变量，或者在某种特定情况下直接调节市场经济变量而得到实现。例如，中央银行通过降低存款准备金率或者降低再贴现率等积极的货币政策，增加货币供应量，从而影响利息率，利息率的变化又会进一步影响企业的投资行为以及居民家庭的储蓄和消费行为。

（二）宏观调控的手段

在市场经济条件下，政府主要运用经济手段、法律手段和必要的行政手段，对宏观经济进行调控。

1.经济手段

政府运用经济手段进行宏观调控，主要是通过经济计划、经济杠杆、经济政策来引导调节经济运行。

经济计划是由国家统一制订的国民经济和社会发展计划，是国家经济决策的主要体现，是国家引导和调控经济运行的基本依据。经济计划的重点如下：合理确定国民经济和社会发展的战略目标；搞好经济预测和总量调控；规定结构调整方向，集中必要的人力、物力和财力进行重点建设，促进生产要素合理配置；协调政府各职能部门的行动，使各经济杠杆的运用相互配合，促进国民经济更好更快地发展等。国家计划应当按照科学的计划决策程序，以定性、定量分析为依据，通过咨询、比较、论证而制订。国家计划要以市场为基础，主要采取粗线条的、弹性的、指导性的计划。同时，国家计划要保持宏观性、战略性和政策性，只有这样，国家计划才有可能指导经济的发展。

经济杠杆是一种客观存在的经济机制，主要包括价格、工资、利率、汇率、税收、信贷等与价值规律相联系的经济范畴。经济杠杆的功能和作用主要有：①分配功能。财政税收、信贷利息和工资等经济杠杆，具有对国民收入进行分配和再分配的作用。②调节功能。国家运用经济杠杆，通过调节国民收入分配和再分配，从宏观上调节社会总供给和总需求的关系，从微观上调节商品生产者和经营者的经济活动，以促进国民经济协调高效地运行。③控制功能。国家综合运用各种经济杠杆，对国民经济运行进行调控，把那些关系国民经济全局的重大经济活动控制在社会经济协调发展所需要的限度之内。④激励功能。经济杠杆是与经济利益密切相关的，它利用各经济主体对其自身利益的关心和追求，通过调整经济主体的物质利益关系来实现经济杠杆对经济的调节、影响作用。

宏观经济调控中发挥经济杠杆的作用，是通过一系列宏观经济政策实现的，主要有财政政策、货币政策、收入政策、产业政策等。

2.法律手段

法律手段是国家通过制定和实施经济活动的法律、法规、条例来规范调整经济活动的管理手段。运用法律手段调节经济运行具有以下特征：第一，对市场经济主体具有普遍的约束力。作为社会经济生活的行为准则，经济法规是国家制定的，体现国家的意志，谁也不能凌驾或超越法律之上，因而具有普遍的约束力。第二，对市场经济主体的调节具有相对稳定性。在法律有效期内，其约束力是相对稳定的，非经法定程序不得随意修改或废止，有利于保证宏观经济运行的稳定性。第三，对市场经济主体具有严格的强制性。法律是由国家强制实施的，市场经济主体必须严格执行。法律的强制性对市场主体形成一种心理压力，从而可强化其自律性。第四，对市场经济主体的活动范围具有明确的规定性，增强了宏观调控的透明度，减少了被调控者的行为抵触。

市场经济是法治经济，法律手段是宏观经济调控的基本手段之一，包括经济手段在内的其他调控手段，必须以法律为基本的依托，在法律范围内行使和运用；否则，不仅其他手段难以有秩序地运用，而且会引起严重的社会混乱。

3.行政手段

行政手段是国家行政机关凭借政权的力量，通过制定和下达指标、命令、规定等，直接干预经济生活的种种措施。行政手段是按照行政系统、行政层次、行政区域逐次下达的，它具有强制性、垂直性、权威性、速效性、灵活性等特点。在市场经济中，行政手段虽不是政府宏观调控的主要手段，但是保留适当的行政手段是必要的，因为行政干预作为政府管理经济的一种特殊方式，对经济活动的调控能起到特殊作用，如出现突发性通货膨胀、严重自然灾害、国际环境恶化等问题时，在经济手段、法律手段难以有效发挥作用的情况下，行政干预和必要的强制性管理就显得十分重要。但是，由于行政手段是政府对市场活动从外部实施的直接干预，是一种超经济的强制力，具有容易与长官意志联系在一起、造成"一刀切"、割断经济运行的内在联系、忽视和抹杀企业与局部的利益关系、压抑下级的积极性等明显缺陷，所以，应当避免在宏观调控过程中滥用，必须把其限制在必要的限度之内。

上述宏观经济调控手段之间既有区别又有联系，每种调控手段既有自己的特殊功能，又有各自的局限性，单独使用往往不能形成宏观调控的合力。因此，在宏观经济调控中应该综合运用各种手段，做到以经济手段、法律手段为主，辅之以必要的行政手段，发挥这些手段的整体功能，有效地调控宏观经济的运行。

四、宏观调控的主要政策

宏观调控政策是一个政策体系，主要包括财政政策、货币政策、产业政策、收入政策、价格政策、国际收支政策等。它们之间各有侧重、相互补充、共同发挥作用。限于篇幅，这里主要分析财政政策、货币政策、产业政策和收入政策。

（一）财政政策

财政政策在宏观经济管理与调节中有着非常重要的地位，尤其是在调节社会供需总量方面有着特别重要的作用。财政政策是由财政收入政策、财政支出政策、预算平衡政策、国家债务政策构成的财政政策体系。

财政收入政策的主要内容是税收政策，财政收入主要来源于税收。财政支出政策的主要内容是政府的各项预算拨款政策，财政支出主要用于政府购买、公共工程建设和转移支付。财政收入政策和财政支出政策的主要任务在于通过国民收入的分配和再分配调节社会总供给和总需求的基本平衡。

根据财政政策在调节社会总供给和总需求方面的不同功能，可将财政政策分为平衡性财政政策、紧缩性财政政策和扩张性财政政策三种类型。平衡性财政政策又称中性财政政策，即财政支出应根据财政收入的多少来安排，既不要有大量结余存在，又不要有较大赤字发生，使财政收支基本平衡，从而对社会总需求既不产生扩张性影响也不产生紧缩性影响。紧缩性财政政策是指通过增加税收而增加财政收入，或通过压缩财政支出来减少或消灭财政赤字，出现或增加财政盈余，达到抑制或减少社会总需求、消除社会总需求膨胀的效应。扩张性财政政策是指通过减税而减少国家的财政收入，增加企业和个人的可支配收入，刺激社会需求，或通过扩大政府财政支出的规模来扩大社会需求。

宏观经济调控的主要目标是保持社会总供给与总需求的基本平衡，以促进国民经济持续平稳较快发展。不论是平衡性财政政策、紧缩性财政政策还是扩张性财政政策，都和社会总供给与总需求的平衡状态相联系。在宏观调控中，应根据社会总供给与总需求的不同对比状来选择适宜的财政政策，以求达到社会总供给与总需求的基本平衡。当社会总需求明显不足、资源和生产能力未能充分利用，致使经济增长缓慢，失业增加时，一般应实行扩张性财政政策，以增加社会总需求，促进经济增长，扩大就业规模；在社会总需求明显超过总供给并由此导致较严重的通货膨胀的情况下，应实行紧缩性财政政策，以抑制过旺的社会总需求，降低通货膨胀率；而当社会总供给与总需求大体平衡时，则应实行平衡性财政政策。根据我国的经验，从我国经济发展的长远过程来看，主要应采用平衡性财政政策。

（二）货币政策

货币政策是国家为实现一定的宏观经济目标而制定的关于货币供应和货币流通组织管理的政策，它是由信贷政策、利率政策、汇率政策等具体政策构成的一个有机的政策体系。

我国货币政策的基本目标是稳定货币与发展经济。稳定货币是指把货币供应量控制在流通中对货币的客观需要所能容纳的范围内，以保持物价总水平的基本稳定。发展经济是指通过合理分配货币资金，充分发挥各种生产要素的作用，使社会总供给与总需求保持基本平衡，推动国民经济健康发展。稳定货币和发展经济从根本上说是一致的，二者互为条件，相互促进。稳定货币是发展经济的必要条件，发展经济是稳定货币的物质基础，但二者有时也会出现矛盾。应把稳定货币与发展经济作为一个总体目标来把握，既要实现货币的稳定，又要促进经济的发展，使二者达到最佳结合，以破坏货币的稳定来发展经济或以牺牲经济发展来实现货币稳定都是应该避免的。

货币政策的核心是通过变动货币供应量来调节社会总供给与总需求。根据货币政策在调节社会总供给与总需求方面的不同功能，可以把货币政策分为平衡性货币政策、扩张性货币政策和紧缩性货币政策三种类型。平衡性货币政策是指保持货币供应量与货币需求量的大体平衡，以实现社会总供给与总需求的基本平衡。扩张性货币政策是指货币供应量超过流通中对货币的客观需要量，其主要功能是刺激社会总需求的增长。这一政策除在总需求不足时会刺激有效需求增加，促使供需总量趋于平衡外，在其他情况下实行这一政策会进一步加剧通货膨胀。紧缩性货币政策是指货币供应量小于流通中对货币的客观需要量，其主要功能是抑制社会总需求。

上述三种类型的货币政策在调节社会总供给与总需求方面具有不同的功能，对经济发展具有不同的影响。必须根据社会总供给与总需求的不同对比状况，慎重地选择以上三种政策。扩张性货币政策往往会造成通货膨胀或进一步加剧通货膨胀，而紧缩性货币政策又往往会造成经济停滞，二者都应是在特定情况下实行的特殊政策。从我国经济发展的长期趋势来看，主要应采用平衡性货币政策。

货币政策是通过货币政策手段来发挥作用的。由于货币政策的核心是控制货币供应量，货币政策手段实际上也就是中央银行所运用的调节货币供应量的各种手段。当前，我国中央银行即中国人民银行运用的货币政策手段有计划手段、利率手段、再贷款手段和存款准备金率、公开市场业务以及再贴现率手段等。

需要指出，财政政策和货币政策作为政府进行宏观经济调控的两大主要的和基本的政策手段，二者对社会总供给与社会总需求的调节作用是相互联系、相互制约的。根据不同时期社会总供给与总需求的不同态势，在选择不同的财政政策和货币政策时，应注意二者的相互配合、协调使用，使二者作用方向一致，以降低宏观调控成本，实现宏观调控目标。

（二）产业政策

产业政策是国家根据国民经济和社会发展的内在要求所制定的用来指导产业组织和产业结构调整的所有政策措施的总和。制定和实施正确的产业政策，对保持社会总供给与总需求的基本平衡、合理配置和利用资源、提高经济效益和推动国民经济持续平稳较快发展具有重要作用，关系到现代化建设的全局。

产业政策作为重要的宏观经济调控政策，要根据市场需求、产业关联、技术进步、创汇作用和经济效益等因素，安排好产业发展序列，并制定各项政策，明确支持和限制什么产业。所以，社会主义产业政策的基本内容有三个：一是产业支持政策，即支持和鼓励什么产业的发展；二是产业抑制政策，即限制和收缩什么产业的发展；三是产业替代政策，即在产业结构调整中，以新兴和高效的产业取代某些传统和低效的产业。同时，还要确定重点产业、先导产业、支柱产业，处理好重点产业与一般产业协调发展的关系、生产要素存量调整与增量配置的关系、产业总体配置与发挥地区优势的关系。

根据我国当前的产业政策和产业格局的状况，我国应推进产业结构优化升级，形成以高新技术产业为先导、基础产业和制造业为支撑、服务业全面发展的产业格局。有选择地在税收、财政、信贷方面对不同产业给予优惠或限制，以及相关的工商管理和市场调节措施，都是实施产业政策的手段。

（四）收入政策

收入政策又称收入分配政策，是指国家根据宏观经济调控目标所规定的个人收入总量和结构的变动方向，以及政府调节收入分配的基本方针、原则和政策。我国收入分配制度的主要内容如下：①坚持和完善按劳分配为主体、多种分配方式并存的分配制度，健全劳动、资本、技术和管理等生产要素按贡献参与分配的制度，创造条件让居民拥有并多渠道增加财产性收入。②允许和鼓励一部分地区和一部分人通过诚实劳动和合法经营先富起来。既要注重物质利益，激励人们创业致富，又要提倡回报国家、为人民为社会作贡献和先富帮后富、先富带后富，最终达到共同富裕。③收入分配政策应将效率与公平相结合，把效率与公平统一起来。国民收入初次分配和再分配都要兼顾效率与公平，再分配要更加注重公平。既要保持合理的分配差距，又要防止收入过分悬殊和两极分化。努力实现居民收入增长和经济发展同步、劳动报酬增长和劳动生产率提高同步，提高居民收入在国民收入分配中的比重，提高劳动报酬在初次分配中的比重，尽快扭转收入差距扩大趋势。④规范个人收入分配秩序，强化对分配结果的监管。要着力提高低收入者的收入水平，逐步扩大中等收入者的比重，调节过高收入；努力缓解行业之间、地区之间、社会成员之间收入分配差距扩大的趋势。对公务员和国有企事业单位的工资分配制度要加以规范和监管，控制和调节垄断性行业收入。整顿不合理收入，保护合法收入，取缔非法收入。

在以上宏观经济调控政策中，应以财政政策和货币政策为主，除上述宏观经济调控政策外，还有区域政策、投资政策、消费政策、价格政策和对外经济政策等协调配合，它们共同构成宏观经济政策体系。各项宏观经济政策各有特点，各自调控的主要对象和对同一调控对象的调控角度与力度也各不相同，每项政策的具体操作又有不同的选择方案。进行宏观经济调控必须从国民经济运行的具体实际出发，使各项宏观经济调控政策协调配合，加强各项政策的协调性，才能使它们取长补短，相互结合，达到最佳调控效果。

■ 本章小结

（1）政府的经济职能主要包括公共服务职能、社会管理职能、宏观经济调控职能、国有资产所有者职能和市场组织监管职能。我国政府职能转变，就是要把政府职能由计划体制下管得过多过死、主要依靠行政手段管理，转变到经济调节、市场监管、社会管理和公共服务上来。

（2）宏观调控是指政府根据经济发展战略目标和经济规划的要求，在市场经济运行的基础上，综合运用经济手段、法律手段和必要的行政手段，对国民经济运行进行调节和控制，从而实现社会总需求和总供给在总量上和结构上相互适应，保证国民经济持续、快速、健康发展。社会主义宏观调控是社会化大生产的客观要求，是巩固和发展生产资料社会主义公有制的要求，是克服市场缺陷、引导社会主义市场经济合理高效运行的需要，是使微观经济活动符合宏观经济目标的需要。宏观调控的主要目标包括：充分就业、经济增长、物价稳定和国际收支平衡。

（3）宏观经济调控方式是指国家为实现宏观调控目标而对国民经济活动进行调节和控制的形式。主要包括直接调控和间接调控两种。宏观调控政策是指国家为促使宏观经济按一定的调控目标运行而制定的解决经济问题的指导原则和干预措施。宏观调控政策是一个政策体系，主要包括财政政策、货币政策、产业政策、收入政策、价格政策、国际收支政策等。

复习思考题

1.什么叫宏观调控？怎样理解社会主义市场经济宏观调控的必要性？

2.试述社会主义宏观调控的目标、方式及手段。

第十三章

经济全球化与中国的对外开放

学习目标

知识目标：
1.了解经济全球化的内涵及形成。
2.掌握我国对外开放的基本国策、基本原则和主要形式。
3.熟悉我国对外开放的格局。

能力目标：
能够深刻理解经济全球化背景下中国为什么要对外开放。

素养目标：
培养学生的开放性思维和树立全球化的世界观。

对外开放是发展社会主义市场经济必不可少的条件，是我国一项长期的基本国策。本章主要阐述经济全球化的必然趋势；社会主义发展对外经济关系的必然性；发展对外经济关系的基本原则；发展对外经济关系的基本形式等问题。

第一节　经济全球化

一、经济全球化的形成与发展

经济全球化是当今世界经济发展的客观趋势。经济全球化从实质上讲就是在全球范围内实现资源的有效优化配置。经济全球化的根本前提是存在全球统一的大市场。在全球市场分割的情况下，国与国之间的经济交往和地区间的自由贸易不等于经济全球化。经济全球化产生于20世纪50年代，到90年代已经形成高潮。进入21世纪，经济全球化进程进一步加快。突出表现为生产要素在全球范围内加速流动和配置，各国经济相互影响加深，联动性增强。经济全球化趋势已经成为不可逆转的历史潮流。其原因在于：

第一，社会生产力和现代科学技术的飞速发展是经济全球化形成和发展的根本原因。随着资本积累和社会生产力的发展，生产规模日益扩大，生产的专业化和社会化程度日益提高，社会化大生产已经成为现代工业社会的重要特征。社会化的大生产必然要求突破国界，在全球范围内配置资源、开拓市场，这为经济全球化创造了条件。同时，作为社会生产力发展标志的科学技术自20世纪50年代以来获得了突飞猛进的发展，特别是信息技术的发展，加速了信息传递和经济、贸易的运转速度，并大大节约了交易成本，从而有力地促进了经济全球化的进程。

第二，世界各国经济体制的趋同消除了经济全球化发展的体制障碍。在今天的世界上，已经有越来越多的国家认识到，市场经济体制能够更好地加快本国经济发展的速度、提高本国经济的运转效率和国际竞争力。封闭经济由于缺少外部资源、信息与竞争，呈现出经济发展的静止状态。计划经济体制则由于存在信息不完全、不充分、不对称和激励不足问题，导致资源配置与使用的低效率。所以，不管是传统的封闭经济，还是起源于苏联的计划经济都不约而同地走上了向市场经济转型的道路，由此而形成的各国在经济体制上的趋同，消除了商品、生产要素、资本以及技术在国家与国家之间进行流动的体制障碍，促成了经济全球化的发展。

第三，微观经济主体的趋利动机推动了经济活动的全球化发展。众所周知，商品与要素的价格在世界的不同地区是不可能完全相等的。这种地区性差价的存在被人们称之为"区位优势"，而区位优势则为企业提供了进行全球性套利的空间，于是，便有了对外投资、技术转让，以及企业生产过程的分解与全球配置。正是企业出于套利动机的这种全球性扩张，推动了经济的全球化。

经济全球化是一个不以人的主观意志为转移的客观进程。作为经济全球化的主力和载体的跨国公司大发展，又加速了经济全球化的历史进程。第二次世界大战结束后，随着各国对外开放程度的提高，企业作为市场主体，日益走向全球化的发展道路。经济全球化的微观载体——跨国公司的生产经营全球化迅速发展，跨国公司成为影响世界经济发展的重要因素。

二、经济全球化的特征

经济全球化主要有以下五个方面的特征：

（一）生产活动的全球化

生产活动的全球化是在生产的国际分工基础上发展而来的，全球化的进程使过去传统的国际分工正在发展成为世界性的分工，分工的形式和内容都有了新变化。

（1）全球化赋予国际分工以新的内容。从国际分工的发展历史看，最早的分工是以自然资源为基础的分工，后来逐步发展成为以现代工艺和技术为基础的分工。在以自然资源为基础的分工中，天赋和历史形成的劳动生产率的差别被认为是国际分工的唯一因素。随着科学技术和社会生产力的发展，传统观点已无法解释新的国际分工的形成。生产力的发展水平是引起和决定新的国际分工的主要力量。分工不仅表现为传统的产业间的分工，而且发展成为产业内部和产业间分工并存；从产品分工发展到产品生产的专业化分工，从生产领域的分工发展到服务领域的分工，科学技术和新生产要素不断创造出新的比较优势，一个国家只要具有国际分工链条上某一环节的优势，就可以通过参与国际分工将这一优势转化为利益。

（2）全球化使分工的形式和形成机制发生变化。生产活动的全球化表现在生产关联型的国际分工从垂直型分工发展成为水平型分工，从注重产品的前后联系发展到重视产品型号、产品零部件的分工以及产品工艺流程的分工，经济发展水平相近的国家参与分工的可能性增大。同时，国际分工的形成机制正在由市场机制主导转向跨国公司和区域集团主导。公司内部的分工日益成为国际分工的主要形式。区域一体化的经济组织的产生和发展，成为影响区域内国家间、产业间、产品间分工的主要力量。

（二）流通领域的国际化

流通领域的国际化具体表现为，各国的商品交换和投资活动不断向世界范围扩展，国际商品贸易和国际资本流动的规模不断扩大。20世纪初，国际商品贸易总额为200亿美元左右，2023年已高达28.1万亿美元。[①]20世纪初，全世界国际直接投资（FDI）累计总额约为200亿美元，而2023年一年的FDI金额就达1.37万亿美元。[②]可以看出，第二次世界大战后国际贸易增长迅速，远超世界生产的增长速度。流通领域的国际化反过来促进了生产国际化的发展，把生产的社会化不断向前推进。

（三）产业结构调整的全球化

发生在20世纪的第三次科技革命使技术的全球扩散趋势明显，也加强了各国间的联系，使全球产业结构的调整成为可能。这一次产业结构调整不仅涉及一些产业的整体转移，还涉及同一产业的一部分生产环节的转移。过去产业结构的调整通常是在一个国家内部进行，但在经济全球化的过程中，西方比较开放和发达的国家，如美国和英国，借助国际分工体系和国际投资，将一些国内需要调整的部门、不具有比较优势的生产环节及时转移到其他国家和地区，形成跨国产业转移。这种转移主要采取了两种形式：一是发达国家之间通过跨国公司之间的交叉投资、企业兼并，在更大的经济规模基础上配置资源，开拓市场，更新技术，实现了资金和技术密集型产业的优化和升级。在整个20世纪80年代的国际直接投资中，95%都是发达国家间的相互投资，其结果是出现了一批国际化程度很高的部门。二是发达国家将劳动与资源密集型产业向发展中国家转移，尤其是将一些劳动密集型的生产环节向发展中国家转移。这种转移和调整在90年代出现高潮，使发展中国家接受的外资大幅度提高。

（四）金融的全球化

金融全球化主要表现如下：金融市场规模的扩大，形成了全球金融市场，主要包括国际信贷市场、国际债券市场、国际股票市场、国际外汇市场和国际衍生金融工具市场；各国经济增长对国际资本市场的依赖度增强；科技革命又提升了国际金融的信息化程度和时效性；金融全球化产生了防范金融风险的要求，并对政府宏观调控的能力提出了挑战。

（五）全球性经济网络和规则的初步产生

世界性的生产、流通、信息网络正在形成，各国国内的生产、流通活动已经成为世界市场的一部分，成为产品价值生产和实现链条上的一个环节。处于这一体系中的国家，可根据世界生产和流通的信息来安排自己的生产和销售，通过商品、技术、信息的广泛交流，不断将本国的优势资源通过参与国际分工配置到世界经济范围内，以获得更

---

① 作者根据相关资料整理。
② 作者根据相关资料整理。

大的经济利益。

经济全球化必然会导致一系列全球性经济规则的产生，它要求参与这一进程的国家放弃或出让部分主权，形成一系列共同的规则。但迄今为止，这类规则还是由发达国家主持制定的，往往是发达国家的利益体现，还有许多不合理之处。发展中国家不能因此而放弃参与经济全球化，必须千方百计地加入规则的制定过程中，以确保本国利益得到承认，在参与和斗争中争取更多平等的机会。

三、经济全球化的影响

经济全球化是生产力发展的结果，在推动世界经济发展的同时，也有其负面的作用，因此，它所带来的影响是双重的。

（一）经济全球化的积极影响

（1）经济全球化使各国的贸易壁垒削弱，生产要素的国际流动加强，各国可以充分利用两种资源和两种市场，实现资源的有效合理配置。同时，通过参与国际分工和国际竞争相互取长补短，发挥比较优势和不断创造比较优势，促进本国和世界生产力发展。

（2）经济全球化在一定程度上是借助高新技术的发展而实现的，而高新技术的研究和开发又具有较高的社会性和广泛的合作性，许多重大的项目需要多个国家、多学科人才的合作才能完成，而一旦取得成功则使很多国家共同受益，全球化使这种合作变得更加方便。

（3）经济全球化促进了世界产业结构的调整与升级，使世界产业发展和产业结构出现了世界范围内的梯度推移。在发达国家的带动下，许多国家被迫进行产业结构的调整，使产业结构不断升级以适应国际经济和贸易的需要，而在产业结构的大调整中，各国可能会面临新的发展机会。

（4）经济全球化在给各国提供机会的同时，也改变了以往的国际经济关系，使国际经济关系出现了多元化和复杂化，由国别关系、地区关系发展成多极关系和全球关系，任何一个国家都不可能完全主宰世界。而处理上述各种关系需要各国之间的广泛协调，因此，对协调机制提出了更高的要求。

（5）经济全球化给发达国家和发展中国家带来不同的利益。对发达国家而言，由于经济全球化的多数规则都是由它们制定的，因而在推行过程中也必然使这些国家占尽先机。通过推进自由贸易，发达国家的资源优势迅速转变成竞争优势和利益优势，获得了源源不断的利润；发达国家通过跨国公司投资使生产遍布世界各地，不仅降低了生产成本，也加强了对发展中国家经济的控制；发达国家还会利用手中掌握的闲置资本加强对国际金融市场的控制等。

经济全球化对发展中国家来说既是机遇又是挑战。因为经济全球化为发展中国家对外开放、加快本国经济发展提供了新的机会，有利于它们吸引外国的资金以弥补国内建设资金的不足；通过引进先进技术和管理经验，缩短与世界先进水平的差距，提高本国企业的技术吸收能力和技术创新能力，节约研究和开发资金，加快本国人力资源的开发和利用；经济全球化有利于发展中国家规范自身的贸易体系和贸易规则；通过广泛参与和竞争形成新的比较优势等。

（二）经济全球化的消极影响

（1）经济全球化在给人们带来利益的同时也带来一定的负效应，且使各种负效应迅速扩散。例如，一国通货膨胀或通货紧缩很快就会通过传导机制传递到其他国家，一国的经济危机也会迅速影响世界，从而加剧了世界经济的动荡和不稳定。

（2）经济全球化加剧了世界经济的不平衡发展，使各国之间的贫富差距进一步扩大。如上所述，由于全球化的规则是发达国家制定的，在某种程度上是发达国家利益的体现和反映，因此，发达国家比发展中国家从中受益更大。因为发达国家一直是世界经济的主导力量，通过全球化进程可以进一步扩大它们对世界经济的控制能力。而大多数发展中国家则处于全球化浪潮的边缘，在更为开放的经济中，这些国家的民族产业和民族经济的发展将受到冲击，在世界经济中的地位将进一步下降。

（3）经济全球化对国家主权产生了强大的冲击。经济全球化冲破了国家自然疆界的限制，扩大了货币、技术、信息对经济生活的作用，引起了传统的国家主权内容的变化，一个主权国家拥有的权利现在可能会变成国际共有的权利，这使各国的经济活动更多地受国际惯例和国际规则的约束，出现了所谓"无国界企业"和"无国籍公司"。在这种情况下，国家的政治和经济安全都受到一定的冲击，因此，各国政府都要适时进行调整，否则将难以适应国际经济不断变化的要求。同时，也要警惕一些国家打着经济全球化的幌子干涉别国内政。

第二节　中国的对外开放

一、中国对外开放的基本国策和基本原则

（一）对外开放是我国一项长期的基本国策

（1）对外开放是经济全球化的客观要求。随着国际分工的发展，经济全球化的趋势加强，各国不得不主动或被动地参与国际分工。一个国家经济发展的成败得失在很大程度上依赖于参与国际化、全球化的程度。在这种背景下，一国的经济不可能脱离国际经济而独立存在。为此，我国政府制定了对外开放和参与国际经济的发展战略，积极参加各种国际经济组织和区域经济组织，与世界各国建立广泛的联系，逐步按照国际经济的规则和惯例开展经济活动，使我国步入了国际分工与合作的大经济圈中。

（2）对外开放是社会主义市场经济的内在要求。市场经济是开放、竞争的经济，它与垄断、封闭是对立的。建立在社会化大生产基础上的市场经济，需要打破地区封锁，建立统一有序的国内市场，使资本和劳动力等生产要素自由合理流动，实现资源的有效配置。市场经济发展到一定阶段，必然要走向国际，通过参与国际分工，互通有无、取长补短、调剂余缺。既然我们已经确立了社会主义市场经济的改革目标，就必须遵循市场经济的准则。除了培育和完善国内市场体系外，还应通过参与国际市场竞争，认真学习发达国家市场经济中的一些市场规则、科学的管理方法、先进的技术，提高管理企业、驾驭国内和国际市场的水平。当然，我们所要建立的市场经济是社会主义市场经济，除了符合市场经济的一般要求外，还要符合社会主义本质。因此，要正确处理引

进、消化、创新之间的关系，利用好两种资源、两种市场，为社会主义市场经济体制的发展和完善服务。

（3）对外开放是节约社会劳动，提高经济效益的重要途径。每个国家由于拥有的自然资源和经济条件不同，因而在社会生产上都有自己的优势，也有自己的劣势。生产某种产品有较高的劳动生产率，而生产另一种产品则相反。此外，生产同一种产品耗费的社会劳动在不同国家之间也会有很大差别。因此，对每一个国家来说，应当充分发挥本国经济上的优势，多生产那些对自己最有利的产品投入国际市场，换回本国要耗费较多的社会劳动才能生产的产品，以此来促进本国专业化生产的发展，以较小的代价获取较大的经济效益。

（4）对外开放是对历史经验的总结。对外开放，是指在平等互利的基础上与世界各国和地区广泛地开展政治、经济、文化、科学及其他方面的往来活动。它是我国的基本国策之一。对外开放政策是在深刻总结我国历史经验的基础上提出来的，对我国社会主义改革和实践具有重要的指导意义。

在中华人民共和国成立以前，中国是半殖民地和半封建的社会，经过长期的战争，社会经济遭受了严重的破坏，社会生产力很低。中华人民共和国成立以后，面临着艰巨的建设任务。20世纪50年代初期，我国开始利用外资，当时主要是从苏联贷款，用以引进"一五"建设期间的156个重点工程项目所需的成套设备，除此以外，还同苏联和东欧国家合资经营一些项目，60年代和70年代中期，只是采用延期付款的方式引进部分外资。总之，从50年代至70年代末，我国利用外资的规模非常小，整个社会经济处于封闭状态。之所以如此，主要是特殊的国内外环境造成的。从当时的国内外环境来看，战争刚刚结束，新的战争的可能性仍然存在，加之以美国为首的资本主义国家对我国在政治上的孤立和歧视，在经济上的封锁、禁运、制裁以及国际上社会主义和资本主义两大阵营对峙的局面，只有少数的社会主义国家同我国开展经济往来。60年代中苏关系恶化，进一步强化了我国"自力更生"的思想。

党的十一届三中全会以后，我们认真总结历史经验教训，认识到长时间的闭关自守是我国落后的重要原因，终于提出了实行对外开放的基本国策。经过40多年的改革和实践，我国对外开放的程度不断提高，对外开放推动了我国经济和整个社会的发展，巩固了中国在国际上的地位，使人民的生活水平不断提高。这进一步验证了这一政策是正确的，也是必需的。

40多年的改革开放，中国与世界经济的依存与互动不断增强，已成为全球最具规模的"工厂"与最具潜力的"市场"，在全球经济格局中，中国的地位举足轻重。然而，与发达国家比，"中国制造"在全球贸易中还有差距，中国需要融入全球化进程，推动经济发展。

党的十九大以来，全党继续解放思想，进一步深化对外开放领域的改革。党的十九大报告指出，"中国坚持对外开放的基本国策，坚持打开国门搞建设"。在党的十九大报告的指引下，中国对外经济进一步创新开放模式，从规模速度型向质量效益型转变，坚持多边与区域开放合作并举，提高国际影响力。随着我国高质量高效益的对外开放进程的加快，我国在国际经济体系中将有更大的主导权和话语权，有利于展现中国负责任大国的地位，有利于我国更好地参与全球治理。之后，中国更是提出了共建"一带一路"（即"丝绸之路经济带"和"21世纪海上丝绸之路"）倡议，加强国际合作，充分依靠中国与有关国家既有的双多边机制，借助既有的、行之有效的区域合作平台，积极发展与共建国家的经济合作伙伴关系，共同打造政治互信、经济融合、文化包容的利益共同体、命运共同体和责任共同体。

（二）我国发展对外经济关系的基本原则

（1）独立自主和自力更生的原则。发展对外经济关系，必须坚持独立自主、自力更生的原则。这是因为，第一，我们是社会主义国家，社会主义的本质决定了我们不能通过对外掠夺来发展经济，而是必须把立足点放在自力更生上。第二，对外经济技术交流的效果如何，最终取决于我们的利用、吸收和消化能力。第三，依赖外国发展国民经济，经济命脉难以自己控制，政治独立也难以获得保证。因此，建设社会主义必须坚持独立自主、自力更生的原则，立足国内，依靠自己的力量搞建设，依赖外国是建不成社会主义的。同时，建设社会主义，又必须实行对外开放。若闭关锁国，故步自封，排斥外国的先进科学技术，同样是建不成社会主义的。自力更生和对外开放并不矛盾。自力更生是基础，建设社会主义的道路和方法必须由自己选择，对外开放可以增强自力更生的能力，两者相辅相成、相互补充。为加快我国的社会主义现代化建设步伐，我们必须"充分利用国内和国外两种资源，开拓国内和国外两个市场，学会组织国内建设和发展对外经济关系两套本领"。

（2）平等互利和恪守信用的原则。平等互利和恪守信用的原则，是国际交往中公认的准则，既符合我国的利益，也符合贸易各国的利益。因此，我们一定要坚持这一原则，即在国际经济往来过程中，坚持国家不分大小、不论强弱，均处于平等地位，互相尊重对方的主权；同时根据需要与可能，互通有无，等价交换，彼此有利；各种贸易协定一经签署，彼此就要认真执行，恪守信用。在对外经贸关系中坚持这一正确原则，有利于破除旧的不合理、不公正秩序，建立国际经济新秩序。

我们也应当看到，外商同我国打交道，目的是推销商品，获取原料，输出资本，追求利润。无论是在生产、贸易、信贷或科技领域，还是在经贸合同的签订或执行过程中，外商总是力图对自己有利，甚至不惜侵害我方的利益。因此，一定要坚持平等互利的原则。从西方发达国家取得资金或先进技术，既要反对闭关自守、盲目排外，又要保持清醒的头脑，坚决抵制贸易歧视和经济侵略。

（3）集中统一和联合对外的原则。我国在发展对外经济关系的过程中，必须坚持集中统一、联合对外的原则。在国际经济交流过程中，确保我国外贸制度的统一性，统一对外贸易立法和法律实施，统一管理对外贸易，对外统一承担国际义务。国务院对外贸易主管部门依照《中华人民共和国对外贸易法》主管全国对外贸易工作。各地区、各部门均应实行统一的对外贸易制度和政策，联合对外。这是建立全国统一大市场的客观要求，也是由我国社会主义经济的本质特点所决定的，符合国际贸易的规范。

首先，以社会主义公有制为基础的国民经济是一个统一的、有机的整体。对外经济技术交流是其中的重要组成部分。只有集中统一，联合对外，才能有计划地引进国内急需的设备、原料、技术、资金等，才能保证国内生产按比例发展。否则，各地区、各部门各行其是，必然产生盲目性和无政府状态，影响整个国家的经济生活和社会生活。当然，这并不意味着由政府来包揽一切对外经济活动。国家应当充分发挥各地区、各部门、各外贸企业的积极性，搞好对外经贸。

其次，世界市场受价值规律、竞争规律和剩余价值规律等的支配，充满着激烈的竞争。而资本市场和技术市场又基本上被发达的资本主义国家的垄断资本家所掌握和控制。为了打破这种垄断，增强我国在国际市场上的应变能力，维护国家的经济利益，我们在对外开放中必须坚持集中统一、联合对外的原则，否则，"肥水流入外人田"，国家会蒙受损失。

（4）配合政治斗争和讲求经济效益的原则。我国的对外经济活动必须配合国际政治斗争的需要。这是由我国的社会主义制度和我国对外经济关系的社会主义性质决定的。我们在对外经济技术交往中，还必须讲求经济效益，使对外经济技术交流有利于节约我国的社会劳动，有利于国内的经济发展。单纯的经济观点是片面的，但单纯强调政治和外交需要而不考虑经济效益也是片面的。我们应当把二者很好地结合起来。

当前，社会主义国家、资本主义国家以及发展中国家之间的关系错综复杂，我们在对外开放中应采取不同的政策，区别对待。从世界范围看，资本主义国家的经济力量仍然占据优势，我们要在积极发展同各国的经济技术交流的同时，努力为建立新的国际经济秩序而斗争。

（5）既要大胆开放，又要抵制外来腐朽思想的侵蚀。对外开放作为我国的基本国策，作为加速社会主义现代化建设的战略措施，几十年来取得了显著成效，事实证明，对外开放政策是正确的。但不可否认其也带来一些资本主义的腐朽东西。要说有风险，这是最大的风险，对此，我们既不能因噎废食、自我封闭，也不能对因开放所带来的一些腐朽的东西熟视无睹、放任自流。对待那些腐朽的东西，要用法律和教育两种手段来解决。一方面，要加强法治建设，严厉打击各种违法犯罪活动；另一方面，要加强社会主义精神文明建设，加强思想政治教育和公民道德教育，坚定人们的社会主义信念，增强人们识别和抵制资产阶级腐朽思想的能力。

二、中国对外经济关系的主要形式

（一）对外贸易

对外贸易是我国对外经济关系的主要形式之一。所谓对外贸易，即进出口贸易，指一个国家（或地区）同其他国家（或地区）之间发生的商品交换活动，是国内商品流通的延伸和补充。对外贸易由进口和出口两个方面构成。若出口总额与进口总额相等，称外贸平衡；若出口总额大于进口总额，称外贸顺差或出超；若出口总额小于进口总额，称外贸逆差或入超。对外贸易的基本职能如下：转换使用价值，调剂商品余缺，实现价值增值，增加外汇收入。

对外贸易对国民经济的发展起着巨大的促进作用：第一，有利于国家资金的积累，为国家提供了大量的建设资金，增强了国家的外汇支付能力。第二，有利于互通有无，调剂产品余缺，协调国民经济中出现的不平衡，促进社会主义市场经济的正常有序运行。第三，有利于调剂国内市场的供应，更好地满足人民物质文化生活的需要。第四，引进国外的先进科学技术和关键设备，加速我国国民经济的技术改造，提高我国的科学技术水平。此外，通过国际贸易往来，还可以促进我国人民同世界各国人民的相互了解，增进友谊和团结，扩大我国社会主义的对外影响。

（二）对外技术交流

对外技术交流是指一个国家或地区同其他国家或地区之间对先进科学技术的引进和输出。

（1）先进技术及其引进的原则。技术是指根据生产实践经验和自然科学原理而发展成的各种工艺操作方法与技能，还包括相应的生产工具和其他物资设备及生产的工艺过程或作业程序、方法。它可以用文字、公式、图表、配方等表达，可以传授。所以，技术是人的系统知识及其产物。人们形象地称系统知识为软件技术，称系统知识的产物即机器设备为硬件技术。先进技术可大致包括以下几项：一是先进设备和部件；二是新型和优质材料；三是新的原理、数据和配方；四是新的工艺和科学的操作规程；五是先进的经营管理方法。

科学技术是生产力，是人类在长期的生产斗争和科学实践活动中创造的共同财富，它没有国家和民族界限。国家之间相互引进先进技术，是发展生产力的需要。在引进技术时应坚持以下原则：第一，引进与国内自制设备相结合，进口国内不能制造的单机、关键设备；第二，要从进口设备转移到引进软件技术；第三，不要重复引进；第四，要注意引进技术的消化和推广；第五，要搞综合平衡，按照国民经济发展的需要，确定引进技术的种类、重点和规模；第六，要密切配合，分工协作。引进技术和进口设备，涉及许多部门，因此必须搞好各方面的工作。

（2）引进技术的主要方式。引进国外先进技术的方式有多种。目前，我国采用的几种主要方式有：第一，购买先进设备。其包括购买成套设备、主机、购买关键设备和重要零部件。这种方式见效快、风险小，可以在较短的时间内形成一定的生产能力。但是，这种引进方式使用外汇多，学不到关键技术，不利于本国机械工业的发展，容易造成对外国的依赖性，所以应适当采用这种方式。第二，咨询服务。咨询服务的范围极其广泛，包括行业规划、地区经济发展规划、承包成套工程项目、企业的技术改造、新产品的研制、生产计划的制订及市场开发等。它是买"脑力"而非买产品，聘请具有一定信誉的咨询公司进行咨询服务，可以减少工程费用，提高效益。第三，许可证贸易。许可证贸易就是支付一定费用，购买制造某种产品的许可权，或称许可证。许可证贸易是一种作价的技术转让，但它转让的只是使用权，而非所有权，是我国现阶段引进技术的一种重要方式。许可证贸易可分为专利、技术秘密和商标三项内容。第四，合作生产。合作生产是双方根据共同的协议，通过合作生产和开发、补偿贸易、来料加工、合资经营、外商独资办企业等方式引进先进的技术设备。合作生产对输出方来说，可以利用廉价的劳动力，进而减少运费，降低成本，提高竞争能力。对引进方来说，可以引进新技术，节省外汇。

（3）我国的技术输出。我国的对外技术交流在当前和今后一段时期内，主要是从国外引进先进的科学技术，但同时也必须努力扩大科学技术出口。我国的科学技术在一些领域中是先进的，有些已经达到了世界先进水平，有的已居世界领先地位。目前我国主要是向发展中国家提供技术援助，也向发达国家输出先进技术。

（三）对外资金往来

对外资金往来是指一个国家或地区同其他国家或地区之间的国际信贷关系和生产经营的投资活动，包括资金的引进和资金的输出。

（1）对外资金往来的必要性。国际资金往来，是由各个国家或地区之间经济发展的不平衡引起的。经济发达国家往往由于在国内找不到更有利的投资场所而出现暂时闲置的剩余资金，为了使这些剩余资金也能带来更多的利润和利息，客观上要求往国外输出；而经济落后国家往往由于资金短缺而影响经济的发展，客观上要求输入国外资金。当今世界，国际资金往来的规模越来越大，已成为各个国家或地区发展经济的重要条件。

实践表明，正确利用外资对我国社会主义现代化建设的顺利进行具有重要意义：第一，可以弥补国内积累资金的不足，增加投资量，扩大生产，加快经济发展；第二，通过利用外资来吸引先进技术，以提高本国的科学技术水平和劳动生产率；第三，有利于加快国内资源的开发利用，增强自力更生能力；第四，利用外商生产投资可开拓国际市场，扩大出口，有利于增加外汇储备；第五，有利于提高经济效益，扩大劳动就业，增加国家和劳动者个人的收入等。

（2）利用外资的主要形式。我国当前利用外资的形式如下：

第一，外国贷款。外国贷款的具体方式包括以下几方面：一是外国政府贷款，又称国家贷款。这是指政府间的双边低利援助贷款，这种贷款要纳入贷款国的财政预算，具有优惠性，其中赠予成分可达25%以上，具有援助性、利息低、还款时间较长等特点，但其一般都有一定的附加条件，即明确规定采购限制，向贷款国购买物资设备等。二是国际金融组织贷款。这是指利用国际货币基金组织、世界银行及其所属机构、联合国专门机构或其他地区性的国际金融机构的赠款和贷款。这种贷款的条件比较优惠，但控制严格，申请程序复杂。三是外国银行贷款。这是一国的银行向外国银行取得的贷款。一般是通过商业银行和信托组织借到的民间商业贷款或向外方直接借款等。它不受使用地点、用途的限制，也不与一定的进口项目相联系，所以又称"自由外汇"。外国银行贷款就是在国际资金市场上筹措的"自由外汇"，利息一般按市场利率计算。四是出口信贷。这是指某些国家政府为支持和扩大本国出口，增强竞争能力，通过官方进出口银行或私人商业银行向本国出口商或国外进口商提供的并由国家承担信贷风险的一种贷款。出口信贷分为卖方信贷和买方信贷两类，它一般低于市场利息，还贷期限长，往往只限购买贷款国的商品。

第二，直接投资。国外直接投资又分为几种形式：一是合资经营。由中外双方利用对方的优势和有利条件商定投资比例，共同经营，共同核算，共担风险。同时，对投资必须作价计算出各自的股权比例，并按投资比例分享利润，分担风险，故又称股权式合资企业。二是合作经营。它是以比较灵活的方式组织起来的具有有限责任的国际经济合作形式。合作双方的权利、义务和责任由双方通过协议、合同加以规定。企业收益是按合同（或协议）规定的投资方式和比例来分配，这是它与合资企业的主要区别。中方合作者一般提供场地、厂房、土地、设施、劳动力和服务等。外商提供资金、技术设备、良种等作为直接投资。三是合作开发。目前主要用于海上石油勘探和开发项目。四是独资企业。由外商独立投资、独立经营、自负盈亏的企业，一般情况下，都是技术先进的生产性项目。

第三，商品信贷。其具体分为以下几种：一是补偿贸易。这是一种不使用现汇而是以商品来偿还，在信贷基础上进行的贸易方式。由外国企业提供或利用国外出口信贷购买技术或设备。当项目投产后，以该项目生产的产品"直接补偿"上述投资者提供的投资，经双方商定也可用其他产品或劳务进行"综合补偿"。在补偿贸易下买方对进口的设备和物资拥有所有权和使用权。二是对外加工与装配。其包括来料加工、来样加工和来件装配等。由国外委托人提供材料、零部件及部分设备，国内企业按他们的要求加工成成品，或按要求定牌或不定牌装配。成品交委托人自行销售，并以约定的标准收取加工费。加工装配业务相当于向国外提供劳务，是特殊意义的利用外资。

第四，其他。一是租赁和信托业务。租赁业务是出租人将一些昂贵的机器设备、交通工具等交给承租方使用并向承租方定期收取预定租金。信托业务是指委托人将财产交给受托人，受托人根据合同上规定的一定目的对其财产进行处置，所得收益按规定交给委托人，受托人收取手续费。二是发行债券。其指在国外债券市场上发行债券。债券是债券持有者（即投资者）向债券发行者（即借款人）定期收取固定利息收入，到期收回本金的债权凭证。债券发行人主要是政府及其所属机构，企业、私人公司和国际金融机构。债券又分中期债券（5～7年）和长期债券（7年以上）。债券可随时在市场出售，债券的发行和推销较为方便，易于筹措较长期的资金。

（3）我国的对外投资和跨国经营。对外投资包括对外直接投资和间接投资两大类。对外直接投资是我国的公司、企业或者其他经营组织（不含外商投资企业）通过在海外投产创办新企业，或通过购股、参股形式收购现有企业，进行生产经营，即在海外兴办独资企业或合资、合作经营企业。对外间接投资，一是对外贷款，二是在国际证券市场上购买外国（或地区）股票、公司债券，以获取股息和利息。对外开放以来，我国的海外投资已取得可喜的成果。除向一些发展中国家提供低息贷款以帮助这些国家实现经济独立和发展以外，在海外直接投资办企业进行跨国经营也有了较大发展。涉及的行业较广，包括资源开发、工农业生产、承包工程、加工装配、交通运输、金融保险、医疗卫生、旅馆餐馆等。

（四）对外承包工程和劳务合作

对外承包工程又称国际承包，是指一个国家的对外承包公司承揽的外国政府、国际组织和私人企业主的建设项目、物资采购和其他承包项目的一种国际经济合作形式。对外承包公司必须具有法人地位，并有银行担保。对外承包工程和劳务合作在国际劳务市场上同属劳务输出的范畴。

除了对外承包工程以外，我国还进行国际劳务合作。劳务合作是指直接向国外提供劳务人员来获取利润的一种经济合作形式。我国在劳务合作方面，主要是向国外企业主或承包商提供所需要的工程技术人员、管理人员、技术工人及其他劳务合作人员。劳务合作的特点是投资少、创汇快、风险小。我国对外劳务合作起步较晚，近年来虽然发展较快，但总水平仍然偏低，与我国作为世界人口大国的地位很不相称。为了发挥我国劳动力资源丰富的优势，应努力扩大劳务出口，在国际劳务市场竞争日益激烈的情况下，在劳务输出方面应进一步放宽政策、简化手续，并制定必要的鼓励劳务出口的政策措施，培训和提高输出人员的文化技术素质，以适应国际劳务市场的需要。

（五）积极发展国际旅游业

国际旅游业是一种非商品贸易事业，它是通过为旅游者提供服务劳动而创造收入的行业。旅游业是新兴行业，具有投资少、见效快、利润大的特点，素有"无烟工业"之称。现在它已成为继能源、原料、钢铁、纺织之后的又一主要出口创汇行业，成为国民经济的重要组成部分。

我国是一个具有五千年辉煌历史的文明古国，旅游资源丰富多样，得天独厚，世界少有。我国应充分发挥自己的优势，大力加强旅游设施的建设，不断提高旅游服务的质量，提高在国际旅游业中的知名度。

三、中国对外开放的格局

（一）经济特区

经济特区，是指一个国家或地区为了吸收外资，引进先进技术和扩大对外贸易而设置的在经济上实行特殊政策和特殊管理体制的区域。经济特区是世界经济发展的产物，它同世界生产力的发展和国际贸易、科学技术的发展相联系，已经经历了数百年的历史，目前正向经济技术结构高级化方向发展。经济特区有许多类型和名称，诸如"出口加工区""自由贸易区""自由关税区""自由港""自由边境区""投资促进区"等，我国则采用"经济特区"这一名称。

经济特区的性质与基本特征。我国兴办的经济特区不是政治特区，是在社会主义经济领导下多种经济成分并存的综合经济体，是实行特殊经济政策和特殊管理体制的地区。经济特区的基本经济特征如下：

第一，经济特区的经济发展主要依靠利用外资。特区的经济是在社会主义市场经济领导下，以中外合资经营企业、中外合作经营企业和外商独资经营企业为主的多种经济形式并存的。

第二，特区的经济活动基本上是市场调节，接受国家的宏观计划指导。这是由于在经济特区，引进的外资迅速增长，生产的产品以外销为主，与国际市场的关系日益紧密，特区经济内部条件起了很大变化，因此，必须充分发挥市场的调节作用。但是，特区经济是我国国民经济的一个组成部分，其经济活动是在国家指导下进行的，这表现在经济特区的发展规划，发展方向，引进、建设的重大项目上都要上报国家审批；产品内销要有计划进行；银行、金融、外汇也由国家管理。

第三，对前来投资的客商，给予特别优惠和方便。在税收、土地使用费等方面，给予特别优惠。对外商出入境给予方便。

第四，国家给特区较多的经济活动自主权。如建设项目审批权限比一般省份要大，基本建设指标可以在国家控制的固定资产投资总规模之外另算等。

邓小平指出："特区是个窗口，是个技术窗口，管理的窗口，知识的窗口，也是对外政策的窗口。"①"技术窗口"作用是指由于政策优惠，引进国外的先进技术更容易些。这对发展特区经济，并由此推动内地的技术改造，为先进技术在我国由东向西移植创造了有利条件。"知识的窗口"作用是指特区为吸取外国的科学技术知识、管理知识、经济知识、社会知识、生产知识等提供了有利的社会场所。"管理的窗口"作用是指特区所引进的先进的科学管理手段和方法，特区经济管理体制的改革和企业经营管理制度的完善，对全面提高内地企业的管理水平，对全国的现代化建设具有现实的指导意义。特区的"对外政策的窗口"作用是让人们从外面向内看我们，通过特区了解我们的对外政策。此外，特区还可以采取与内地不同的体制和政策，在对外开放和经济体制改革方面起着超前的作用，从而摸索与总结经验，再推广到全国范围。我国建立经济特区的实践已鲜明地显示出其对社会主义经济建设的重大积极作用：引进了外资，增加了建设资金；引进了先进技术设备；扩大了出口贸易；获得了大量的国际经济信息；培养了大批技术人才和经济管理人才；创造了更多的就业机会；为我国经济体制改革探索经验等。

（二）沿海开放城市和经济开放区

沿海开放城市是指实行特殊开放政策的沿海港口城市。经济技术开放区，是指我国在开放的沿海港口城市和部分内陆城市划出明确地域界限，实施特殊经济政策，外引内联发展新工业和科研项目的特殊区域。1984年，在吸收创办特区的经验基础上，我国决定进一步开放大连、秦皇岛、天津、烟台、青岛、连云港、南通、上海、宁波、温州、福州、广州、湛江、北海14个沿海城市和海南岛，这是我国对外开放的第二个层次。对这些城市扩大开放的内容，一是扩大它们对外经济活动的管理权限；二是对前来投资的外商给予优惠待遇。其中，着重扩大它们利用外资项目的审批权。同时还规定，经批准，在这些城市可以举办经济技术开发区，大体执行经济特区外商投资所享受的优惠待遇的规定。

1985年，我国又决定把长江三角洲、珠江三角洲和闽南三角地区（即由厦门、泉州、漳州连成的三角地带）辟为对外经济开放地带。随后又陆续扩大沿海经济开放区的范围，包括辽东半岛和山东半岛，以及河北省、天津市、江苏省、浙江省、福建省、广西壮族自治区的许多沿海市县。这样，在我国东部由北到南连接成为近万里的大片狭长的对外开放前沿地带。在这些城市和地区实行经济特区的某些政策，发挥其自身优势，大力发展外向型经济，使它们成为对外贸易的基地、内外经济联系的桥梁、引进国外先进管理经验的筛选场地。这不仅可以加快沿海经济区的发展，而且可以带动内地发展，使内地和沿海的优势互补，共同发展。

（三）沿江、沿边和以省会城市为中心的内陆开放地区

1992年年初以来，在邓小平同志南方谈话和党的十四大精神的鼓舞下，我国对外开放掀起了一个新高潮，不仅放宽了利用外资的政策，开拓了投资领域，而且以上海浦东开放为龙头，进一步开放长江沿岸的芜湖、九江、武汉、岳阳、重庆等内陆城市，尽快把上海建成国际经济、金融、贸易中心之一，带动长江三角洲和整个长江流域地区经

---

① 邓小平.建设有中国特色的社会主义（增订本）[M]．北京：人民出版社，1987：41．

济的新飞跃。同时还决定开放满洲里、黑河、绥芬河、珲春4个沿边城市。此外，联合国开发计划署也将图们江地区列为重点开发项目。在此之后，我国又开放了广西凭祥市、东兴镇，云南河口县、畹町市、瑞丽市，新疆的伊宁市、塔城市、博乐市，内蒙古的二连浩特等市县。国家还进一步开放了内陆所有省会、自治区首府城市。这就形成了沿江、沿边和以省会为中心的内陆新开放区。

（四）国内自由贸易区

自由贸易区是指在主权国家或地区的关境以外，划出特定的区域，准许外国商品豁免关税自由进出。其实质上是采取自由港政策的关税隔离区。自由贸易区狭义上仅指提供区内加工出口所需原料等货物的进口豁免关税的地区，类似出口加工区。广义还包括自由港和转口贸易区。

党的十八大以来，在全面深化改革的背景下，国家高度重视自由贸易区建设。2013年9月29日，中国（上海）自由贸易试验区正式成立。根据中央的精神，建设中国（上海）自贸试验区，是顺应全球经贸发展新趋势，更加积极主动对外开放的重大举措，使之成为推进改革和提高开放型 经济水准的"试验田"，形成可复制、可推广的经验，发挥示范带动、服务全国的积极作用。这有利于培育中国面向全球的竞争新优势，拓展经济增长新空间，打造中国经济"升级版"。2015年3月24日，中共中央政治局召开会议，审议通过广东、天津、福建自由贸易试验区总体方案，进一步深化上海自由贸易试验区改革开放方案。

现在，我国的对外开放已进入了一个新的发展阶段，一个全方位、多层次、宽领域的对外开放格局基本形成。我们要面对经济、科技的全球化趋势，以更加积极的姿态走向世界，加快发展外向型经济，提升对外开放的广度和深度，积极参与国际交流和竞争，努力开创以国内大循环为主体、国内国际双循环相互促进的新发展格局，全面振兴我国现代化建设事业。

▦ 本章小结

（1）经济全球化，从实质上讲就是在全球范围内实现资源的有效优化配置，其产生于20世纪50年代，到90年代形成高潮，进入21世纪，经济全球化进程进一步加快。

（2）对外开放是我国一项长期的基本国策，是经济全球化的客观要求，是社会主义市场经济的内在要求，是实现现代化的必要条件，是节约社会劳动，提高经济效益的重要途径，是对历史经验的总结。独立自主和自力更生、平等互利和恪守信用、集中统一和联合对外是我国发展对外经济关系的基本原则。社会主义对外经济关系的主要形式包括对外贸易、对外技术交流和资金往来、对外承包工程和劳务合作、发展国际旅游业。

（3）党的十一届三中全会以来，我国已初步形成了"经济特区 -沿海开放城市—沿海经济开放区—内地"逐步推进的全方位、多层次、宽领域的对外开放格局。这种有重点、分层次，由点到面逐步推进的开放格局，反映了我国对外开放工作前进的步伐，体现和服务于我国对外开放的目标模式。

复习思考题

1. 为什么说对外开放是我国一项长期的基本国策？
2. 我国发展对外经济关系的基本原则是什么？
3. 我国发展对外经济关系有哪些主要形式？

主要参考文献

[1] 马克思.资本论［M］.中共中央马克思恩格斯列宁斯大林著作编译局，译.北京：人民出版社，1975.

[2] 马克思，恩格斯.马克思恩格斯选集［M］.中共中央马克思恩格斯列宁斯大林著作编译局，译.北京：人民出版社，2009.

[3] 列宁.列宁专题文集·论社会主义［M］.中共中央马克思恩格斯列宁斯大林著作编译局，译.北京：人民出版社，2009.

[4] 邓小平.邓小平文选［M］.北京：人民出版社，1993.

[5] 宋涛.政治经济学教程［M］.北京：中国人民大学出版社，2016.

[6]《马克思主义政治经济学概论》编写组.马克思主义政治经济学概论［M］.北京：人民出版社，2016.

[7] 刘诗白.政治经济学［M］.6版.成都：西南财经大学出版社，2023.

[8] 叶祥松.政治经济学［M］.大连：东北财经大学出版社，2017.

[9] 逄锦聚，等.中国特色社会主义政治经济学概论［M］.北京：经济科学出版社，2019.